Walter Beltz
Die Schiffe der Götter

WALTER BELTZ
DIE SCHIFFE DER GÖTTER

Ägyptische Mythologie

Buchverlag Der Morgen

ISBN 3-371-00079-6

© Buchverlag Der Morgen, Berlin 1987
(Alle Rechte für die DDR)

Einleitung
ZUM WESEN DES MYTHOS, ZUR GESCHICHTE ÄGYPTENS UND SEINER LITERATUR

Seit Jahrtausenden trägt der Nil Schiffe auf seinen Fluten, Schiffe für Menschen und Lasten, einstmals aber auch für Götter. Die Nachen und Barken haben im Laufe der Jahrtausende ihr Aussehen verändert, ihr Ansehen ist ihnen geblieben. Sie sind unentbehrlich. Nur Könige und Götter betreten nicht mehr ihre Planken, Purpursegel und Pfauenwedel in goldenen Haltern zeigen nicht mehr an, daß ein »Sohn des Re« die göttliche Straße befährt.

Die Götterboote, die Sonnenbarken, die mit ihren Besitzern bestattet wurden, wie an den aufgedeckten Schiffsgräbern zu Füßen der Pyramiden zu sehen ist, lassen ahnen, wie kostbar diese Schiffe ausgestattet waren. Schon das Sonnenboot des Cheops (um 2700 v. Chr.) war aus dem Holz der Zedern gefertigt, die auf dem Libanon wachsen. Da Sonne und Mond für den Dichter ihren Weg duch die Horizonte als Schiffe zurücklegen, legt auch der Sohn des Sonnengottes, der Pharao, seine Reisen im Boote zurück, zumal die wichtigste in seine vollendete Göttlichkeit nach seinem Tode. Für den Dichter des alten Ägypten waren Nachtboot und Tagesboot die schönsten Bilder für den Tag und die Nacht, das Schiff selbst mythische Metapher für Leben und Sterben der alten Bewohner des Niltals.

Vom Leben und Sterben der alten Ägypter handelt diese altägyptische Mythologie. Sie sucht in den alten Dichtungen der Ägypter, in ihren Mythen zumal, jene Vorstellungen und poetischen Bilder, die vom Leben, Lieben und Sterben der Menschen und Götter handeln. Eine ägyptische Mythologie fragt nach den poetischen Antworten, die die Dichter Ägyptens in den Jahrtausenden ihrer Geschichte vor dieser Zeitrechnung auf die Fragen nach Ursprung und Ziel von Liebe und Haß, Krieg und Frieden, Unrecht und Recht, Lüge und Wahrheit, Leben und Sterben gegeben haben. Es sind poetische Antworten, keine religiösen, denn eine altägyptische Mythologie ist keine Religionsgeschichte und fragt deshalb nicht nach der Berechtigung der alten religionswissenschaftlichen hypothetischen Alternative, ob Mythos oder Ritus der Ursprung der Religion sei. Sie berücksichtigt die Religionsgeschichte nur soweit, wie diese zur Erklärung der mythischen Dichtungen beitragen kann, insofern die Helden der Mythen, die die Fabel bestimmenden Personen, zumeist Götter und Heroen sind. Eine altägyptische Mythologie ist, wie alle Mythologie, ihrem Wesen nach areligiös. Kennzeichen des »Religion« genannten Teiles des gesellschaftlichen Bewußtseins ist die »schlechthinnige Abhängigkeit des Menschen (also des individuellen Selbstbewußtseins, d. V.) von transzendenten Mächten und Kräften«, um eine Formulierung von Schleiermacher zu benutzen. Im Mythos werden diese Kräfte und Mächte objektiviert und personifiziert. Sie werden zu Trägern von menschlichen Verhaltensweisen. Mythologie als Summe und System der einzelnen Mythen wird somit zur ersten, einfachen Negation der Religion. Die göttlichen Protagonisten bleiben auch im ägyptischen Mythos bedeutsam nur durch ihre Namen, nicht durch ihre jeweilige religiöse Funktion. Im Mythos geht es nicht wie im religiösen Ritus und Kultus um ihre Anbetung oder ihre magische Beschwörung im Gebet, sondern um die Vorführung menschlicher Grundkonflikte und ihrer Lösung, wie sie antagonistische und nichtantagonistische Widersprüche darstellen. Mythos als Dichtung steht deshalb immer neben Religion und Kultus und wird erst in diese integriert. Das alte Israel benutzte die Mythen seiner Nachbarn, um sein

Gottesbild zu artikulieren, und die Baumeister der Pyramiden benutzten ägyptische Dichtung, um die Wände ihrer Bauten zu beschriften. Die mythischen Teile der Pyramidentexte wurden erst im Nachherein zu religiösen Texten, und erhalten nun eine Funktion, die sie vorher nicht besaßen. Die Fabel des Mythos führt nicht zu einer religiösen, sondern zu einer säkularen Lösung. Wir müssen lernen, daß die »Menschwerdung des Menschen« in der Dichtung mit dem Mythos beginnt. Deshalb muß man Mythen areligiöse Dichtungen nennen. Areligiös meint nicht atheistisch oder antireligiös, die Dichter der alten ägyptischen Mythen konnten und wollten sich nicht von der religiösen Identität mit ihrer Zeit lösen. Aber im Mythos agieren Götter wie Menschen; sie sind bessere Helden als Hirten oder Bauern, Priester oder Kaufleute. Nicht nur die Griechen kannten neben einer religiösen Furcht vor dem Zorn der Götter ein menschliches Gelächter über Götter. Für den Ägypter war es ein gewöhnlicher Vorgang, daß große Götter zu kleinen und unscheinbaren Hilfsgöttern neuer Götterkönige herabsanken. Nicht nur in den Lebenslehren, wie etwa in dem »Gespräche eines Lebensmüden mit seiner Seele«, sondern auch in ihren Mythen hat ägyptische Dichtkunst Bilder gefunden, in denen der Mensch sein Verhältnis zur Natur oder zur Geschichte bewältigt.

Bilder von geschlagenen, getöteten oder dem Spotte anderer Götter preisgegebenen Göttern zeigen deutlich die Grenze der Religiosität. Die sehr langsame »Heraufkunft des transzendenten Gottes in Ägypten«, wie S. Morenz seine Sicht der ägyptischen Religionsgeschichte genannt hat, zeigt zumal, daß die alten Ägypter weiser waren, als eine in den positivistischen Vorstellungen des 19. Jahrhunderts befangene Religionsgeschichte erkennen konnte.

Eine ägyptische Mythologie ist auch keine Darstellung der ägyptischen Geschichte und benutzt diese nur, soweit sie zur Aufhellung historischer Hintergründe notwendig ist. Insofern ist sie auch nicht der Theorie des Euhemeros aus dem 4. Jahrhundert v. u. Z. völlig verfallen, der behauptet hatte, alle Götter seien früher einmal Menschen gewesen, vornehmlich aber Könige und Herrscher. Sie folgt diesem berühmten griechischen Religionshistoriker nur insoweit, als sie anerkennt, daß die Mythen das Gebaren der Götter schildern wie das Gebaren von Königen.

Die gegenwärtige Diskussion in der ägyptologischen Forschung über Rolle und Funktion von Mythos und Ritus in der Entwicklung der ägyptischen Kultur zeigt ohnehin, daß die sozialen Bezüge, wie Saat und Ernte, Neujahrsfeste und Totenfeste, entscheidend für das öffentliche Leben geworden sind. Teil dieses öffentlichen Lebens, des gesellschaftlichen Bewußtseins, ist aber auch die Dichtung, insonderheit deren Gattung, die man sich angewöhnt hat, Mythen zu nennen.

Aber eine Mythologie kann die sozialen und gesellschaftlichen Bezüge ihres Gegenstandes nicht mehr in der Weise Feuerbachs bewerten, der die Mythen nur als Widerspiegelung gesellschaftlicher Verhältnisse sah, sondern wird diese nur als Hintergrund jener dichterischen Versuche sehen, die sich aus ihnen ergebenden Fragen künstlerisch zu lösen. Sie folgt deshalb auch den Marxschen Feuerbach-Thesen nur insoweit, als sie an den Mythen weniger das religiöse und mehr das »menschliche Wesen« interessiert und die Wahrheit und Kontingenz der Mythen nicht als ontologische oder philosophische, sondern als ästhetische Kategorien sieht. Die Mythologie ist nicht Teil jener Form des gesellschaftlichen Bewußtseins, die Religion genannt wird, sondern Bestandteil der anderen Form des gesellschaftlichen Bewußtseins, die da Kunst heißt. Und deshalb werden die Forschungsergebnisse der ägyptischen Religionsgeschichte im besonderen und der ägyptischen Geschichte im allgemeinen nur als Hilfen, die zur Deutung der Mythen notwendig sind, aufgenommen. Mythen sind nur insoweit eine Widerspiegelung geschichtlicher Verhältnisse, als sie sie zur Voraussetzung ihrer Neusetzung von Welten haben. Sie sind zwar auch Versuche, diese zu erklären, aber ihre Erklärungen, die Ätiologien, sind immer schon Versuche, sie künstlerisch zu überwinden. Insofern sind sie keine Wissenschaft, und höchst untauglich scheinen alle Versuche, die Mythen der alten Völker als Frühformen der Wissenschaft und die Mythologie als Mutter der Philosophie auszuweisen, wie es seit Schelling üblich geworden ist. Eine Mythologie wird sich »nur als von Dichtern erfunden und bestimmt« (J. G. Herder) erweisen und nicht als Gesamtheit menschlichen Wissens aus jener Epoche der Menschheitsgeschichte, als diese sich anschickte, die Folgen der entstandenen Klassenbildung zu bewältigen. Ägyptens Mythen sind Zeugen der ästhetischen Bewältigung der Klassenwidersprüche, neben den nichtantagonistischen Widersprüchen, aus der Frühgeschichte Ägyptens. Es sind nur eben keine wissenschaftlichen, sondern künstlerische, dichterische Lösungen dieser Widersprüche. Die Bedeutung der altägyptischen Mythen, das, was sie über ihre Entstehungszeit hinaus aufhebenswert macht, liegt in der Qualität ihrer Bilder und Metaphern, die die Dichter schufen, um die eigentlichen Humaniora, wie Leben und Sterben, Macht und Ohnmacht, Freiheit und Knechtschaft, zu lösen.

Mythen bieten deshalb auch keine verzerrte Widerspiegelung der Welt, sondern nur ästhetische, d. h. sehr subjektive Bilder von Dichtern, die sie für Wahrheit und Wirklichkeit hielten. Ihre Bindung an die Religion, die nur eine Verbindung ist, besteht in der menschlichen Imaginationsfähigkeit, nicht nur in wissenschaftlicher, sondern auch in ästhetischer Weise, in der Kunst, Welt darzustellen, leidend zu erfahren und sieghaft zu überwinden.

Die Welt des alten Ägypten war einfach strukturiert und leicht durchschaubar. Aus der vordynastischen Zeit, also bevor die 1. Dynastie um 3000 v. u. Z. die erste Großreichbildung unternahm, stammen schon die Anfänge der Gaue oder Nomoi als gesellschaftlich organisierte Stammesbezirke. Die Bindung von einzelnen Stämmen an einzelne Territorien wird mit dem Ausgang der sogenannten Negade-II-Kultur historisch greifbar. Die ersten Schriftdenkmäler aus der Frühzeit der 1. Dynastie zeigen, daß es eine einheitliche Sprache gab, die aus einer hamitischen und einer semitischen Wurzel hervorgegangen ist. Nicht einheitlich aber erscheint die religiöse Formation des gesellschaftlichen Überbaus. Die chaotisch anmutende Vielzahl der ägyptischen Götter und ihrer verwirrend unterschiedlichen Genealogien zeigt, daß die Gaue Ägyptens schon eine lange taditionsbildende Entwicklung durchschritten hatten, als sie in dem »einen Reich der beiden Länder« vereinigt wurden.

Für die Mythologie ist dabei nicht unwichtig, wie neuere Forschungen ergeben haben, daß die tiergestaltigen Götter aus dem autochthonen hamitischen Bevölkerungsanteil hervorgegangen sind, während die menschengestaltigen Götter zu der semitischen Einwanderungswelle gerechnet werden können. Diese geschichtliche Konstruktion erklärt zumindest, warum die tiergestaltigen Götter mehr lokalen Charakter, die menschengestaltigen mehr universalen Charakter besitzen. Einige Religionsgeschichtler deuten diesen Umstand entwicklungsgeschichtlich und folgern daraus, daß die tiergestaltigen Götter totemistische Relikte seien. Für die Mythologie ist nur wichtig, daß die menschengestaltigen Götter der jüngeren Eroberer sich als stärker erwiesen haben und nun auch im Mythos die stärkeren Protagonisten sind. Denn eine tiefgehende religiöse Neuordnung fand nicht statt. Jeder Gau, jeder Tempel behielt seine eigene Tradition, bis in die Spätphase des Neuen Reiches hinein, die in den Mysterienkulten direkt eine Neubelebung erfuhr. Alle »Versuche, eine gewisse Einheitlichkeit herbeizuführen, blieben stecken: die Lebenskraft ortsgebundener Götter und Lehren erwies sich als unverwüstlich« (Leipoldt-Morenz).

Wenn in dem Mythos vom Kampf zwischen Horus und Seth, der in die Urzeit verlegt wird, davon geredet wird, daß Horus den Sieg davonträgt, so läßt sich das als Bild verstehen, wie mit Horus Unterägypten über Oberägypten siegt, wie denn die Negade-II-Kultur sich vom Norden her nach Süden ausgedehnt hat. Diese Entwicklung reflektiert der Mythos, weniger eine sprachlich-kulturelle Auseinandersetzung, und an eine soziale ist nicht zu denken. Der Gegensatz Nord-Süd hat entscheidend die Bildersprache Ägyptens bestimmt und bis in die Spätzeit hinein die Amtssprache beherrscht. Das ägyptische Reich meint immer »die beiden Länder«, Ober- und Unterägypten: das im Süden befindliche, langgestreckte, schmale, durch Bergketten begrenzte Niltal und das im Norden hinter dem heutigen Kairo sich breit in die Ebene fächernde Delta.

Zweiundvierzig Gaue zählte das Reich, davon fielen zweiundzwanzig auf das obere und zwanzig auf das untere Land. Zweifach sind die Wappentiere der Pharaonen, der Geier für das Südland, die Uräusschlange für das Nordland. Zweifach ist auch die Wappenpflanze, die Papyrusstaude für das untere, die Binse für das obere Land. Weiß ist die kappenförmige Lederkrone des Südlandes, rot die spiralenförmig gewundene Metallhaube des Nordens. Durch den »Palermo-Stein« wird die »ewige Einheit des Landes schon in prädynastischer Zeit« ausgewiesen. Viel spricht dafür, auch wenn spätere Erfahrungen lehren, daß manch siegessicherer König sehr um die Einheit des Reiches besorgt sein mußte. Mehr als einmal gelang es priesterlichen oder feudalen zentrifugalen Kräften, sich gegenüber den zentripetalen Dynastien zu behaupten oder sich zu separieren.

Dynastien hat man seit dem Priester Manetho von Sebennytos, der um 280 v. u. Z. eine Geschichte Ägyptens für die griechischen Eroberer schrieb, jene Herrschergruppen genannt, die in der natürlichen Erbfolge das zentrale Königtum in Ägypten ausübten. Manetho zählt deren dreißig. Diese dreißig Dynastien faßt man in noch größeren Abschnitten zusammen: Altes Reich (2260–2134 v. u. Z.), Mittleres Reich (2040–1660 v. u. Z.) und Neues Reich (1559–1085 v. u. Z.). In diesen Perioden erscheint Ägypten als großes und mächtiges Reich. Die Zwischenzeiten hat man mit Ordnungszahlen versehen. Die I. Zwischenzeit dauert danach von 2134 bis 2040 v. u. Z., die II, von 1660 bis 1559 v. u. Z. und die III. Zwischenzeit von 1085 bis 715. Die Zeit bis zum Einfall der Griechen nennt man die Spätzeit. Sie endet 332. Die ägyptischen Königslisten, deren berühmteste der Turiner Königspapyrus aus der 19. Dynastie ist, sind zwar alle nur fragmentarisch erhalten, lassen aber doch den Schluß zu, daß Manetho kaum sehr grobe Fehler unterlaufen sind. Hinsichtlich der Angaben Manethos über die Jahreszahlen und Regierungszeiten aber ist rechtens großer Vorbehalt anzumelden.

Als erster König über das vereinte Ober- und Unterägypten gilt nach der Tradition der König Menes. Mit ihm soll als Begründer der 1. Dynastie auch das Alte Reich begonnen haben. Nach Herodot hat Menes die Stadt Memphis zur Reichshauptstadt erklärt, »die Waage der beiden Länder«, und den memphitischen Hauptgott Ptah zum Reichsgott erhoben. Auf ihn wird auch der Kult um den Apis-Stier zurückgeführt. Memphis zählt aber nach der Tradition zum 1. Gau von Unterägypten. Menes, der aus Thinis im 8. oberägyptischen Gau stammt, wird diese Wahl aus praktischen Gründen getroffen haben. In den offiziellen Titulaturen aber geht seitdem Oberägypten immer Unterägypten voran.

Memphis blieb die Hauptstadt auch während der Pyramidenzeit. Diese Zeit verdankt ihren Namen den königlichen Grabbauten. Pharao Djosers (um 2260 v. u. Z.) Grabmal war noch eine Mastaba, den sumerischen Stufentürmen nicht unähnlich. Aber schon die Pyramide des Cheops besitzt den für die ägyptischen Pyramiden typischen quadratischen Grundriß. Um die Pyramide des Königs wurden die Gräber seiner Beamten errichtet. Die königliche Grabanlage war das steinerne Abbild der Residenz; das Leben nach dem Tode war nicht anders denkbar als das Leben vor dem Besteigen des Schiffes, das den König in das Westland, nach Aminte, dem Totenreich, brachte. Scharff hat nicht ohne Grund darauf hingewiesen, daß die Doppelgräber der Pharaonen, wirkliches Grab und Scheingrab (Kenotaph), vermutlich ursprünglich nichts anderes als der Tribut an die Zweigliedrigkeit der politischen Struktur Ägyptens war: Ein Grab bewohnte der Pharao als König von Oberägypten, das andere als König von Unterägypten. So wird man auch damit rechnen dürfen, daß die sogenannte »Knickpyramide« und die »Rote Pyramide« beide Gräber für Snofru (um 2590), den Vater des Cheops, des Königs von Ober- und Unterägypten, waren.

Die sogenannte I. Zwischenzeit, in der der Schwerpunkt des Reiches zwischen Herakleopolis und Memphis wanderte, wurde für Ägyptens Kultur- und Geistesgeschichte zur größten Blütezeit. Die »Klagen des Ipuwer« wie auch der »Königsspiegel des Merikare« zeigen, welche Folgen die politischen Umwälzungen in Ägypten hatten. Die »Klage eines Bauern« wie das »Gespräch des Lebensmüden mit seiner Seele« zeigen deutlich, welche große Entwicklung die Dichtkunst im Schoße des Alten Reiches genommen hatte.

Mit dem Mittleren Reiche wandert der Schwerpunkt des Reiches südwärts. Theben, die Hauptstadt des 4. oberägyptischen Gaues, wird zur Reichshauptstadt. Mit der 11. Dynastie beginnt eine lange Friedenszeit. Die Streitigkeiten zwischen einzelnen Gaufürsten um den Thron erlöschen. Die Grabanlage von Mentuhotep I. in Der-al-bahari zeigt, welche Bedeutung das zentrale Königtum gewonnen hatte. Amenemhet I. erhebt seinen Gott Amun aus Hermopolis zum Reichsgott und gründet ihm den Haupttempel in Theben. Er bricht den Widerstand der in der I. Zwischenzeit erstarkten Gaufürsten, und so erscheinen nach Sesostris III. keine der prunkvollen Gaufürstengräber. Mit der 15. Dynastie beginnt die II. Zwischenzeit, die die Ägypter Hyksos-Zeit nannten. Hyksos übersetzt man tunlichst mit »Fremdherrscher«. Die Ägypter nannten jene Eroberer, die über die Landenge bei Suez kamen, gelegentlich »königliche Hirten«. Ihre Herrschaft dauerte etwa hundert Jahre und wurde durch eine von Theben ausgehende nationale Befreiungsbewegung beendet.

Die 18. Dynastie eröffnet den Zeitabschnitt des Neuen Reiches. In ihm wird Ägypten zeitweise die stärkste Macht der Alten Welt. Unter Thutmoses I. werden die Grenzen im Norden bis nach Syrien, im Süden bis nach Nubien vorangetrieben. Zu ihr gehört auch die berühmte Herrscherin Hatschepsut. Ihr Ende, vermutlich hat Thutmoses III. sie gestürzt, war kläglich. Ihre Tempel und Grabanlagen wurden geplündert, und ihr Andenken sollte ausgetilgt sein auf ewig. Mit Erfolg stärkte Thutmoses sein Reich nach innen und außen. Aber schon unter Amenophis III. bröckelte die innere Struktur des Reiches. Die Pharaonen, durch ihre militärischen Siege erstarkt, konnten nur schwer den ungebrochenen Einfluß der alten Priesterkasten von Memphis und Theben ertragen.

Mit dem neuen Reichskult um den Gott Aton, die Sonnenscheibe, versuchten sie, an die Stelle der alten religiösen Institutionen eine neue zu setzen, die dem König absolut zu Gebote stand. Amenophis, der sich dann Echnaton nannte, trieb diese Entwicklung mit Eifer voran. Er verbot schließlich alle anderen Kulte und Götterdienste, weil es nur einen Gott, Aton, gäbe, der nur einen Gottesdiener, nämlich den König, habe.

Der logisch richtige Schluß des Gedankens von einem Reiche und einem Gott erwies sich als politischer Fehlschluß. Nach seinem Tode zerbrach sein neues Gebäude so schnell, daß es kaum noch Spuren hinterlassen hat, abgesehen von den Ruinen seiner Residenz, die er an jungfräulichem Orte errichtet hatte, um dem Einfluß der alten Priesterkasten zu entrinnen. Der Wüstensand deckte die nur knapp vierzig Jahre bewohnte Stätte zu und bewahrte so der Nachwelt das ungestörte Bild einer königlichen Residenz aus dem 2. Jahrtausend v. u. Z. Der heutige Ortsname Amarna und die Büsten seiner Frau Nofretete haben ihn berühmter gemacht als seine Dichtungen. In den Ruinen der Stadt, die der Zeit ihren Namen gab, fand man auch das Archiv des Königs mit seinem diplomatischen Briefwechsel, den er mit kleinasiatischen und syrischen Fürsten führte. Aus ihm geht hervor, wie der Pharao zusehen mußte, daß sein Einfluß immer geringer wurde.

Echnaton folgten seine Schwiegersöhne auf dem Thron. Sie beugten sich schnell dem Druck der Priesterkaste von Theben. Tutanchaton verlegte die Residenz wieder nach Theben zurück und nannte sich Tutanchamun. Sein Grab ist eines der wenigen Königsgräber, die niemals beraubt wurden. Die unbeschädigte Grabausstattung zeigt, wie der Lebensstil eines ägyptischen Königs war. Die nachfolgende Dynastie ging aus dem Militär hervor. Die Ramessiden verlegten aus strategischen Gründen die Hauptstadt des Reiches in das Delta, weil es sich als zweckmäßig erwies, die Nordprovinzen jenseits des Delta, die Sethos I. dem Reiche wiedererobert hatte, strenger und besser zu kontrollieren. Ramses II. mußte sie vor allem gegen die Hethiter verteidigen. Um 1280 v. u. Z. schloß er mit ihnen einen Friedensvertrag, der den genauen Verlauf der Grenze zwischen beiden Reichen festlegte. Zum Zeichen der Versöhnung heiratete Ramses eine hethitische Prinzessin. Seine Hauptstadt blieb Tanis im Delta. Die großen Kultstätten in Theben und Memphis aber genossen dennoch uneingeschränkt den Schutz und die Gunst des Königs. Die lange Friedensepoche des Neuen Reiches wurde nur durch Angriffe der Libyer gestört, die mit der Bewegung der sogenannten »Seevölker« im Norden versuchten, sich das fruchtbare Delta anzueignen. Merenptah und vor allem Ramses III. haben diese Angriffe erfolgreich abgewehrt, und auf den Tempelmauern von Medinet Habu ist zu lesen, wie Ramses III. den Sieg errang.

Unter seinen Nachfolgern ging die Einheit des Reiches und seine Macht verloren. Unter- und Oberägypten wurden von verschiedenen Pharaonen regiert, und auch Šešonks wiedervereinigtes Reich hielt den Angriffen aus Äthiopien nicht stand, zumal auch im Norden sich die Großmacht Persien bedrohlich näherte. Im 6. Jahrhundert eroberte Kambyses das Reich am Nil, die kurze Zeit der saitischen 26. Dynastie, in der Ägypten noch einmal ein vereinigtes Reich war, ward vergessen. Den Persern folgten die Griechen. Alexander von Mazedonien gründete im Delta seine ägyptische Hauptstadt Alexandria. Vorausgegangen waren ihm aber schon griechische Händler und Kaufleute. Ägyptens Getreide war im gesamten Orient begehrt, und nicht nur die Römer sahen in diesem fruchtbaren Land die Kornkammer ihres Reiches. Seit Psammetich waren griechische Kolonien im Lande erlaubt. Die Spuren der Perser und Griechen, weniger der Römer, lassen sich heute noch in der Literatur zeigen. In der gnostischen Literatur und in dem gnostischen Sektenwesen gingen Parsismus, Hellenismus und Ägypten eine Symbiose ein. Nicht zuletzt deshalb sind gnostische Texte in diese ägyptische Mythologie aufgenommen.

Die gesellschaftliche Struktur hat sich in Ägyptens fast dreitausendjähriger Geschichte kaum geändert, wenn man von dem Umstand absieht, daß schwache Pharaonen gelegentlich von starken Priestergruppen gelenkt und so geführt wurden, daß sie nur noch Marionetten glichen. Der König war oberster Grundherr. Seine Macht beruhte auf der Lehre, daß der König göttliche Macht und Kraft besäße und nicht nur gottähnlich, sondern göttlicher Natur sei.

Auf den Einkünften aus der Landwirtschaft gründete er sein Heer. Er verfügte in günstigen Zeiten auch über die Priesterkasten der Gaustädte, deren Götter in dem neuen Reichsgebilde bestimmte ideologische Funktionen erfüllten. Der Götterstaat erscheint als Gegenstück zum Pharaonenstaat. Der jeweilige Reichshauptgott, Ptah von Memphis oder Amun von Theben oder Atum-Re von Heliopolis, regierte die anderen Götter wie der Pharao durch seine Wesire, Minister und Beamten.

Mehr als die großen Städte im Niltale künden die Todesstädte von den Rangordnungen und Lebensgefügen. In der Hoffnung, daß das Leben nach dem Tode nur eine Fortsetzung des Lebens vor dem Tode sei, erhielten jene Totenstädte und königlichen Grabmäler ihre Größe und ihre prachtvolle Ausstattung. Die Mumien der Toten, mit nachgebildetem Hausrat, Dienern und Nahrungsmitteln versehen, zeigen, heute in Museen bewahrt, sofern Grabräuber sie nicht geplündert haben, wie einstmals das Leben bei Hofe und auf dem Lande aussah. Die Bilder und Texte in den Grabkammern und -gängen sind lebendige Zeugen.

Vornehmlich die Texte der Totenbücher beschreiben, welchen Rang ein Schreiber einnahm. Häufig wird ein Toter zum Schreiber erhoben, weil der Schreiber nach alter Vorstellung leichter die Schwellen der Hindernisse im Totenreich passieren kann. Deshalb sagt der Tote zum Beispiel nach einem Text im Totenbuch: »Ich bin deine Schreibpalette, o Thot! Ich habe dir dein Tintenfaß gebracht.« (Spruch 175,11) Wenn ein Mensch schon nicht wirklich Schreiber sein konnte: Ein Gehilfe des Schreibers, ein Werkzeug, konnte er doch gewesen sein.

Die Literatur genoß wie alle Künste das besondere Wohlwollen des Ägypters. Ein besonderes Gewicht aber verlieh ihr der Umstand, daß sie einen Toten noch lange nach seinem irdischen Ableben wiederaufleben lassen konnte. »Nützlicher als ein Haus zum Wohnen, als Grabkapellen im Westen, besser als ein festgemauertes Schloß oder ein Denkmal im Tempel ist ein Buch«, denn Menschen sterben und vergehen, »und ihr Name wäre vergessen, wenn nicht die Schrift die Erinnerung an sie wachhalten würde«, heißt es in einem Papyrus aus dem Neuen Reich, denn »Geschriebenes wird von Zeit zu Zeit wieder jung für das Gedächtnis«. Deshalb ließ König Schabaka die »Götterlehre von Memphis« von einem sehr desolaten Papyrus auf einen Basaltstein übertragen, der dieses älteste große Dokument ägyptischer theologischer Spekulation erhalten hat. Für die Ewigkeit gedacht waren auch die Totenbücher, jene Anweisungen für den Verstorbenen, deren Beachtung ihm das ungestörte, ewige Leben sichern sollte. Die Texte der Totenbücher gehen über die Sargtexte bis auf die Pyramidentexte zurück. Im Alten Reich schrieb man die Texte auf die Wände der Grabkammern, im Mittleren Reiche auf die Holzsärge, und im Neuen Reiche gab man diese Texte in

Form von auf Papyrus geschriebenen Büchern dem Toten mit in das Grab. Diese Totenbücher sind etwa seit dem 7. Jahrhundert v. u. Z. unverändert geblieben. Eines der jüngsten Exemplare kann eindeutig in das Jahr 63 u. Z. datiert werden.

Das menschliche Leben als Vorphase für das Leben nach dem Tode ist zum Thema großer Literaturwerke im alten Ägypten geworden. In Ägypten hat sich wie in keinem anderen Lande »der Geist des Totenglaubens über die Sonderform der Totenliteratur auf heilige Schriften aller Art ausgewirkt« (Leipoldt-Morenz). Für die Pharaonen schien auch die »Vereinigung der Länder« nur eine Vorstufe für das Totenreich zu sein. Das Totengericht des Osiris, dem auch der Pharao unterworfen ist, läßt diesen Schluß zu.

Die agrarische Struktur der altägyptischen Gesellschaft verhinderte durch ihren Konservatismus eine Entwicklung zur Sklavenhaltergesellschaft, wie sie aus Griechenland und Rom bekannt geworden ist. Die Sklaverei in Ägypten war nicht so verbreitet, daß sie wesentlich das Wirtschaftsgefüge bestimmt hätte. So sind die bäuerlichen Bevölkerungsteile, die in völliger Lehensabhängigkeit zu Tempel und Palast standen, immer die wirtschaftliche Kraft Ägyptens gewesen. In den großen Grabanlagen fehlen zwar Gräber für Bauern und deren Arbeitskräfte, sie bleiben Beamten und Priestern mit ihren Familien vorbehalten. Nur das »Zweiwegebuch« geht von der Möglichkeit aus, daß jeder Mensch einmal vor die Wahl gestellt wird, sich für den Weg in das ewige Leben oder für den Weg ins Nichts zu entscheiden. Aber selbst diese Entscheidungsmöglichkeit ist kein Akt der Freiheit, sondern die Folge von göttlichen Zwängen.

Die Grundstruktur der Eigentumsverhältnisse an Grund und Boden und den Produktionsmitteln erhält zwar den Anschein einer relativen Freiheit der bäuerlichen und im Handwerk arbeitenden Menschen aufrecht, aber das umfassende Lehens- und Abgabenwesen, das die Abhängigkeit der Bauern und Handwerker regelt, läßt das Mehrprodukt vollständig in die Schatullen des Königs und der Tempel fließen. Diese »asiatische Produktionsweise«, die noch ohne das feste Sozialgefüge der Sklaverei auskam, ermöglicht die zentrale Leitung der Bewässerungsanlagen, ermöglichte auch den Bau der Pyramiden und der ähnlich aufwendigen Palastanlagen etwa Ramses' II. oder Ramses' III., die um ihren Totentempel ihren Palast und ein großartiges Festungsbauwerk errichten ließen, denn die bäuerliche Landbevölkerung erwarb sich ihren Unterhalt während der Überschwemmungszeit durch Bauarbeiten an königlichen Objekten. Der ausgedehnte Handel mit anderen Völkern und das stehende Heer dienten oftmals geradezu einer Erweiterung der Produktivität der beiden Länder. Die Zwischenzeiten, Epochen der Krisen und Schwächen, zeigen überdeutlich, welche positive Funktion die pharaonische Zentralregierung ausübte, unter deren Schutz die Ökonomie, die Kunst und die Wissenschaft gediehen.

Die Bronzezeit Ägyptens fällt mit der Periode des Neuen Reiches zusammen, während Mittleres Reich und Altes Reich noch mit kupfernen und steinkupferzeitlichen Werkzeugen produzieren mußten. Die Frühformen wissenschaftlicher Arbeit und Erkenntnisse wurden durch die Erkundung und Berechnung der Nilüberflutungen, und damit zusammenhängend der Astronomie, oder auch durch die Berechnung von Baustoffen, Plänen für Pyramiden und Kaianlagen bestimmt. Man legte schon im Mittleren Reiche Atlanten an, auf denen die Lage der Bergwerke vermerkt und die Straßen dorthin beschrieben waren. Astronomie, Mathematik und Mechanik waren die ersten wissenschaftlichen Disziplinen in Ägypten, die über die Grenze der allgemeinen praktischen Nutzungswerte hinauswuchsen und, von der Praxis getragen und gefördert, diese bald selbst beförderten und vorantrieben. Medizin, Botanik und Zoologie waren die nur wenig jüngeren Wissenschaftsgeschwister, mit denen die alten Ägypter die Kenntnisse in den Naturwissenschaften vorantrieben.

Die Zentralgewalt des Pharao bestimmte auch die Gestalt

der ägyptischen Religion. Diese war eine Kultreligion, deren Riten durch die königlichen Feste bestimmt wurden, zu denen auch die Erntefeste gehörten. Die einstmaligen Gau- oder Großsippengötter, die schon längst als Hilfskräfte des jeweiligen Reichsgottes ihrer einstmaligen Souveränität beraubt waren, verloren zusehends auch an innerer Identität. Schon im Alten Reich hatte man zwischen ihrem Wesen und ihren Erscheinungen eine Trennung vorgenommen und die heiligen Tiere, wie Krokodil, Pavian, Falke, Schlange oder Hund, zum *Ba* der Götter, zu ihrer Erscheinungsweise gemacht. Nun vollzog sich noch eine weitere Entwicklung, die diese Wesenheiten zu Erscheinungen des einen Reichsgottes werden ließ.

Von dieser Entwicklung ausgenommen blieb nur der alte Seth, der, als Hauptgott des oberägyptischen Gaues Negade mit einem Tierkopf bezeichnet, Nebut-Ombut gerufen wurde, während man ihn in Unterägypten ohne Tiermaske verehrt hat. Seth wurde zum Götterfeind schlechthin, der Osiris und Horus, beides unterägyptische Hauptgötter schon in der Zeit des Alten Reiches, verfolgt und getötet haben soll. Die Zeitspanne, in der zum Titel der Pharaonen auch ein »Seth-Name« gehört, war mehr als kurz, den Horus-Namen führte aber auch noch der letzte Pharao. Der Pharao war Horus, weil er König war wie Horus. Der König ist ein Ba des Horus, eine Erscheinungsweise des Horus. Der tote König dann wird zum Osiris, wird selber zum vollendeten Gott. Deshalb genießen die Mumien göttliche Verehrung wie die mumifizierten Katzen als Bilder oder Erscheinungen der Göttin von Bubastis oder die Paviane als Bilder des Herrn von Hermupolis. Nur anfänglich war die Schlange allein das Zeichen für die Göttin von Buto und der Falke das Tier des Herrn von Nechen.

In dem falkenköpfigen Gott Horus sieht die Forschung heute den ältesten gesamtägyptischen Gott; in der Titulatur der Pharaonen ist der Horus-Name der erste Thronname. Der nächstältere Reichsgott ist Ptah von Memphis und der dritte Atum-Re von Heliopolis. Re scheint der jüngste zu sein, denn das letzte und fünfte Glied des Thronnamens eines Pharao ist sein »Re-Name«.

Thot, der Gott von Hermupolis, wurde zum Gott der Schreiber und Schriftkunst, der Gott Anubis von Siut ward zum Herrn im Totenreich und die Göttin Sachmet bezeichnenderweise zur Kriegsgöttin. Ihre familiären Verbindungen zu Sonne, Mond, Gestirnen und Planeten, die den priesterlichen Konstruktionen von Dreier-, Achter- und Neunergruppen entgegenkamen, waren und blieben, weil die Glieder untereinander austauschbar waren, ohne mythenbildende Kraft.

Die Gruppenbildung innerhalb der ägyptischen Götterwelt entspringt offensichtlich denselben gesellschaftlichen Bedingungen, die zur Bildung von Götterdynastien in Mesopotamien und Griechenland geführt haben. Die politische Einigung mehrerer Einzelverbände unter der Führung eines Stammes führt auch zu einer ideologischen Vereinigung.

Unter den Gruppenbildungen sind die Triaden, insbesondere die von Vater-Mutter-Sohn, die jüngsten. Eine Analyse gerade des für die antike Religionsgeschichte und für das Christentum bedeutungsvoll gewordenen Mythenkreises um Osiris-Isis-Horus ergibt, daß die Kombination dieser drei Göttergestalten zu einer Familie das jüngste formale Glied dieser Mythenkette ist. Für Ägypten gilt, daß die Göttergruppen alle instabil sind und bleiben. Die einzelnen Glieder sind austauschbar. Das hat zur Folge, daß einzelne Lokaltraditionen überregionale Bedeutung erlangen können, bedeutet aber auch, daß durch diese Flexibilität die ägyptische Mythologie chaotisch wird, denn keine priesterliche Endredaktion, wie sie beispielsweise in der Bibel nachzuweisen ist, hat aus der Fülle der Mythen eine geschlossene Darstellung einer heiligen Geschichte geschaffen. Die einzige geschlossene Darstellung eines Mythenkreises stammt von einem Griechen. Plutarch schrieb »De Iside et Osiride«, wie ein Grieche seiner Zeit Göttergeschichten schrieb, Hesiods Theogonie war das zum Kanon gewordene Vorbild. Plutarch versuchte, das zu ordnen und zu systematisieren, was nicht zu systematisieren ist. Der Mythos vom Brudermord zweier königlicher Rivalen, der eine Analogie zwischen dem biblischen Kain und Abel und dem römischen Mythos von Romulus und Remus bildet, wird von ihm mit astralmythologischen und fruchtbarkeitskultischen Deutungen kombiniert. Plutarch hat sicher recht mit seiner proleptischen Erkenntnis, daß dieser Mythenkreis der wichtigste in Ägypten sei. Denn die Isis- und Sarapis-Mysterien wurden vor allem in römischer Zeit neben den Mithras-Kulten die verbreitetsten Mysterienkulte, die von römischer Seite mit sehr viel Argwohn beobachtet und zeitweise streng verfolgt wurden. Die ersten Christen sahen in ihnen, gerade wegen der engen mythologischen Verwandtschaft, mit Recht eine reale Bedrohung. Es spricht viel dafür, im Isis-Osiris-Kult die Religiosität der vorwiegend bäuerlichen Bevölkerung zu sehen und in dem Amun-Kult die Religiosität der Beamten und Staatsgetreuen wie auch in Kulten der Staatsgötter Atum und Re, in denen der Pharao selbst die Hauptrolle spielte. Das allein erklärt, warum der Isis-Osiris-Horus-Kult weiterlebte und aufblühte, nachdem der ägyptische Staatsapparat durch die Invasion der Perser und Griechen zerstört war, wodurch auch der Re von Heliopolis betroffen war. Er behielt nur noch im Zusammenhang mit dem Totenglauben eine gewichtige Bedeutung, weil der ägyptische Volksglaube im Verlauf der täglichen Sonnenbahn das Bild für seine eigene Seelenwanderung gefunden hatte.

Im Sonnenschiff glaubte der Ägypter die Reise in das Totenreich des Osiris antreten zu müssen. Später sahen auch die Manichäer in der Lichtsäule den Weg aus der irdischen Gefangenschaft in die himmlische Freiheit. Im Totenreich aber herrschte Osiris, der erste der Götter, der gestorben und wiederauferstanden war, durch die Liebe seiner Frau und die Treue seines Sohnes. Ausgesprochener Wunsch des Ägypters war, auf der Reise im Sonnenschiff wie Osiris, ja Osiris selbst zu werden. Dieses war im Alten Reich, wie die Pyramidentexte ausweisen, zunächst nur dem König zugedacht. Im Neuen Reich ist die Idee so weit vulgarisiert, daß jeder Mensch unter Beachtung der Riten zum Gott werden kann. Im Totengericht prüft, seit dem Mittleren Reich lassen die Texte diese Deutung zu, Osiris mit Hilfe der zweiundvierzig Gaugötter unter Assistenz von Anubis und Thot die Seelen der Toten. Wer die Prüfung besteht, darf ewig leben, die übrigen werden vom Höllenhund gefressen. Damit tritt an die Stelle der königlichen Idee vom uneingeschränkten Leben die Vorstellung, daß das Leben unter dem Verhängnis von Gut und Böse, von Recht und Unrecht steht. Der Tod, einstmals ein Durchgangsstadium, wird zum Endpunkt des Lebens der Schuldiggesprochenen. Das Jenseitsgericht muß das Diesseitsgericht vollenden. Menschliche Hoffnung auf Gerechtigkeit wird vertröstet, indem Recht und Gerechtigkeit von dem irdischen König auf den jenseitigen Gott Osiris übertragen werden. Die natürliche Folge einer solchen Entwicklung ist die Zunahme der Magie.

Die schwarze Magie, wie die Zauberpraxis in der Subkultur genannt wird, war dabei nicht weniger verbreitet als die weiße Magie, die offizielle Zauberpraxis der Priester. In der ägyptischen Literatur nimmt die Magie einen nicht unbedeutenden Raum ein. Das läßt sich in den Texten vor allem des Totenkults verfolgen.

Die Priesterkasten, die der Priesterschaft des Amun von Theben einen Ehrenprimat einräumten, verstanden sich oft auch als Hort und Wahrerin der nationalen Traditionen. Ihr erfolgreicher Widerstand gegen die Reformen des Echnaton hatte nicht nur einen religiösen, sondern auch einen nationalen Aspekt. Nachdem sie die Reformen dieses Ketzerkönigs rückgängig gemacht hatten, waren ihr Einfluß und ihre Macht stärker denn je. »Die Tempel wurden zur stärksten Wirtschaftsmacht im Lande. Die Könige der 20. Dynastie zum Beispiel waren Marionetten in der Hand des thebanischen Oberpriesters, dessen Amt schon lange erblich war.« (Tokarew) Und nur deshalb erschien Ägypten den Persern und Griechen als ein Priesterreich, dessen Weisheitslehren priesterlichen Charakters waren. Daß unter dieser erstarrten Orthodoxie der Spätzeit sich die Mysterienkulte ausbreiteten, die oft in Tierkulte ausarteten, war nur die Folge einer Entwicklung, die die lokalen Kulte und Heiligtümer ihrer eigenen Traditionen beraubt und an ihre Stelle eine abstrakte Metaphysik eingeführt hatte, die für die bäuerliche Bevölkerung zusehends unverständlicher wurde. Anders als in Judentum und Christentum oder gar im Islam, wo sich religiöse neue Ideen mit neuen politischen Kräften verbanden, wich die ägyptische Religiosität in die Vereinzelung lokaler autochthoner Überlieferungen zurück. Zwar waren Totenbücher und Königsrituale kanonisiert, aber die Regelung der individuellen Lebensfragen geriet in den Bann des Magischen, des Zufälligen.

Dieser Vereinzelung verdankt die ägyptische Literaturgeschichte die Fülle der Märchen, Liebeslieder, Harfnerlieder, Königs- und Residenzhymnen, Biographien, während die Mythen, die ihrer Gattung nach die universalen Aspekte der Welt behandeln, in liturgische Reminiszenzen verflüchtigt wurden. Eine Mythologie der alten Ägypter muß diese Spuren suchen und zusammenstellen. Denn die Mythen waren nicht so lebendig und so verbreitet in der Dichtung der Ägypter wie die Märchen oder die Lieder. »Lebenshaus« nannten die Ägypter zwar die den Tempeln angeschlossenen Bibliotheken, lebendig war auch ihre poetische Literatur, als Volksdichtung sowohl wie auch als Kunstdichtung, in der Weisheitsliteratur wie in der Märchendichtung, aber vieles ging verloren. Von dem vielen, was erhalten blieb, ist zu sagen, daß der Dichter Ägyptens lebendig blieb, der den Lebensängsten und -freuden nahe war. Liebe, Lust am Essen und am Leben wie die Sorge um ein gutes Lebensende bestimmten Menschen, Dichtungen aufzuschreiben und an die Wände von Gräbern zu malen.

Aber anders als für die Völker Sumers und Persiens waren für die Ägypter auch die Kräfte der Natur freundlich. Für sie war das Wasser eine heilsame, fruchtbringende

Gottheit, und selbst die Sonne war der Freund der Niltalbewohner, der Mond versprach kühlende Nacht und die Gestirne immerwährende Ordnung. Selbst der Bösewicht Seth besaß noch gute Züge. Isis war eigentlich nur die Ausnahme der Regel, wonach »wirklich böse handeln weit überwiegend weibliche Figuren« (Brunner-Traut). Das historisch nicht mehr faßbare Matriarchat wurde auch in Ägypten dämonisiert, ohne aber in die Weisheitsliteratur, die Spruchdichtungen oder in die Biographien einzuwirken.

Das Zurückdrängen der Mythen durch die Festliturgien und Königsrituale, die das öffentliche Leben bestimmten, und durch die Weisheitslehren, die das private Dasein der privilegierteren Bevölkerungsteile sinnvoll deuten, zeigt deutlicher als vieles andere den Unterschied zwischen den Völkern am Nil und den Völkern Kleinasiens. Wichtiger für den Ägypter als die Geschichten von Göttern wurde die Geschichte des Königs, bedeutsamer die Regeln eines Weisen als die Gesetze eines Gottes. In den Mysterientexten über die Vergottung des Königs wie in den Hymnen werden zwar die großen Götter genannt. Aber ihre Mythen werden nicht aufgenommen, sondern sie werden verdrängt. Ägyptischer Mythos »fußt in der neuen Welt des geeinten Ägypten«, sagt Schott und stellt als Mächte, welche dieses Reich schufen, ihre wenigen Götter heraus; aber »ihre Heimat ist die neugegründete Residenz«. Der Mythos entspringt im Königtum und handelt von dem Königtum, indem er vor die bis zum ersten geschichtlichen König zurückreichenden Annalen die Göttergeschichte setzt, die er als königliches Vorbild prägt. Aber anders als im Orient, wo der Mythos seine Blüte in der beginnenden Emanzipation des Menschen von der Natur und der Gesellschaft gewinnt, wozu der mehrfache Machtwechsel in Vorderasien nicht unwesentlich beigetragen hat, gelingt es in Ägypten, diese Strömungen zu unterdrücken. Ägypten kennt im Gegensatz etwa zum altorientalischen Erbe kein eschatologisches Gericht. Der Mythos entsprang dem ästhetischen Bemühen der frühen antiken Klassengesellschaft, antagonistische und nichtantagonistische Widersprüche zu lösen. Dabei ist die Religion, das religiöse Textgut, keineswegs die Vorform des Mythos, sondern nur der Steinbruch, aus dem die Dichter ihr Material gewinnen. In Ägypten stehen nicht nur im Alten Reich »Kult und Mythe einander wie fremde – durch literarische Mittel – miteinander vereinigte Größen gegenüber« (Schott). Aber in Ägypten dominierten Kult und Mysterien, denn die weitaus größten Textpartien in den Pyramidentexten, Hymnen, Verklärungen sind Mysterientexte. Mythen gibt es vergleichsweise wenige. Aber diese wenigen zeigen, wie sich in ihnen der Widerspruch formiert gegen jene Religion, die ein Staatskult war. Der gesellschaftliche Konservatismus verhinderte zwar eine Emanzipation, wie sie die Völker Mesopotamiens übten oder wie sie auf der syrischen Landbrücke zwischen Afrika und Asien Gestalt annahm. In Ägypten markiert die Mythologie nur die Emanzipation des Königs; Weltende und Weltanfang fallen mit dem Tode und der Thronbesteigung eines Königs zusammen. Gesellschaftliche Dimensionen wie in dem spannungsreicheren Zweistromlande wurden aus dem Mythos verdrängt. Galt der Tod des Königs als Auseinanderfallen der beiden Länder, so war die Inthronisation die Neueinigung in der Person des Königs, der die beiden Kronen trug. Der Tod eines Königs ward im Mysterium als Weltende, seine Inthronisation als Weltanfang gefeiert. Und »Erschaffung der Welt und periodischer Naturablauf sind ihr (der Mythen) vornehmster Stoff« (Brunner-Traut). So engte die isolierte Lage des Niltals mit der mythischen Geographie auch die Universalität der Welt ein. Der Mythos in Ägypten wird zum Kultmythos, nachdem er auch »an die Stelle zauberhafter im Kult geübter Heilung seinen eigenen schicksalsgebundenen Lauf setzt« (Schott). Eine ägyptische Mythologie aber wird nicht diesen religiösen Texten in den Hymnen nachgehen, sondern jene suchen, deren Kontingenz keine religiöse, sondern eine ästhetische, keine soziale, sondern eine humane ist.

»Humanum« meint hier Probleme von allgemein menschlichen Interessen, wie Arbeit, Liebe, Haß, Leiden und Sterben, also die Frage nach Sinnvoll oder Sinnlos. »Sozial« meint alle jene Fragen nach gut und böse, wie sie innerhalb einer jeden Generation neu auftauchen; die literarische Gattung Märchen lebt davon.

> Re ist ein Hirte für jedermann
> in seinem Herz wohnt kein Arg.
> Aber seine Herde ist kläglich
> obwohl er sie doch ständig hütet,

heißt es in den Mahnworten des Ipuwer. Davon wird diese altägyptische Mythologie handeln müssen, nämlich wie die Götter Ägyptens ihre Herden hüteten, wie in ihrem Herzen sowohl Haß wie Liebe, List wie Arg hausten und wie sie Haßliebe und Arglist durch Wohlwollen und Gerechtigkeitsliebe zu überwinden suchten. Diese ägyptische Mythologie wird alle jene Spuren verfolgen, die in der altägyptischen Literatur von jenen dichterischen Versuchen noch zu finden sind, den Menschen zu sich selbst zu bringen. Deshalb werden nur ausgewählte Texte behandelt. Diese Auswahl wird getadelt werden wie das Unterfangen, den Mythos als Gegenüber zur Religion zu sehen. Eigentlich religiöse Texte, Liturgien, Hymnen, Gebete und magische Texte fehlen. Diese Dichtungen folgen anderen künstlerischen Gesetzen. Sie kennen z. B. keine Fabel, die den Ablauf der Handlung bestimmt. Mythen aber haben als erste Gattung der Dichtung eine Fabel, das hängt mit ihrem Objektivierungscharakter zusammen und ihrer besonderen Funktion. Ein Mythos ist immer an Menschen gerichtet, Hymnen, Gebete, Mysterien wie magische Texte an Götter. So stehen sich Mythos und religiöse Dichtung, Mythos und Religion, gegenüber, nicht eigentlich feindlich, aber doch so, daß deutlich wird, sie »dienen jeder einem anderen Herren«. Die Erläuterungen zu den einzelnen Texten, die Sacherklärungen und die Vergleiche mit biblischer, altvorderasiatischer und griechisch-römischer Mythologie wollen den grundlegenden Unterschied, wie er zwischen Mythologie und Religion besteht, deutlich machen und den Mythen eine Deutung geben, die keine religiöse, sondern eine ästhetische sein wird. Dadurch werden diese Teile der altägyptischen Dichtung belangvoll. Um die Märchen hat Emma Brunner-Traut sich verdient gemacht. Die Mythen hat sie nicht erwähnt. Aber sicher sind sie nicht weniger gewichtige poetische Bilder als die Märchen. Sicher sind sie nicht, wie Platon meinte, die »allerältesten Geheimnisse der Menschen« und nicht der Anfang der Philosophie, wohl aber Versuche von Dichtern, in nichtwissenschaftlicher, eben in künstlerischer Weise, die Welt anschaulich, erkennbar und durchschaubar zu machen und sie so einer schicksalhaften Bedrohlichkeit zu entkleiden und einzuhüllen in das Gewand der Freundlichkeit. Im »Gespräch des Lebensmüden mit seinem Ba« heißt es an einer Stelle: »Wahrlich, wer drüben ist, wird ein Weiser sein, dem keine Schranken gesetzt sind.«

Diese Mythologie trägt den Titel »Schiffe der Götter« nicht zuletzt deshalb, weil der Autor hofft, daß eine Reise mit diesen »Schiffen der Götter« dem Ziele näher bringt, das sich der Lebensmüde ersehnte, nämlich weiser zu werden.

Die Wiedergabe der Mythen erfolgt in der Form einer freien Nacherzählung. Die Texte sind alle schon mehrfach ediert. Leichter zugängliche Übersetzungen wurden angemerkt, um dem interessierten Leser die Möglichkeit zu geben, sich auch den ganzen Text anzusehen. Bei der Deutung der Mythen im Vergleich mit Mythen des Vorderen Orients und der wesentlich jüngeren Mythen aus Hellas und Rom interessiert weniger die literarische Abhängigkeit der einzelnen Themen voneinander als vielmehr der Gedanke, daß ähnliche gesellschaftliche Verhältnisse ähnliche künstlerische Lösungen hervorbringen. Mythen sind die Fabeln der Altvorderen, mit denen sie ihre Welt verglichen. Die ägyptischen Mythen verständlich und uns das

Land in seiner Vergangenheit lebendig zu machen, will diese Mythologie beitragen.

> Ich habe diese Lieder gehört,
> die in den Gräbern stehen,
> und was sie gesagt haben, das Diesseits zu verherrlichen
> und das Jenseits zu schmähen.
> Warum handelt man so gegen das Land der Ewigkeit,
> das gerecht und rechtschaffen ist und nicht schrecken kann?
> (Lied des Neferhotep)

Kapitel I
DIE ENTSTEHUNG DER WELT

a) Die Götterlehre von Memphis

Am Anfang war nur das große, unbewegte und unendliche Weltmeer, ohne Leben, aber voller Stille. Noch gab es kein Oben und kein Unten, kein Vorne und kein Hinten, weder Osten noch Westen, weder Norden noch Süden. Noch waren Helligkeit und Dunkelheit nicht getrennt und Licht und Dunkel nicht hervorgekommen.

In den Anfang aber trat Ptah. Ptah aber trug die Gestalt von Nun und Naunet, den Urwassern, von Huh und Haûhet, den großen Unendlichkeiten. Er trat aber in ihnen in Erscheinung. Er trat aber auch in Gestalt von Kuk und Kaûket, den ewigen Dunkelheiten, in Erscheinung, und ebenso erschien er dann in der Gestalt von Niaû und Niaût, den großen Verneinungen. Andere aber sagen, er sei in Amun und Amaûnet (den Verborgenheiten) erschienen. Er erschien aber auch in Atum.

Diese Neunheit aber war Zähne und Lippen in seinem Munde, aus dem Schu und Tefnut hervorgingen, wie Ptah sie ersonnen hatte: die sehenden Augen, die hörenden Ohren, die atmenden Nasenlöcher, die alles dem Herzen berichten, das, was das Herz erkennt in seinem Dasein, und die Zunge, die alles wiederholt, indem sie es ausspricht.

Ptah aber hatte zunächst die ganze Welt in seinem Herzen erdacht, vor allem die Götter in ihrer Gesamtheit, und so die Neunheit vollendet. Alles was er erdachte, was er ersonnen hatte, sprach seine Zunge als Befehl aus. Und sofort geschah es. So ersann Ptah auch alle Arbeiten und handwerklichen Künste, ja selbst die Aufgaben für Hände, Füße und Leib des Menschen und jedes Lebewesens. Danach aber, nachdem er Menschen und Götter geschaffen hatte, ruhte er, der Gott im Anfang, von dem alle Dinge und göttlichen Worte kommen.

Er hatte den Himmel aber geschaffen und erhoben als Herrscher und Lenker. Die Erde aber gründete er durch eigenen Rat und umgab sie mit der Flut des Meeres. Die Unterwelt aber schuf er, um die Toten zu befrieden.

Er bestimmte den Weg des Sonnengottes durch die Horizonte für immer, denn er beherrschte die Ewigkeit und die Unendlichkeit. Er bestimmte aber auch jedem Menschen die Lebenszeit und den Lebensweg, denn ihm unterstanden auch die Zeiten und die Dinge in den Zeiten. Er gab auch dem König den Thron und die Herrschaft über die beiden Länder.

Nach der Schabaka-Inschrift und dem Papyrus Harris, Kol. 44,2 ff.

1. Pharao Schabaka ließ, um 700 v. u. Z., den Ptah-Text von einem zerstörten Papyrus auf einen Basaltstein übertragen, um ihn vor dem Verderben und dem Vergessen zu bewahren, wie aus dem Text hervorgeht. Dieser Stein befindet sich heute im British Museum in London. Den vollständigen Text edierte zuletzt H. Junker: Die Götterlehre von Memphis, Abhandlungen der Preußischen Akademie der Wissenschaften, Berlin 1939, Nr. 23. Der Papyrus Harris ist älteren Datums und stammt aus der Mitte des Neuen Reiches. Er wurde übersetzt von Scharff, Ägyptische Götterhymnen, Nr. 19.

Die ägyptische Schöpfungsvorstellung kennt keine creatio ex nihilo. Urmeer und Urgott stehen gleichgeordnet nebeneinander. Das Schöpfungswerk des Gottes Ptah ist lediglich ein Ordnen der Welt nach seinem Willen. Wir halten den Schabaka-Stein für keine Priesterfälschung, sondern sehen darin eine Parallele zur Auffindung des Deuteronomiums in der biblischen Geschichte nach 2. Buch der Könige 22, wo auch nur eine ältere Tradition wieder neu belebt werden soll. Offensichtlich ward Schabaka durch den theologischen und religiösen Zustand seines Landes zu diesem Schritt bewogen.

2. Der Gott Ptah ist der Hauptgott. Er tritt in allen anderen Göttern in Erscheinung. Das bedeutet, daß alle anderen Götter dieser ersten Neunheit Wesensäußerungen Ptahs sind. Er befiehlt, und sofort werden seine Befehle durch göttliche Kräfte realisiert. J. Zandee (Das Schöpferwort im Alten Ägypten, Festschrift H. E. Obbink, München 1964, S. 33–64) hat eine Fülle von Belegen beigebracht, daß Schöpfung in Ägypten immer als Befehlsakt verwirklicht wird. Diese Auffassung teilt auch der erste biblische Schöpfungsbericht. Götter sind wie Könige, sie befehlen nur.

Die Acht- oder Neunheiten, ein altägyptischer Begriff für Götterdynastien oder -familien, werden ihm untergeordnet. Solche Unterordnungen zeugen für den geschichtlichen Ort des Mythos. Ptah ist der jüngste Gott, der die älteren zu seinen Untergebenen macht. Mythologisch wird das durch das Bild von der Erscheinung des Ptah in den anderen Göttern dargestellt. Damit wiederholt sich in Ägypten ein ähnlicher Vorgang wie in Mesopotamien oder Griechenland: Die jüngsten Götter sind die jeweils mächtigsten. Ptah, der Hauptgott von Memphis, wird zum Gottherrn, nachdem Memphis die Reichshauptstadt geworden ist.

3. Die Namen in den Acht- und Neunheiten wechseln. Namen sind im ägyptischen Mythos Begriffe für Funktionen oder Daseinsweisen. Der Horus-Name des Pharao oder der Osiris-Name des Toten deuten auf die Daseinsweise ihrer Träger hin. Das gilt auch für die Acht- bzw. Neunheiten, die zu Körpereigenschaften des Ptah werden. Wichtig für das Verständnis des Ptah-Mythos ist die Mitteilung, daß der Gott nach beendeter Arbeit ruht. Das Bild des ruhenden Gottes ist symptomatisch für die beendete historische Umwälzung; seine Funktion ist damit erfüllt. Das gilt für

den biblischen Gott Elohim im 1. Kapitel des I. Buches Mose wie für Ptah. Gegenwärtige Aufgaben erfüllen für den Dichter kraft göttlicher Worte Menschen, insbesondere der König, der Pharao, was »das große Haus« bedeutet.

4. Schöpfungsmythen sind auch von anderen Göttern überliefert (siehe I. b–d). Das hängt mit der jeweiligen geschichtlichen Situation zusammen. Der Gott der jeweils mächtigsten Region muß seine Allmacht demonstrieren, indem er nicht nur Herr der Gegenwart, sondern auch Schöpfer aller großen Dinge der Vergangenheit ist. Schöpfungsmythen sind in Ägypten wie in Mesopotamien oder Griechenland Dichtungen, deren Fabeln trotz ihres transzendenten Charakters sehr immanente Bedeutung haben. Jede neue geschichtliche Kraft erklärt sich selbst zum Urheber und Eigentümer aller vorausgegangenen großen Werke.

b) Der Weltenschöpfer Re

Re war der große Gott, der am Anfang im Nun erschien. Täglich ging Re seinen Weg durch die Horizonte. Er ward der Vater der Väter und die Mutter der Mütter. Er schuf alles aus sich heraus. Er trug viele Namen und erschien in vielen Gestalten. Man rief ihn Atum, man rief ihn Horus Hekenu, man rief ihn Horus Harachte. Re formte die Erde und belebte sie mit Pflanzen und Lebewesen. Er ordnete die Wasser und wies ihnen ihre Richtung an. Da erhob sich aus den Wassern eine Kuh und ward zum Himmel über den Wassern und der Erde. Re aber waltete auch über den Geheimnissen hinter den Horizonten und befriedete die Götter, die unzufrieden und untätig waren. Er schenkte aber den Lebewesen auch das Wunder der Liebe und ließ sie tätig werden, damit sie sich an dem Dasein in seiner Welt erfreuen konnten.

Danach aber regelte er die Dauer der Nacht und die Dauer des Tages. Er setzte die Jahreszeiten fest und ließ den Nil zu seiner Zeit das Land überschwemmen und zu einer anderen wieder in die Mitte des Tales zurücktreten, damit Menschen und Tiere leben konnten. Zur Freude des Landes aber und damit man seiner gedächte, setzte er die Folge der Feste ein.

Re liebte die Länder. Als er zum ersten Male auf der »Insel des Aufflammens« erschienen war, unterwarf er gleich die Mächte des Dunkels und des Chaos. Er machte sie wie alle nachfolgenden Mächte sich und seiner Tochter Maat untertan. Maat aber gab er alle Weisheit und alles notwendige Wissen, um die Welt zu lenken und gerecht zu regieren. Bei seinen täglichen Reisen durch die Horizonte der Länder prüfte er fortan, wie Maat seinen Willen durchsetzte, und suchte den, der es wagte, ihr zuwiderzuhandeln. Wenn es galt, Hohn oder Spott oder anderen Schaden von seiner Tochter abzuwenden, zögerte er niemals.

Re aber hatte auch schon bei sich beschlossen, daß Recht und Sitte für alle Zeiten gelten sollten. Er hatte sich aber vorbehalten, einstmals jeden Menschen zu prüfen, ob er ihm gehorsam gewesen sei. Deshalb auch sorgte er für die Ordnung in Aminte, im Totenreich.

Nach H. Gardiner, Hieratic Papyris in the British Museum, London 1935, und A. Scharff, Ägyptische Sonnenlieder, 43.

1. Die Texte stammen aus dem Neuen Reiche. Die Traditionen, die in ihnen rezipiert werden, dürften älter sein und bis in das Alte Reich zurückgehen, denn schon damals wurde in On, der Hauptstadt des 13. unterägyptischen Gaues, der Hauptgott Atum mit Re, dem Sonnengott, identifiziert, weshalb die Griechen diesen Ort dann auch Heliopolis nannten. Unübersehbar ist, daß Re wie der griechische Helios mit einer Schöpfungsdichtung verbunden wird, um ihn als den mächtigsten Herrn auch der Vergangenheit zu erweisen. Die Anspielungen in Totenbuchtexten zeigen, daß Re den Schöpfungsmythos vom Gott Atum und dessen Neunheit (siehe I.c) ebenso an sich gezogen hat wie den Mythos von der Schöpferkraft des Gottes Ptah aus Memphis. Deshalb sind die Metaphern für die Schöpfungs-

tätigkeit Res eigentlich Metaphern für seine Tätigkeit als Herr der Götter.

2. Die Ausdehnung seiner Herrschaft auf das Totenreich ist die notwendige Verlängerung seiner Allmacht in die unendliche Zukunft, wie es die Mythologeme von seiner Schöpfertätigkeit für die Vergangenheit bewirkten. Für seine geschichtliche Stellung spricht, daß ihm die Rolle des Gesetzgebers beigelegt wird. In der Unterordnung der Maat, in hymnischen Texten werden einzelne Gliedmaßen und Körperteile des Gottes Re als Maat gepriesen, als seine Tochter oder Gefährtin, wird sichtbar, daß er Gott einer neuen, politisch mächtigen Kraft ist. Vorhandenes wird von ihm neu bestimmt und einer neuen Gesetzlichkeit, die Sinnhaftigkeit sein soll, unterworfen. Darin folgt dieser Mythos den mythographischen Regeln, wie sie aus den Zeus-Mythen der griechischen Mythologie oder aus den Texten vom biblischen Gott Jahwe abzuleiten sind. Es darf vermutet werden, daß die Personifizierung der Maat als Göttin erfolgte, nachdem Re zum Urheber des Rechts und der Weisheit erhoben worden war. Darin gleicht er allerdings dem griechischen Apollo mehr als seinem Äquivalent Helios. Die ägyptische Besonderheit dieses Mythologems liegt ohnehin in der Ineinssetzung von König und Gott, weshalb dann Maat in den Königsritualen auch zur Begleiterin des Pharao wird.

3. In den ägyptischen Mythen entsprechen die »Namen« und »Gestalten« den aus der altorientalischen Mythologie bekannten me-Tafeln. Sie stehen für menschliche Funktionen und Aufgaben. Je mehr Namen und Gestalten einem Gott zugeschrieben werden, desto mächtiger und gewichtiger wird er. Deshalb werden Re die Namen der Neunheit (siehe I.a) zugeschrieben; wenn Isis versucht, dem erkrankten Re seine Namen zu entlocken, nachdem sie ihm durch einen Schlangenbiß die Krankheit zugefügt hat, handelt sie wie Inana von Uruk, die dem trunkenen Enki die me-Tafeln entreißt. Kenntnis des Namens bedeutet Entmächtigung. Deshalb ist der Mythos im biblischen 2. Mose-Buch 3,

wo der biblische Gott Jahwe dem Mose seinen Namen nicht preisgibt, sondern ihn durch die Umschreibung seiner Wirksamkeit deutlich erkennbar macht, nicht ohne religionsgeschichtliche Bedeutung, bleibt aber ohne ägyptische Parallele. Die verschiedenen Namensbestandteile der ägyptischen Königstitulatur wie die Namen, die der Tote auf seiner Fahrt durch das Totenland, Aminte, erhält, zeigen, welche Bedeutung der Ägypter dem Namen zuschreibt. Namen sind die wichtigsten Elemente der schwarzen wie der weißen Magie.

4. Re hat in Heliopolis Atum und Harachte unterworfen. Seine Priesterkaste ward die stärkste Kraft. Es bleibt mehr als nur eine Vermutung, daß deren wachsender Einfluß auf eine Besetzung der Stadt On durch aus der arabischen Halbinsel eingedrungene Völkerstämme zurückzuführen ist. Harachte wurde zum Namen des aufgehenden und Atum zum Namen für den untergehenden Re erklärt. Da der Re-Name seit der 5. Dynastie nachweisbarer Bestandteil der Königstitulatur ist, wird dieser Vorgang mit dem Aufkommen der 5. Dynastie verbunden werden dürfen. Erst im späten Neuen Reich hat der Schwund der Staatsreligion, zu der Re gehörte, dazu geführt, daß er seinen Vorrang an den Gott Osiris abtreten mußte. Für den Bewohner des Alten Reiches wäre die Dichtung von der Verwundung des Re durch einen Schlangenbiß, beigebracht durch einen Befehl der Isis (siehe etwa IV. a), unvorstellbar.

c) Atum von On

Als Himmel und Erde noch nicht geschieden und als Schlangen und Würmer und deren Feinde noch nicht entstanden waren und es überhaupt noch kein Leben gab, am Anfang also von allem, was denkbar ist, war Atum mit Nun allein. Atum aber erhob sich aus ihm, dem Nun, hoch wie ein Hügel. Atum aber ward nach geraumer Zeit seines Alleinseins überdrüssig und verschlang seinen eigenen Samen, den er mit Hilfe seiner Hand gewonnen hatte. Nachdem er so sich selbst befruchtet hatte, gebar er Schu, den Windhauch, und Tefnut, die Feuchtigkeit, indem er sie aus seinem Munde spie. Schu und Tefnut aber zeugten Geb, die Erde, und Nut, den Himmel. Diese aber zeugten Isis und Osiris, die Göttin des Lebens und den Herrn im Totenreich, danach aber Seth und Nephtys, den Gott der Fremdländer und die »Herrin im Hause«. Das Königtum aber errang dann Horus, der Sohn der Isis.

Nach Pyr. 1248, 1587, 1652 und G. Roeder, Urkunden zur Religion des Alten Ägypten, Jena 1915, S. 108

1. Die Hinweise auf den Schöpfergott Atum von On–Heliopolis sind von der Tradition schon mit den Bezügen auf Re (siehe I. b) überlagert. Ihre Wurzeln liegen aber in den ersten drei Dynastien des Alten Reiches. Die Schöpfungslehre von Heliopolis endet mit der Geburt des Horus, der das Königtum erhält. Ägyptische Schöpfungsmythen sind wie die altorientalischen Dichtungen nur Lieder von der Suprematie eines Gottes bzw. Königs. Der ägyptische König ist nämlich nach altem Verständnis ein »Horus«, eine Erscheinung des Gottes Horus.

2. Atum, das ist etwa »das Nicht-Seiende«, und Nun, das Urwasser, sind die vermutlich der Nilüberflutung entlehnten Bilder vom Entstehen der Kulturlandschaft, das ist die Welt in den alten Schöpfungsmythen. In dem Kult um den *bnbn*-Stein – der den ersten Hügel darstellen kann, der beim Fall des Nilwassers sichtbar wird, wie auch einen erigierten Phallus –, der den ältesten Kult in On bestimmt, ist Atum zu Hause. Seine Hand, die Atum zur Selbstbefruchtung benötigt, ist nämlich erst später als Iûesas zu einer Göttin erhoben. Nur Atum war ein androgynes Wesen, das erste Geschöpfpaar ist schon zweigeschlechtlich geschildert.

3. Die Analogien von Schu und Tefnut zum biblischen Schöpfungsbericht, wo nach I. Mose 1,2 der Windhauch oder Geist über dem Wasser schwebt, dürfen nicht anders

gesehen werden als alle anderen mythologischen Analogien. Sie sind dichterische Metaphern, Mythologeme, die die Naturgewalten als Entäußerungen des jeweils größten Gottes sehen. Deshalb folgt die Geburt der männlich gedachten Erde und des weiblich gedachten Himmels der Zeugung von Schu und Tefnut. Das patrilineare Rechtssystem beugte alte matrilineare Denkvorstellungen. Geb wurde zum Vater der nachfolgenden Götter und Herrn der Erde. Der Herrschaftsgedanke überwindet die mit der Geburt verbundenen, mutterrechtlich bestimmten Rechtsansprüche. Nach Pyr. 895 und 576 hat Geb endlich freiwillig die Macht an Osiris abgetreten und sie dann Horus überlassen, als er erkannt hatte, daß »sie sehr geschickt waren«. Eine der jüngsten Rezeptionen des Mythos liegt vor in der koptisch-gnostischen Adams-Apokalypse NHC V, 5, S. 81, 15-25 aus Nag Hammadi. Sie dürfte etwa im ausgehenden 5. Jahrhundert entstanden sein.

d) Hermupolis

Als nur das Urmeer Nun da war, wuchs aus ihm der erhabene Boden hervor. Auf diesem herrlichen Hügel des Uranfanges lag das verborgene Ei des großen Schnatterers. Aus ihm aber ging Amun hervor, als der Himmel noch nicht geformt und die Erde noch nicht gebildet waren. Damals gab es auch noch keine Menschen und keine Götter.

Nachdem Amun aber aus dem Ei hervorgetreten war, schuf er eine Ordnung im Dunkeln und unterwarf die Finsternis auch derselben, so daß die Welt sichtbar in die Erscheinung treten konnte. Darauf erst ließ er, den man als Herrscher über Licht und Dunkelheit Re rief, die Erde sich mit Tieren und Lebewesen, Göttern und Menschen bevölkern. Amun aber regierte die Welt mit der Hilfe seiner Achtheit, die er mit Amaûnet geschaffen hatte, in großer Eintracht und Zufriedenheit.

Pyr. 446, Totenbuch 56, Pyr. 1466 und Pap. Harris 54.

1. Die kurzen Hinweise auf die Schöpfertätigkeit Amuns stammen sicher alle aus Traditionen des Alten Reiches. Das gilt auch für den späten Pap. Harris, denn vor allem in der Spätzeit wurden die Traditionen des Alten Reiches wieder belebt. Hermupolis, die griechische Bezeichnung der Hauptstadt des 15. oberägyptischen Gaues Unu, war die Heimat des Gottes Amun, dessen Achtheit, ägyptisch-koptisch Schmun, dem Ort seinen noch heute gebräuchlichen Namen Al-Eschmunen gegeben hat. Zur Achtheit gehören Nun und Naûnet, Huh und Haûhet, Kuk und Kaûket und Amuns Frau Amaûnet (siehe auch I.a). Aus dieser Achtheit ist Amun als Reichsgott nach Theben gewandert. Dorthin ist ihm der Rest der Achtheit gefolgt. Als Gottherr der Stadt aber war er schon in Unu auch der Urheber der Welt.

2. Das Besondere an diesem Weltentstehungsmythos ist das Bild vom Ei auf dem Urhügel, aus dem der Gott Amun hervorgeht, um die vorhandene Welt nach seinen Vorstellungen zu ordnen und einzurichten. Amuns Symbol, die Nilgans, hat gelegentlich das Argument für die Theorie geliefert, als habe er das Ei gelegt, aus dem dann Re hervorgegangen sei. Dieses mit spätzeitlichen Re-Hymnen zu begründende und zu erschließende Mythologem ist sicher nicht der ursprüngliche Mythos. Es spricht viel dafür, in diesem Mythos die wunderbare Geburtsgeschichte des Hauptgottes zu sehen, die ihn als einen »Nichtgezeugten« ausweist. Erst als Reichsgott, als »Herr der beiden Länder« trägt er die Namen und Funktionen auch anderer Götter, kann er mit diesen in Beziehungen gebracht werden und zum Erzeuger des Re avancieren.

3. Das Bild vom Weltei, das in den orphischen Fragmenten 60 bis 61 der griechischen Mythologie auch nachzuweisen ist, wohin es vermutlich aus den pelasgischen Mythen um die Urmutter Eurynome gelangt ist, läßt sich mythologisch nicht eindeutig bestimmen. In der ägyptischen Mythologie ist es die Metapher für die Geburt eines Gottes, in

der griechischen Tradition ein Mythologem für die Entstehung der Welt, wenn die Schlange Ophion das Ei ausbrütet, aus dem alle Gestirne und Planeten, einschließlich der Erde, schlüpfen. In Ägypten hat man im Amun-Kult diese göttlichen Eierschalen noch kultisch verehrt, weil sie die Herrschaft eines Gottherrn dokumentierten, der über die weibliche Herrschaftsform, die Muttergestalt, gesiegt hatte. Mythologisch gehörte die Metapher vom Weltei ursprünglich in den geschichtlichen Bereich vom Matriarchat.

c) Vom Ursprung der Welt

Aus dem uranfänglichen Schatten löste sich die Finsternis und erschien als Chaos. Aus dem Chaos aber ging die erste Welt hervor. Die Finsternis aber war die Außenseite des Äons der Wahrheit. Aus ihr also, dem schattengleichen und grenzenlosen Chaos, sproß das Geschlecht der Götter.

Da aber ward der Schatten gewahr, daß es außer ihm noch etwas Stärkeres gab und daß er nur ein Abbild jenes Größeren war. Da entstand in ihm der Neid und löste sich von ihm. Jener Neid aber, der keinen Anteil am Geiste hatte, war aufgehoben in einer großen Dichte wie von Wasser. Von dort aber drang er hinüber in das Chaos und vermischte sich mit ihm.

Dieses sah die Pistis und geriet in große Bestürzung. Die Bestürzung aber entwich aus ihr und floh auch in das Chaos. Die Pistis aber wollte nun, daß im Chaos Ordnung herrschte. Als sie aber nun über den Wassern des Chaos saß und darüber brütend nachsann, entlockte sie den Wassern des Chaos einen löwenartigen mannweiblichen Helden Jaldabaoth, den sie zum Herrscher über das Chaos bestimmte. Als sie ihn aber zum Herrscher berief und ihm den Auftrag erteilte, das Chaos zu ordnen, entstand die Sprache, die von dort aus dann zu den Göttern, Engeln und Menschen kam.

Jaldabaoth aber hatte die Pistis nicht gesehen, und so konnte sie ungesehen wieder in den Äon des Lichtes zurückkehren. So glaubte Jaldabaoth sich allein in den Wassern und der Finsternis. Er dachte aber über sich und alles nach. Da wandelten sich aber seine Gedanken und wurden zu Worten und traten als Windhauch (oder Geist) in Erscheinung. Da trennte sich das Wäßrige vom Trockenen. Danach schuf der Jaldabaoth den Himmel und nannte das, was unter seinen Füßen war, Erde. Dann aber ersann Jaldabaoth ein mannweibliches Wesen und nannte es Jao und noch sieben andere mannweibliche Wesen, denen er himmlische Wohnstätten bereitete.

Aber unterhalb vom Himmel und der Erde wohnte der große Erschütterer, der diese Ordnung zu zerstören drohte. Da kam die Pistis und sandte ihn, nachdem sie ihn gefesselt hatte, in den Tartaros, so daß sich Himmel und Erde beruhigen konnten. Danach wurden erst die Menschen geschaffen.

De origine mundi, NHC II, 5, 97, 24–203, 4.

1. Die gnostische Lehrschrift aus dem 5. Jahrhundert u. Z. ist titellos überliefert. Ihren Namen »Vom Ursprung der Welt« hat sie wegen ihres Inhaltes erhalten. Tradiert wurde sie in koptischer Sprache und setzt ein häretisches Christentum voraus, dem die alten ägyptischen kosmologischen Spekulationen nicht unbekannt gewesen sein dürften. Diese Schrift ist schon ein Kunstmythos, insofern sie die alten Mythologeme in ein theosophistisches Gedankengebäude, ein philosophisches Lehrsystem zwingt, das nicht mehr den Schöpfergott als Herrn der Welt preisen will, sondern ihn als Fehltritt und die Welt als Unglücksfall beschreibt. Ziel des Mythos ist das Mysterium von der Wiedervergottung des Menschen.

2. In den manichäischen koptischen Texten aus Medinet Madi und den koptisch-gnostischen Schriften aus Nag Hammadi, die aus verschiedenen gnostischen Lehrschulen stammen, sind zahlreiche ägyptische Mythologeme rezipiert. Dazu gehört einmal die Schilderung des Urzustandes

der Welt als eines Chaos sowie die Darstellung der Entstehung der androgynen Achtheit, deren Namen in dem koptischen Text, getrennt nach männlich und weiblich, aufgeführt sind. Jaldabaoth bildet mit ihnen zusammen eine Neunheit. Schöpfung erfolgt wie bei Ptah (siehe I.a) durch Nachdenken und nachfolgendes Aussprechen des Gedachten. Die Namen der Achtheiten – Begriffsnamen übrigens wie Neid, Zerstörung, Zertrennung – weisen Analogien zu den Begriffsnamen der ersten Götterdynastien auf, wie sie in den Achtheiten zusammengefaßt sind (siehe I.a, c).

3. Die Besonderheit des gnostischen Textes vom Ursprung der Welt besteht neben den formal möglichen Analogien zu altägyptischen Mythologemen vor allem in der Rolle der Pistis, deren Haupttätigkeit darin besteht, die Menschen aus dieser als unmenschlich empfundenen Welt herauszuführen. Die alten ägyptischen Schöpfungsmythen gipfelten im Lob der schönen Menschlichkeit, Gerechtigkeit und göttlichen Herrschaft der Könige in der Welt. Für den alten Ägypter war die Welt eine segensreiche Erfindung der Götter, für den Gnostiker, der den Ruin Ägyptens und den Niedergang selbst des römischen Reiches vor Augen hat, besitzt die Welt – das ist das Kulturland – keine positiven Seiten mehr, sondern erweist sich als eine mit Fluch und Knechtschaft behaftete Daseinsweise, der der Mensch nur durch die Kraft einer transzendentalen Erlösung entfliehen kann.

Kapitel II
DIE ANKUNFT DER GÖTTER

a) Die Acht- und Neunheiten

Als Atum zwischen sich und den Urwassern eine Scheidung geschaffen hatte, indem er aus den Urwassern den *bnbn*-Hügel auftauchen ließ, führte er mit seiner Hand seinen eigenen Samen zum Munde. Nachdem er so sich selber befruchtet hatte, spie er aus seinem Munde Schu und Tefnut aus, den Windhauch und die Feuchtigkeit. Dadurch ward er zum Vater und zur Mutter aller Götter. Denn Schu und Tefnut verbanden sich miteinander und zeugten Geb, die Erde, und Nut, den Himmel. Geb und Nut aber, Geschwister wie ihre Eltern Schu und Efnut, verbanden sich ebenfalls miteinander und zeugten Osiris, Seth, Isis und Nephtys. So war die erste Achtheit vollendet.

Nut gebar aber ihren Sohn Osiris, als sie im Schatten eines Kesbet-Baumes ruhte, während sie ihren Sohn Seth im Schutze einer Akazie zur Welt brachte. Ihre Tochter Isis aber ward im Schilfdickicht wie ihre Schwester Nephtys geboren.

Als Osiris herangewachsen und auch Isis zur Jungfrau gereift war, ward er ihr in Liebe zugetan. Seth erkor aber seine Schwester Nephtys zur Gattin. Osiris ward Herr über die Länder im Niltale, denn Geb hatte voller Stolz gesehen, wie klug er war; Seth aber erhielt die Herrschaft über das Wüstenland. Osiris nun regierte die beiden Länder mit Weisheit. Er sorgte für die Bewässerung der Felder, für die Fruchtbarkeit der Kräuter und Ackerfrüchte, des Viehs und der Leute. Ebenso beobachtete er die Vögel am Himmel und ließ auch seine Fürsorge den kriechenden Tieren angedeihen. Die beiden Länder aber waren unter seiner Regierung selig und glücklich. Es gab keinen Streit und keinen Zank, es gab den Tod nicht und nicht das Leiden. Osiris erschien täglich wie Re auf seinem Thron und erleuchtete die Länder mit dem Lichte seiner Güte und dem Glanz seiner Majestät. Die Götter der Neunheiten hörten auf sein Wort. Und Isis, die die Neigung des Osiris erwiderte, umgab ihn mit Liebe und Fürsorge.

Seth aber, der von Geb und Nut die Herrschaft über die Wüste erhalten hatte, ward neidisch auf Osiris und das glückliche Dasein der beiden Länder. Er fing an, seinem Bruder Osiris nachzustellen, und säumte nicht, als er Osiris einstmals allein traf, ihn zu töten. Da ward das Land krank. Isis, von Schmerz erfüllt, ruhte nicht, bis sie den Leichnam des Osiris gefunden hatte. Sie beklagte ihn sehr und verbarg sich im Schilfdickicht, um im Verborgenen ihren Sohn zu gebären, weil sie befüchtete, daß Seth auch ihm nachstellen würde. Ihr Sohn Horus aber wuchs im Schutze des Niltales auf und ward groß und stark und rächte den Tod seines Vaters, indem er den Seth unterwarf. Geb aber, der voller Bewunderung den Horus hatte aufwachsen sehen, sprach ihm das Königtum seines Vaters zu, der fortan in Aminte, dem Westlande, König sein sollte. Re aber verkündete diesen Spruch Gebs, und Thot schrieb es auf, daß Horus König sein sollte über die beiden Länder, nachdem die versammelten Götter dem Vorschlage Gebs ihre Zustimmung gegeben hatten.

Plutarch erzählt, Rhea habe sich heimlich mit Kronos verbunden, und dann habe auch noch Hermes mit ihr geschlafen. An einem anderen Tage habe Hermes mit Selene gespielt und bei dem Brettspiele gewonnen und von ihr als Gewinn fünf Tage erhalten. Diese hätte er der Rhea zum Hochzeitsgeschenk gemacht. Rhea habe sich nicht anders zu helfen gewußt, als diese Tage dem Jahre als Schalttage anzufügen. Damit habe sie aber einen Fluch des Helios unwirksam gemacht, der geschworen hatte, um sie für ihr Liebesgetändel mit Hermes und Kronos zu strafen, ihr keinen Tag zum Gebären zu geben. So konnte Rhea aber nun am ersten der Schalttage den Osiris und am nächsten den Arueris gebären, während am dritten Tage Typhon geboren ward und der vierte Schalttag zum Geburtstage der Isis wurde. Darum blieb der fünfte Schalttag übrig als Namenstag für die Göttin Nephtys. Typhon aber, der sich nicht den Regeln beugen wollte, war durch die Weiche seiner Mutter Rhea gedrungen.

Dem Gotte Re aber wurden aus seinem Blute die Kinder Hu und Sio geboren. Aus dem Haupte des Gottes Seth aber entsprang die göttliche Sonnenscheibe des Thot wie dem Scheitel des Geb der Gott Zusas. Aber sonst wurden die göttlichen Kinder wie die Kinder der Menschen in den Geburtshäusern geboren, die außen an die Mauern der Tempel gebaut waren.

Den Helios aber nennen die Ägypter Re und sagen, er sei aus einer sich öffnenden Lotosblume geboren. Den Zeus nennen die Ägypter Amun, den Hermes aber Thot. Rhea und Kronos sollen Geb und Tefnut gewesen sein, während sie Typhon für Seth ausgaben.

Nach Pyr. 1587, 1248 und E. Chabas, Rev. arch. XIV, Paris 1857, Nr. 3; Plutarch, De Iside et Osiride, 12–20; A. Erman, Die Literatur der Ägypter, Leipzig 1923, S. 189

1. Die Achtheiten und Neunheiten, von denen schon in I. a–c mehrfach die Rede war, sind für die Ägypter immer mit der Entstehung der Welt verbunden. Götter gehören zur Kulturwelt, die Kultur ist ihr Werk. In der Übernahme und Pflege von Natur und Kultur wird der König, der als Erscheinung des Horus gilt, als reales Symbol gedacht, wird Religion überwunden und Mythos möglich. Diese Entwicklung läßt sich seit dem Alten Reich, ausgewiesen durch die Pyramidentexte, nachzeichnen. Die Frühzeit gilt als ein goldenes Zeitalter. Erst das Königtum beendet die Harmo-

nie, in der die Götterfamilie lebte. Das Königtum, unter Osiris eine Heilszeit, erscheint als göttliche Heilsordnung und für die Welt unentbehrlich. Die beiden Gruppen der ägyptischen Götter, Lokalgötter und Götter von mehr kosmischen Dimensionen, unterscheiden sich, indem letztere »mehr Gestalten des Mythos« (Bonnet) und nicht der Religion, der praktischen Verhaltensübungen im täglichen Umgang mit Göttern sind. Auch die Götter der Acht- und Neunheiten gehören nicht zur Volksfrömmigkeit.

Osiris ist erst im Neuen Reiche in den Kult als Staatsgott integriert worden. Das königliche Dogma hatte damit »in der Person des Gottes Osiris ein neues Symbol des Königtumes« gefunden (Schott). Deshalb wurde Osiris zum Herrn in On und Abydos, dessen Hauptgott Chantamenti dann zu einem Namen des Osiris verblaßte.

2. Die Tradition von On, das die Griechen Heliopolis nannten, läßt Atum als Weltenschöpfer auch androgynen Urgott sein. Atum hat den lokalen Gott Chepre, dessen Symbol der Skarabäus ist, schon verdrängt und ihn zu einer Erscheinung von sich werden lassen. In diesem Vorgange werden noch die historischen Übergänge vor der Entstehung des nationalen Königtums reflektiert. Diese Rolle hat Atum etwa mit Ausgang der 4. Dynastie an Re abgetreten. Atum bleibt Weltschöpfer, aber als eine Erscheinung des Re, und Re wird der allmächtige Weltherrscher. Atum wird zum Bilde der untergehenden Sonne, der Skarabäus und der Urhügel wie der Ichneumon sind seine Symbole.

3. Die Mythenbildung um Osiris geht von dem Orte Busiris im Ostdelta aus. Mit dem Ende des Alten Reiches ist sie über die beiden Länder verbreitet gewesen. Seine menschengestaltige Erscheinungsform wie seine Insignien Krummstab und Geißel schildern ihn als Gott einer siegreichen Nomadengruppe aus den Steppengebieten Palästina-Syriens. Dafür spricht auch der ägyptisch kaum zu deutende Name und die vielmals erkannte Ähnlichkeit mit dem syrisch-phönizischen Adonis, während wenig Wahrscheinlichkeit dafür spricht, daß der Adonis-Kult ein sy-

risch-phönizisches »Beutegut« aus Ägypten sei. Zum Volksgott wurde Osiris schon im Mittleren Reiche, nachdem er schon »Herr des Todesreiches« geworden war (siehe VIII. a) Er war nie ein Urgott, »der nicht geboren wurde« oder »der sich selber schuf«, sondern stand immer in einer unmittelbaren Gott-Kult-Beziehung (über seine Bindung an Isis und Horus siehe VIII. a).

4. Geschwisterehen unter Göttern sind in Ägypten so wenig ungewöhnlich gewesen wie unter den Pharaonen. Die Ursache des Zwistes zwischen den Brüdern Seth und Osiris ist deutlich eine soziale Differenz. Der Wüstenbewohner, ein Hirte oder Nomade, neidet dem Kulturlandbewohner, dem Bauern, seine angenehmere Wohnstatt. Nur die Frühzeit der Geschichte gilt als goldenes Zeitalter, weil es in ihr noch keinen König, noch keinen Besitz gab. Nach dem Turiner Königspapyrus gehört Osiris zu der zehngliedrigen Götterdynastie, die die Urzeit beherrschte, deren Ende mit dem Antritt der Herrschaft durch Horus herbeigekommen ist, während mythologisch das Ende der Urzeit durch den Mord an Osiris bezeichnet werden muß.

b) Die Söhne der Isis

Als Geb, der Erdvater, seine Kinder Osiris, Seth, Isis und Nephtys gezeugt und gesehen hatte, daß Osiris geschickt und begabt war, die beiden Länder zu regieren, übergab er ihm den Thron und die Macht über die beiden Länder. Isis, seine Schwester, aber war um ihn und umgab ihn mit ihrer Liebe. Einträchtig lebten die beiden in geschwisterlicher Ehe und waren ein Segen für ihre Völker. Ihr Glück wurde nur getrübt durch den Neid ihres Bruders Seth. Seth neidete nämlich dem Osiris die Herrschaft über die beiden Länder und trachtete, ihm das Leben zu nehmen. Als er ihn dann einmal alleine traf, ergriff er ihn, tötete ihn, zerstükkelte den Leichnam und zerstreute die Teile über die beiden Länder.

Darüber verzweifelte Isis fast vor Schmerz. Sie durchstreifte die beiden Länder und sammelte die Teile seines Leichnams zusammen, wie Horus ihr geraten hatte. Horus aber, ihren Sohn, hatte sie nach dem Tode des Osiris geboren. Empfangen aber hatte sie ihn schon, als sie mit ihrem brüderlichen Gatten noch im Mutterleibe vereinigt war. Sie hatte aber ihr jungfräulich geborenes Kind vor den Nachstellungen des Seth im Schilfdickicht des Delta verborgen. Tiere und Pflanzen beschützten das Kind, wenn sich Seth nahte. Lotosblumen bargen das Kind in ihren Blütenkelchen, wenn der arglistige Gott sich dem schützenden Orte näherte. Sie öffneten sich erst, wenn er vorüber war. Horus aber wuchs auf und rächte den Tod seines Vaters an dessen Mörder und bestieg unter dem Beifall aller Götter mit dem Segen des Geb den Thron seines Vaters Osiris, der fortan König war im Reiche des Westens, im Lande der Toten: Aminte.

Andere aber wissen noch zu erzählen, daß Isis, nachdem sie den Leichnam ihres Gatten unter Schmerzen wieder zusammengefügt hatte, in Tränen ausgebrochen sei und sich über ihn geworfen hätte. Dadurch habe sie Osiris wieder zum Leben erweckt, und er habe sich ihr gattenmäßig verbunden.

Als Osiris dann in das Land Aminte gegangen sei, habe sie dann noch Harsieses geboren. Dieser aber sei sehr schwach und sehr hilfsbedürftig geboren und sein Leben lang so geblieben, weil Isis nämlich nicht vermocht hatte, das Schamglied des Osiris, das Seth verschlungen hatte, dem Leichnam anzufügen und deshalb ein künstliches angefertigt hatte.

Noch andere aber erzählten, Horus sei Harpokrates gewesen, der als das Sonnenkind Nefertem einstmals auf einer Lotosblume erschienen sei, während noch andere sagen, auch Chnum sei eigentlich der Isis-Sohn Horus gewesen, und deshalb sei Isis auch die Mutter aller Menschen geworden, denn Chnum habe doch die ersten Menschen auf seiner Töpferscheibe aus Ton modelliert.

Nach Plutarch, De Iside et Osiride, 12–213; F. Mercer, Horus, Royal God of Egypt, Grafton 1942

1. Die mythologische Konstruktion des Textes beruht auf der Horus-Theologie des Neuen Reiches und dem Berichte Plutarchs. Die Fülle der Horus-Texte ist in mythische und religiöse durch einen syntaktischen Vergleich zu scheiden, wie er auch bei den Isis-Texten angewendet worden ist. Alle Texte, die im Präteritum formuliert sind, dürfen zu den mythischen, alle Texte mit verbalen Präsens- und Futurformen müssen zu den kultisch-religiösen gezählt werden. Im Kultus *spricht* Isis zu Horus, im Mythos *sprach* Isis zu Horus.

Horus war der erste Reichshauptgott; der Horus-Name ist das erste Glied in der ägyptischen Königstitulatur. Das Königtum wird ihm, wie Marduk in Babylon, von allen Göttern zugesprochen. Horus erscheint demnach als Gott einer Bevölkerungsgruppe, die schon bestehende soziale Formen (Gaufürstentümer) unterjochte. Das heilige Tier des Horus, der Falke, läßt dabei an eine Gruppe denken, die aus den gebirgigen Randgebieten über das nordöstliche Delta in das Flußtal eindrang, dessen Gott Osiris gewesen sein kann. Seth als Gegner des Horus scheint einen politischen Rivalen aus dem Süden zu kennzeichnen. Die erste Einigung der beiden Länder vor der 1. Dynastie scheint demnach vom Norden ausgegangen zu sein.

2. Die unterschiedlichen Geburtsgeschichten des Horus zeigen, wie vielfältig die Horus-Tradition aufgenommen wurde. Sie entsprechen der ägyptischen Sitte, den Reichsgott mit analogen lokalen Göttern zu identifizieren. Mythologeme wie pränatale Zeugung, jungfräuliche Geburt oder wunderbare Kindheit sind Bestandteile einer typisierten Götterbiographie. Der Gott, der keine nennenswerte Vergangenheit hat, weil er ein junger Gott von Eroberern ist, erhält eine Heldenvergangenheit. Die heilige Geschichte ersetzt den notwendigen Machterweis. Re-Horus muß Re und Chnum sein und wie Herakles alle denkbaren Macht-

und Kraftproben überstanden haben: Mythen ersetzen nicht vorhandene bzw. nicht nennenswerte Leistungen und sind so dichterische Bilder für das Besondere und Einmalige an Göttern und Heroen. Deshalb haben die Griechen zum Beispiel Herakles zu einem Sohn des Horus gemacht und in der Schlacht bzw. dem Kampf zwischen Herakles und dem Erymanthischen Eber eine Schilderung des Kampfes zwischen Horus und Seth sehen können.

3. Da Analogien keine Beweise für eine motivgeschichtliche Abhängigkeit sind, bleibt nur möglich, aus den Ähnlichkeiten auf vergleichbare historische Situationen als Entstehungszeiten zu schließen. Der Kampf zwischen Horus und Seth oder auch der Kampf zwischen Horus und Isis (siehe IV. b) ist das Bild, das von einem geschichtlichen Vorgang abstrahiert worden sein kann: der Machtwechsel zwischen zwei verschieden ökonomisch strukturierten Gruppen, wie er sich etwa durch den Übergang von der Negade-I- zur Negade-II-Kultur vollzogen hat. Hirtenvölker besiegen die Bauernkultur, patrilineare Rechtssysteme überwinden matrilineare Gebräuche. Die Erzählungen von den berühmten feindlichen Brüderpaaren Kain und Abel aus der Bibel, 1. Mose 3, und Romulus und Remus aus Vergils Äneis sind die bekanntesten vergleichbaren Mythen. Der Mythos entspricht auch in Ägypten einer Welt, die »über den alten Mächten das Reich als Einheit sieht« (Schott).

4. (Zu Horus als König siehe VI. c. Zu Horus als Kämpfer vergleiche IV. a. Zu den Götterlehren vergleiche I.–c.) Hier bleibt zu bemerken, daß Horus in der Götterlehre von Heliopolis in zwei Aspekten erscheint, als Weltgott und als königlicher Gott. Durch die Nebenordnung neben Atum ward es möglich, daß Re, der das Erbe des Horus angetreten hat, als Erscheinung beider beschrieben werden konnte. In Heliopolis erscheint Re so in seinem universalen Aspekt als Atum, in seinem lokalen als Horus.

(Zu Geb, Osiris, Seth und Nephtys siehe II. a und I. a–c. Zu den Horuskindern siehe V. a) Die Horusnamen Harsiesis (der Isis-Sohn/Horus) oder Harpokrates, das ist Horus als Kind, der vor allem in der Spätzeit die Volksfrömmigkeit bestimmte, oder Haroeris, der ältere Horus, bezeichnen jeweils einzelne Aspekte des Mythos, die über den Umstand hinweghelfen sollen, daß Horus ursprünglich nicht zu dem Osiris-Mythos gehört hat. Der Namen Harachte, der Horus vom Lichtlande, ist allerdings vermutlich in On aus liturgischem Brauche hervorgewachsen und hat sich dann zu einer Erscheinung des Re (Pyr. 526–28) verselbständigt, als Re den Horus in seiner Bedeutung überwand. In On-Heliopolis war nämlich die Tradition verankert, die Horus als Bruder des Osiris und Seth am 2. der Epagomenen nach Osiris geboren sein läßt.

c) Amun

Als die Urwasser noch die Welt bedeckten und außer dem Feuchten und dem Windhauch noch nichts auf der Welt war, erhob sich aus den Wassern der *bnbn*-Hügel, der ein großes Ei trug. Manche wollen wissen, daß Ptah das Ei geschaffen haben soll.

Aus dem Ei aber entsprang der Gott Amun. Er wohnte auf den Wassern wie eine Nilgans. Im tiefen Nachsinnen über sich und seine Umgebung schwamm er dahin, in Gedanken brütend, wie er seine Einsamkeit verändern könnte. Da gesellte er zu sich aus sich selbst die Gottherrin Amaûnet. Dann erst schuf er alles, was in der Welt vorhanden war. Er schuf aber die Welt und alles, was in ihr lebt, indem er einfach ihr Kommen befahl. So blieb er auch in allen Dingen wirksam und mächtig, der *Ba* aller Erscheinungen.

Deshalb ward er der stärkste Herr in seiner Stadt Theben und Erster in seiner Stadt Karnak. Darauf wandte er sein Gesicht auf Nubien und wurde König in Nubien und im Goldlande Punt. Über allen Völkern fuhr er dahin als Chepre in der Sonnenbarke. Die Einwohner von Heliopolis aber nannten ihn Atum. Seine Frau Amaûnet aber erschien den Bewohnern von Ascheru als Göttin und ließ sich Mut rufen. Der ehelichen Verbindung von Amun und Amaûnet aber entsprang zuerst Chons, dem sein Vater die Stadt Theben gab. In seiner Freude über die Geburt verlieh Amun seinem Sohn die Gabe, aus Ton auf der Töpferscheibe Menschen zu modellieren.

Um Amun, Amaûnet und Chons aber waren die Götter der großen Neunheit, die Amun gerufen hatte, damit sie die Welt gestalteten. Angeführt wurden sie von Month, dem Herrn des Gaues Hermonthis, der die Bewohner von Herakleopolis überwunden und Theben als neue Hauptstadt gegründet hatte. Amun unterwarf dann auch die Bewohner von On, der Stadt des Re. Daraufhin trat auch die Achtheit von Heliopolis in den Hofstaat des Re ein, der sich nun stolz als Amun-Re und »Herr der Throne der beiden Länder« verehren lassen konnte. Mit Re und Ptah aber erschien er allen Völkern als alleiniger Gott. »Drei waren alle Götter, Amun, Re und Ptah, und ihresgleichen gibt es keine anderen.«

Amun aber, der Vater der Achtheit und der Vater der Neunheiten, der den Ptah mit seinem Munde geschaffen hatte, um durch ihn die Achtheiten zu schaffen, blieb der, der seinen Namen verbarg; blieb aber als Herr der Luft und des Windhauchs in allen Dingen, »blieb Hauch des Lebens für alles«; »Leben war sein Name«.

Nach Kees, Religionsgeschichtliches Lesebuch, 8-11; Pap. Boulaq; H. Kees, Götterglaube der alten Ägypter, S. 312

1. Amun war der wichtigste Gott Ägyptens (siehe I. b.). In den Pyramidentexten wird er als ein »von selbst entstandener« genannt, und man hat wegen der Art, wie der Skarabäus sich fortpflanzt, die Tradition des Chepre auf ihn übertragen. Die Urgottfunktion erhielt Amun mit dem Aufkommen der 11. Dynastie, die den bislang kultisch nicht besonders hervorgetretenen Amun zu ihrem Hauptgott erkor und deshalb die anderen Göttergruppen ihm als Nach-

kommen zuschreiben mußte. Göttergenealogien haben in Ägypten wie in anderen Religionen immer dieselbe Funktion, nämlich politische Verhältnisse und Abhängigkeiten als ewige Gesetze auszuweisen. Als oberster Reichsgott muß Amun die Funktionen von Re und Ptah übernehmen. Seine Symbole, Widder und Gans, zeigen an, welche geschichtlichen Epochen er durchlaufen hat. Der Brauch, ihn als Kematef in Gestalt einer Schlange zu verehren, die einstmals das Weltei bebrütet und damit »seine Zeit vollendet hat«, ist jüngeren Datums und setzt die Wiederbelebung altägyptischer Tierkulte im Neuen Reich und der Spätzeit voraus, die in der bäuerlichen Subkultur ihren Anfang genommen hatten. Amun hat hier das Erbe der Erntegöttin Thermutis angetreten, wie er auch schon seit dem Mittleren Reiche offensichtlich den ithyphallischen Fruchtbarkeitsgott Min vertritt.

2. Seine mythischen Familienglieder und Verwandten sind nie konstant geblieben. Ihre Reihenfolge hängt von den historischen Voraussetzungen ab. Die mythischen Verwandtschaftsbeziehungen darf man wie alle anderen Mythen nicht »für Reste verschollener Wirklichkeiten« nehmen, weil man sonst »ein geschichtlich wertvolles Anzeichen dessen verliert, was man zur Zeit der Mythenbildung glaubte« (Schott). Mythologische Machtverhältnisse sind *verdichtete* geschichtliche Vorgänge. Amuns Aufstieg ist der Aufstieg Thebens. Die Glieder seines Gefolges richten sich nach dem Einfluß und der Bedeutung Thebens für die einzelnen Gaue, die durch ihre Götter repräsentiert sind.

d) Aton

Am Anfang war allein Aton erschienen als Vater von Anbeginn, der die Erde nach seinem Willen ohne jede Hilfe und ohne jeden fremden Rat schuf. Nach der Erde schuf er die Menschen, die Haustiere und das andere Getier, dazu auch die Vögel. Dann richtete er die Fremdländer und Ägypten ein und unterwies die Menschen, daß sie alle Arbeiten richtig vollbrachten. Er maß den Menschen den Lebensunterhalt und die Lebenszeit zu. Er gab jedem der Völker seine eigene Sprache und sein eigenes Denken, schied sie nach ihrer Hautfarbe voneinander und wies ihnen die Grenzen ihrer Länder zu.

Für die beiden Länder aber schuf Aton den Nil, damit die Talbewohner reichlich zu essen und zu trinken hätten. Aber für die Fremdvölker und die Bergvölker schuf er den »Nil am Himmel«, der ihnen das notwendige Wasser brachte, so daß sie ihre Herden auf den Weiden versorgen konnten und die Brunnen an den Wegen genügend Wasser spendeten, um den Durst von Mensch und Tier zu löschen. Aton schuf auch die Jahreszeiten, den Sommer und den Winter, und regelte den Lauf der Sonne nach ihrem Tagesweg und dem Weg durch das Jahr. Er schuf aber auch das Dunkel der Nacht, damit die Menschen und Tiere ruhen konnten, und reckte seine Hände auch segnend aus über Aminte, das Land der Verstorbenen.

Nach dem Sonnenhymnus des Echnaton, ediert von N. G. Davies, The Rock Tombs of El Amarana VI, 1908.

1. Aton ist die Sonnenscheibe und galt als alleiniger Gott während der Regierungszeit Amenophis' IV., der sich Echnaton nannte. Aton war für diesen Pharao nicht nur der höchste Gott, sondern wurde von ihm auch zum einzigen Gott erklärt, den man verehren durfte. Echnaton hält sich in diesem Hymnus, dessen Autor er war, auch für den einzigen, der diesen Gott erkennen konnte. Aton war für ihn eine apersonale Wesenheit, aber noch ein Gott, »außer dem es keinen mehr gibt«. Deshalb fehlen in diesem mythologischen System auch alle anderen Götter. Aton hat nur einen Sohn, den König, und verfolgt mit seinem Werke nur ein Ziel, das Königtum Echnatons zu fördern. Diese Epoche bleibt für Ägypten einmalig. Der Mythos selbst tritt damit über seine dichterische Grenze und wird zum politischen

Ritual: Der Sonnenhymnus, wegen seiner poetischen Bildhaftigkeit oft mit biblischen Psalmen verglichen und als beispielhaftes Gedicht gepriesen, gipfelt in der Apotheose Echnatons und seiner Frau Nofretete.

2. Der Aton-Kult Echnatons geht vermutlich auf einen Aton-Kult in Heliopolis zurück, in dem die Sonnenscheibe als Erscheinung des Re verehrt wurde. Re war bis zur Zeit der 18. Dynastie so bedeutend geworden, daß ihn zahllose Identifikationen umgaben: Amun-Re, Suchos-Re, Atum-Re oder Re-Harachte, »der jubelt im Horizonte in seinem Namen Schu«, um nur einige zu nennen. Der Schritt Echnatons erscheint darum wie ein logischer Schlußpunkt, nämlich nur einen Gott gelten zu lassen und die anderen Kulte zu unterbinden. Geschichtlich war darin der Höhepunkt der ägyptischen Despotie erreicht; es gab nur einen König und einen Gott, der ein Gott des Königs und für den König war, der Tempeldienst, Opferkult und Priester überflüssig machte.

Diese Staatsvergottung traf auf den erbitterten Widerstand der alten Priesterkasten und der Landbevölkerung und überlebte den König nur um wenige Jahre. Mit dem Gedächtnis des Ketzerkönigs wurde auch die Erinnerung an diese Kunstmythographie ausgerottet. Ein Grab eines Hofbeamten bewahrte den Text dieses königlichen Gedichtes. Aton unterlag Amun von Theben, und Re erhielt die Ehren zurück, die man ihm geraubt hatte. Das Königtum geriet wieder in die Abhängigkeit der Priester und der alten nationalen Traditionen.

e) Das Ägypter-Evangelium

Am Anfang erschien aus der Höhe, dem Lichte der Vollendung, der große unsichtbare Geist, der Vater. Es war dieses Licht aber ein ewiges Licht, ein Schweigen der Pronoia und des Vaters. Es war ein Licht in Wort und Wahrheit, ein unverderbliches, unerreichbares Licht, der Äon der Äonen.

Der Vater aber entstand aus sich selber. Er ging aus sich

selbst hervor, und seine Entstehung war eine, allein dem unaussprechlichen Vater eigene, unerklärbare Kraft.

Aus ihm aber kamen drei Kräfte hervor: der Vater, die Mutter, der Sohn. Sie gingen aus dem lebendigen Schweigen des unaussprechlichen Vaters hervor. Danach aber ging Domedon aus jenem Ort hervor; das Licht ging aus jenem Orte heraus. Danach aber kam als vierter der Sohn hervor, die Mutter aber war die fünfte, und der Vater war der sechste. Unverkündbar aber und unbenennbar war die Achtheit in dem Reiche der Herrlichkeiten und Unvergänglichkeiten. Es bildeten aber danach der Vater, die Mutter und der Sohn je eine neue Achtheit.

Die erste Achtheit aber bestand aus dem mannweiblichen Vater, dem Denken, dem Wort, der Unverderblichkeit, dem ewigen Leben, dem Willen, dem Verstand. Zur zweiten Achtheit aber gehörten die Mutter, die jungfräuliche Barbelo, Kaba Adone, der über den Himmeln Thronende, die unerklärbare Kraft, die unaussprechbare Mutter und zwei andere Zauberwesen.

Die dritte Achtheit aber bildeten der Sohn des Schweigens und der Kranz des Schweigens mit der Erkenntnis des Vaters und der Kraft der Mutter. Aus seinem Schoße nämlich gingen die sieben Kräfte des großen Lichtes der sieben Stimmen hervor, deren Vollendung das Wort ist. Dies sind die drei Achtheiten, die der Vater aus seinem Schoße durch das Schweigen und die Pronoia an jenem Orte hervorbrachte.

Und dieser erste Äon Doxomedon war erfüllt von Kräften und Herrlichkeiten und Thronen. Und alle priesen den großen unsichtbaren Geist, der der Ursprung allen Lichtes und das Licht selber ist, und es antwortete ihnen das Schweigen vom lebendigen Schweigen.

Ägypter-Evangelium NHC III, 40,12–44,21 und NHC IV 50,1–55,11.

1. Das Ägypter-Evangelium gehört zum Typ der sethiani-

schen Gnosis aus dem 4. nachchristlichen Jahrhundert. In seiner Einleitung treten die großen Themen altägyptischer Mythologie wieder auf. Die Götter der himmlischen Lichtwelt erscheinen in Achtheiten. Diese Achtheiten tragen Begriffsnamen wie die Glieder der prädynastischen Götterlisten. Ihre Zusammenfassung zu der Trias Vater-Mutter-Sohn folgt dem altägyptischen Schema, das auch den Isis-Osiris-Horus-Mythos prägte.

Die altägyptischen Götterlehren entsprachen durchaus den Theorien der griechisch-hellenistischen Zahlenmystiker. Formal gleichen sich die Götterlisten, inhaltlich aber differieren sie bis zur Unerklärlichkeit.

2. Die Unterschiede zu ägyptischen Vorstellungen liegen einmal in dem typisch gnostischen Topos des Schweigens, der Ruhe, das von der Bewegungslosigkeit der Urwasser in ägyptischen Schöpfungsmythen zu unterscheiden ist. Die ägyptischen Götter denken nicht nur, sondern reden und handeln auch durch ihre Rede. Ferner transzendentalisiert der Gnostiker alle Wesenheiten, während der ägyptische Mythograph alle Götter, soweit möglich, personalisiert und in den Bereich der sinnlichen Wahrnehmbarkeit rückt. Zum Wesen der Gnosis aber gehört das mysterienhafte Einswerden des Mystagogen mit dem Ursein, das Eingehen in die Ruhe, in das Schweigen. Die gnostischen Namen, aus jüdisch-christlichen Häresien bekannte Engel- und Geisternamen, dienen zudem weniger zur Erklärung der Vorgänge als zur Markierung der Erlösungswege, die der Gnostiker zu passieren hat. Formal haben die gnostischen Erlösungsmysterien die größte Ähnlichkeit mit den ägyptischen Totenbuchtexten.

3. Mythologisch fixiert die gnostische Götterlehre das Ende der ägyptischen Mythologie. Das Christentum, das die Gnosis hervorbrachte, integrierte weite Teile ägyptischer Religion. Die christlichen Gnostiker aber, die in diesem Ägypter-Evangelium den biblischen Adam-Sohn Seth mit dem ägyptischen Gott Seth als eine Erscheinung Jesu Christi ausgaben, integrierten ägyptische Traditionen, in-

dem sie sie umprägten, wie sie auch ihre eigenen christlichen oder biblischen Mythologeme umprägten und ins Gegenteil verkehrten. Die gnostischen Götteremanationen sind die Stufen, die der Gnostiker zurücklegen muß. Der tote Pharao mußte nach alter ägyptischer Überzeugung erst zum Osiris werden, bevor er das Ziel seines Lebens erreicht hatte, der Gnostiker muß alle Stufen, die der göttliche Seelen- oder Lichtfunken bis zu ihm genommen hat, zurücklegen, bis er wieder mit dem Urlicht vereinigt ist. Er muß alle Achtheiten durchlaufen, bis er das »Licht der Vollendung« erreicht hat.

Kapitel III
DIE ERSCHAFFUNG DES MENSCHEN

a) Die Tränen des Re

Als Re die Welt, die er von seinem Vater Nun, dem Ältesten der Götter, erhalten hatte, einstmals verderben wollte, weil die Menschen, die er erschaffen hatte, sich gegen ihn empörten, rief er Nun und die anderen alten Götter herbei und klagte ihnen sein Leid.

Denn als Nun die Götter und die Tiere erschaffen hatte, war die Welt noch nicht vollendet worden. Re aber, der von seinem Vater Nun die Herrschaft über die Welt erhalten hatte, mühte sich sehr, sie zu pflegen und glücklich zu machen. Als ihm aber einmal vor Anstrengung die Augen tränten, kam ihm dabei der Gedanke an sein Glück. Da entstanden aus seinen Tränen, die den Boden benetzten, die Menschen. Und sie waren wie die Götter und Tiere und überhaupt alles Lebendige erschaffen: Ihr Herz dachte, und das Erdachte nahm durch die Zunge Gestalt an, ward zum Worte und dann zur Wirklichkeit.

Den Menschen aber ward alles, was auf Feldern, Wiesen und Bäumen wuchs, zur Nahrung zugewiesen wie den Tieren auch. Mensch und Tier sollten sich von Früchten, Gemüsen, Korn und den Fischen ernähren. Die Fische hatte Nun schon den Göttern zur Nahrung bestimmt, bevor er die Erde und die Pflanzen auf der Erde, die Bäume und Kräuter, geordnet und bestimmt hatte. So lebten denn die Menschen zunächst friedlich mit Göttern und Tieren zusammen. Sie lebten aber gesondert nach ihrer Hautfarbe und ihrer Sprache in ihren Orten, wie es die Götter bestimmt hatten. Die Tiere dienten den Menschen so, wie auch die Menschen einander unterstützten und halfen. Re aber hatte die Menschen wie die Tiere geschaffen, als männliche und weibliche Wesen. Es dauerte aber nun eine geraume Zeit, bis die Menschen begriffen, daß auch das Wild und die Vögel wohlschmeckende Nahrung waren.

Re, in weiser Voraussicht, aber hatte die Menschen gelehrt, in Häusern zu wohnen und Dörfer und Städte zu bauen, in denen die Menschen in ihren Familien zusammen leben und arbeiten konnten. Er wandte ihnen täglich sein Antlitz zu und erschien ihnen als Horus, als König. In ihm ließ er sie seine Güte und Huld erfahren. So fanden sie sich als Gotteskinder auf der Welt vor und merkten wohl, worin sie sich von den Tieren unterschieden.

So ließ der göttliche Allherr die Menschen in allen vier Himmelsrichtungen der Welt leben und sorgte dafür, daß ein immer frischer Wind allen Menschen reine Luft zum Atmen brachte. Wind wie Sonnenwärme oder Nilüberflutung galt den Armen wie den Reichen ohne Ansehen ihrer Person. Er hatte nämlich allen Menschen ohne Unterschied die gleichen Fähigkeiten verliehen.

Darunter aber war auch die Freiheit, sich an das ewige Land Aminte, das Westland oder Reich des Todes, zu erinnern oder es zu vergessen, den Göttern durch reiche Opfergaben zu huldigen oder sie durch Vergessen oder Lästerungen zu schmähen. Als die Menschen aber anhoben, sich weniger um Re und die Götter zu sorgen, und sich vielmehr anstrengten, das den Göttern Zustehende sich selber anzueignen, grollte Re den Menschen und gedachte sie auszurotten.

CT VI 344; CT II 42,2; Pap. Boulag 17,5,4; Esna III 250,15; Esna II 250,12; Ch. Maystre, BIFAO 40, 1941, 53ff.; Lehre für Merikare 132f; CT VII 461–64.

1. Die Texte stammen aus dem Mittleren und Neuen

Reich, greifen aber auf ältere Stoffe zurück. Anders als in der biblischen oder altorientalischen Mythologie behandeln ägyptische Mythen die Entstehung der ersten Menschen nur sehr beiläufig im Zusammenhang mit der Erschaffung von Göttern und Tieren. Die ägyptische Mythologie sieht den Menschen immer als Teil der Welt, nicht als Herrn der Welt. Ebenso ist die Sexualität etwas völlig Natürliches. Ein biblischer »Sündenfall« findet nicht statt.

Die Schöpfermythen des Alten Reiches sehen im »Menschen« nur den Bewohner des Niltales, das Neue Reich nennt auch Bewohner anderer Länder »Menschen«.

2. Singulär ist das öfter in Hymnen verwendete Motiv, daß die Menschen aus den Tränen eines Gottes hervorgegangen sind. Im Neuen Reich ist zudem noch das Mythologem verbreitet gewesen, daß die bösen Menschen aus den Tränen des Apophis hervorgegangen sind. Diesen anthropologischen Dualismus kennt das Alte Reich noch nicht. Die Menschen bleiben ethisch neutrale Diener der Götter. »Die Distanz zwischen Mensch und Gott ist grundsätzlicher Art und im Prinzip unüberbrückbar.« (H. Brunner) Lediglich nach dem Tode können einzelne Menschen, die Könige etwa, in die Nähe der Götter rücken, ja selbst zum Gotte, zu Osiris, werden. Götter können Menschen lieben, und Menschen können Götter lieben wie Kinder ihre Eltern. Für ägyptisches Denken ist der Mensch nur das »Bild« eines Gottes, weil er von Gott geliebt werden kann. Eine natürliche oder personale Gottesebenbildlichkeit des Menschen bleibt dem ägyptischen Dichter fremd.

3. Kennzeichnend für die Herkunft dieses Schöpfungsbildes ist die Bauernkultur des Niltales. Die natürliche Ernährung des Menschen geschieht nämlich durch die Erträge des Ackerbaus und des Fischfangs. Die Vorstellung von fleischlicher Nahrung erweist sich als sekundär. Sie ist die Folge der Eroberung des Niltals durch von Viehzucht und Jagd lebende Nomaden. Typisch ist für ägyptisches Denken, daß der Begriff »Mensch« immer sozial determiniert ist. Das Abstraktum »Mensch« kennt die Dichtung

nicht. Die Empörung der Menschen im Mythos, die zu ihrer teilweisen Vernichtung führt, hat vermutlich einen historischen Hintergrund gehabt und dürfte ein Bild für eine Zeit sozialer Wirren, wie sie sich mehrfach in der Geschichte Ägyptens finden, gewesen sein. Die Götter obsiegen wie die Pharaonen über die Wirren der Zwischenzeiten und abtrünnige Gaufürsten. Auch im Mythos gilt, daß nur der Wille des höchsten Gottes entscheidet. Der Pharao als historische Erscheinung eines Gottes ist das Symbol für diese Wirklichkeit. Das Bild vom »Goldenen Zeitalter«, das die ägyptische Dichtung mit der griechischen Antike teilt, in dem Tiere, Menschen und Götter friedlich zusammenleben, ist daher immer beides, in die Vergangenheit projiziertes Wunschbild für eine enttäuschende Gegenwart und der darin laut werdende Protest gegen diese.

b) *Chnum, der Töpfer*

Chnum war der Herr des 1. Kataraktes in Oberägypten. Von dort wandte er sich gen Süden nach Nubien und gen Norden nach Unterägypten. Zahlreich wurden seine Häuser und groß die Verehrung, die man ihm entgegenbrachte. Er schuf die Menschen, denn sein Vater hatte ihm dazu den Auftrag gegeben. Zusammen mit Satet und Anuket sorgte er dafür, daß in jedem Jahre die Nilfluten reichlich über die Ufer traten und die Äcker benetzten, ohne Schaden anzurichten. In Antinoe, wo er mit seiner Frau Heket residierte, priesen ihn die Einwohner, weil er sie geschaffen hatte und nicht aufhörte, Menschen zu schaffen.

Sein Vater hatte ihm die Aufgabe zugeteilt, auf seiner Töpferscheibe die Menschen wie die Götter zu formen und auch deren Ka zu bilden. So beugte Chnum sich täglich zum Nil und barg von seinen Ufern den Schlamm, den er auf seiner Scheibe formte, bevor er sie in dem Schoße der Mütter barg, in dem sie zu ihrer Geburt heranwuchsen, betreut von seiner unermüdlichen Frau Heket. So ward er zum »Vater der Väter und zur Mutter der Mütter« und gepriesen an allen Orten als »Spender der Fruchtbarkeit und Bildner von Göttern, Menschen, Tieren und Pflanzen«. Er stand dem »Lebenshause« mit Güte und Geduld vor und formte das Schicksal jedes Menschen sorgfältig und überlegte, wenn er den Ka eines Menschen bildete. Sorgfältig prüfte er den Nilschlamm auf seine Güte und Feinheit und das Wasser auf seine Frische, mit dem er den Ton geschmeidig hielt, bis er das Bild des Menschen vollendet hatte, wie es sein Herz ihm eingab.

Ja, gelegentlich drang er wohl auch selber in den Mutterleib ein, um sich zu versichern, daß sein Geschöpf wohl geborgen sei, um ein schönes Bild zu werden.

Tb. Kap. 99; Pyr. 524a, 1227d, 445a, 1769b; Esna V, 74f.; Esna II, Nr. 15,8; Esna III, Nr. 250,7–12; pWestcar 9,23; Esna III, 95,6; Esna III, 230, 21.

1. Chnum war vermutlich ein überregionaler Gott. Er ist als Glied von Acht- und Neunheiten (siehe I. c) 3.) ausgewiesen und gehört deshalb zu den Angehörigen der Götterfamilie der 1. Dynastie. Die Zahl seiner Kultstätten ist kaum zu zählen. Seine Funktion als Fruchtbarkeitsgott und die sinnfällige Bedeutung seines Kultes haben die Legendenbildung um seine Fähigkeiten als Töpfer gefördert. Geburt und Sterben sind nun einmal beziehungsreiche Ausgangspunkte mythologischer Dichtung. Die Namen seiner verschiedenen Frauen, die die Dichtung aufbewahrt hat, hängen mit den vielen Kultorten zusammen. Es ist anzunehmen, daß einstmals die Frauen die Funktion der Geburtshelfer und der Menschenschöpferin besessen haben, bevor Chnum als ihr Ehegemahl diese Funktion übernahm. Darin würde die Entwicklung in Mesopotamien in Ägypten eine Parallele finden. Die sumerische Muttergöttin Aruru oder Mami schafft auch die Menschen, getrennt nach Geschlechtern, aus Ton, bevor sie mit Hilfe der anderen Geburtsgottheiten die Tonfiguren zum Leben erweckt.

2. Die »irdische« Beschaffenheit der ersten Menschen ist

eine Vorstellung, die sich in Sumer wie in der Bibel wiederfindet. Der biblische Schöpfungsbericht in I. Mose 1 und 2 läßt den Menschen aus dem Ackerboden entstehen. Die gesonderte Bildung des *Ka* für jeden Menschen durch Chnum entspricht der Begabung mit dem göttlichen Lebenshauch in den Mythen Sumers und der Bibel. Ursprünglich meint *Ka* nur die Zeugungskraft, die geistig-seelische Kraft zum Leben. Der Leib ist sterblich, der *Ka* aber unsterblich. Diese zweiteilige Anthropogenese wächst sich im Laufe der ägyptischen Mythenbildung zu der klassischen Form der anthropologischen Trichotomie aus, wie sie die Gnosis aus dem Erbe Ägyptens entwickelte, indem etwa seit der Mitte des Mittleren Reiches der Gedanke lebendig ist, daß die Götter dem Menschen dazu noch seinen Ba, die unsterbliche geistige Kraft, gegeben haben, wodurch der Mensch seine Einmaligkeit erhält.

3. Im Neuen Reiche hat die theologische Spekulation die zahlreichen Chnum-Kulte zu vereinheitlichen gesucht und gelehrt, daß in den einzelnen Kultorten nur jeweils der Ba des Chnum anwesend sei. So war danach in Elephantine Chnum der Ba des Re, in Esna der Ba des Schu, in Hypsolis galt er als Ba des Osiris, und in Antinoe sollte er der Ba Gebs sein. In der Spätzeit hat man auch Siebenheiten von Chnum-Gottheiten hypostasiert; als Kinder des Chnum waren sie Formen bzw. Erscheinungen seines Ba. Dieser anthropologische Dualismus bzw. diese Trichotomie, die nur in der Gnosis aufgenommen wurde, ist der biblischen und altorientalischen Denkweise fremd geblieben. Der griechische Dualismus ist weniger von Ägypten und mehr von indogermanischen Traditionen abhängig.

c) Die Paraphrase des Seem

Einstmals offenbarte sich der Sohn des unendlichen Lichtes, der große Geist, der Strahl des allumfassenden Lichtes, dem Seem, damit nicht vor ihm verborgen bliebe, was der Gedanke des großen Geistes entworfen hatte, nämlich eine

1. Modell eines Ruderschiffs

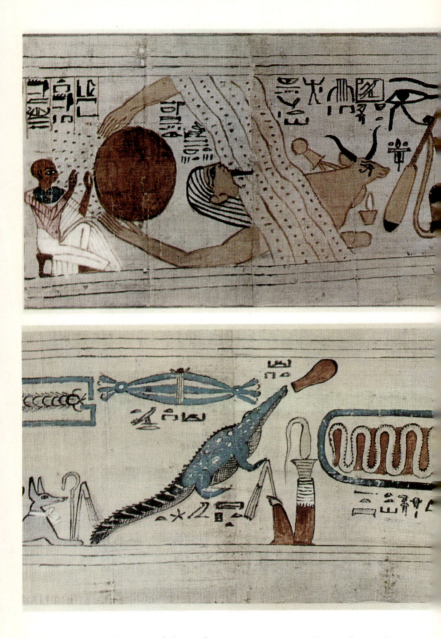

2. Jenseitsführer für Amunemwija (Ausschnitte)

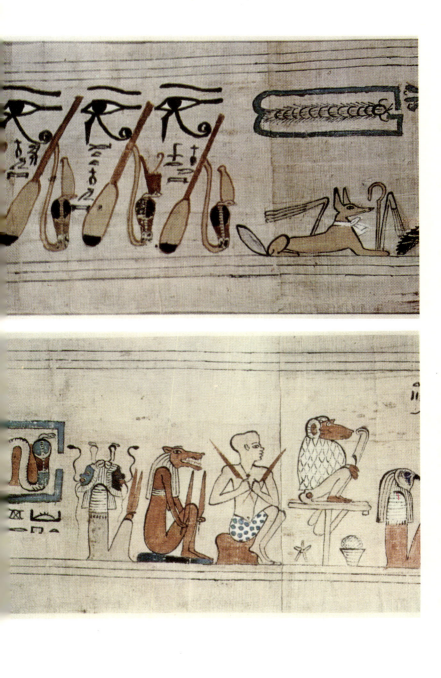

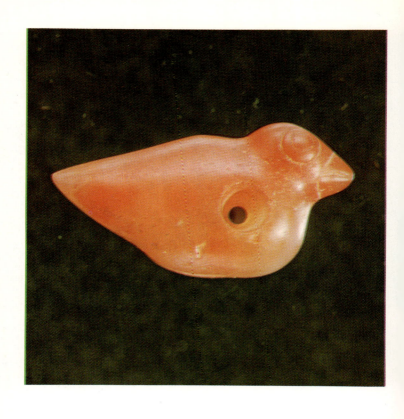

3. Kettenanhänger in Vogelgestalt

4. Ostrakon mit Barkenprozession

5. Totenbuch des Amunpriesters Paenwijaenadja

6. Uschebtj des Sennedjem

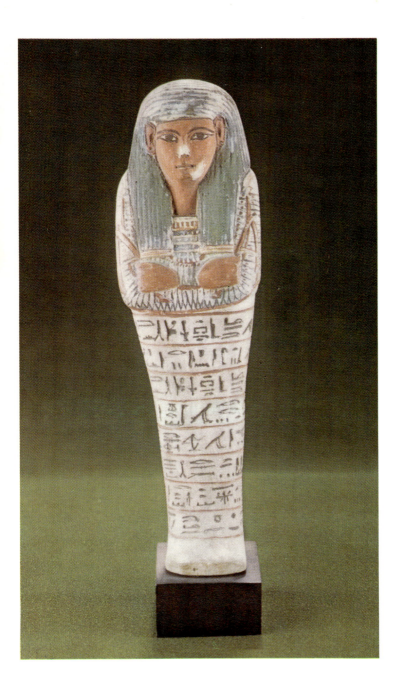

7. Seitenwand eines Uschebtikastens

Welt zu schaffen, in der der göttliche Nous von seinem Los, für immer in der Welt versklavt zu bleiben, befreit werden könnte. Denn er war aus seiner eigentlichen Heimat, der himmlischen Lichtwelt, in die Finsternis gefallen, die sich seiner bemächtigt und ihn in vielfältigen Formen der Wirklichkeit gefesselt hatte.

Nun aber hatte der Geist Gestalt angenommen, um sich erkennen zu lassen, wie er sich zuvor schon hatte erkennen lassen. Einmal war er in Tiergestalt erschienen, um den göttlichen Nous aus den tiergestaltigen Kräften zu befreien, die nach der Entstehung des Himmels und der Erde geschaffen waren. Die Erde mit ihren Pflanzen und Früchten diente nur zum Aufenthaltsort und zum Lebensraum dieser tiergestaltigen Kräfte. Danach aber erst trennte sich das Licht von der Finsternis und erschien als Sonne in der Mitte der Physis und begann über ihr, der Schöpfung, zu leuchten. Andere Kräfte aber brachten unfruchtbare Frauen und Männer hervor. Als nun die Physis, die Schöpfung, sah und bemerkte, daß die Lichtwelt sich durch die Sonne anschickte, in sie hineinzuwirken, ließ sie eine Sintflut kommen, um das Leben auf der Erde zu vernichten. Ebenso ließ sie danach noch eine Feuerflut über die Erde kommen, die viele von den noch übrigen Lebewesen hinwegraffte. Als sie nun glaubte, alle himmlischen Kräfte vernichtet zu haben, geriet sie in einen Siegestaumel und verschleuderte in ihrem Rausch ihre eigenen Schöpferqualitäten, nämlich das in ihr noch gefangene Feuer, die Kraft und das Licht, in die Finsternis der Welt. Sie war nämlich in dem Wahn befangen, damit ihren Kräften, den Dämonen, ein großes Geschenk zu machen. Aber überall, wo nun das Feuer, das sie wegwarf, sich mit der Finsternis vermischte, entstanden neue Tiere. Und überall dort, wo Feuer, Licht und Kraft aufeinandertrafen und sich mischten, entstanden neue Menschen. Aus dem Geiste aber schied sich nun der Gedanke, der zum Licht für die Menschen wurde, durch das sie den Weg aus ihrer Gefangenschaft in der Welt der Physis finden konnten.

Als dieses aber die Physis bemerkte, daß sich wiederum die Lichtwelt anschickte, sie zu überwältigen, besann sie sich ihrer einstmaligen Strafen, der Fluten von Wasser und Feuer, und ließ sie wiederkommen. Aber die himmlischen Lichtgestalten retteten sich und die zu ihnen gehörigen Menschen vor diesen Anschlägen an einen Ort der Ruhe und des Friedens, der keinen Krieg kennt und den niemand angreifen kann.

NHC VII, 1, 9, 33–35; 19–20; 23, 33–35; 27, 20–28,4.

1. Diese gnostische Lehrschrift in koptischer Sprache stammt aus der Bibliothek aus Nag Hammadi und gehört zum Typ der sethianischen Gnosis. Sie ist vermutlich im Ausgang des 5. Jahrhunderts entstanden, und ihre Kerngedanken berühren sich eng mit der Lehre, die der Ketzerbestreiter Hippolyt, Ref. V, 22, als von den Sethianern herstammend berichtet.
2. Wahrscheinlich ist diese Schrift in Ägypten entstanden. Die ausführliche Darstellung der Kosmogonie allerdings füllt das biblische Schema von Mose I nicht nur mit ägyptischen Mythologemen aus, sondern auch mit umgedeuteten christlichen Topoi. Aus ägyptischer Tradition kann der Gedanke von der Schöpfung durch die Gestaltwerdung einer Idee, einer Selbstentäußerung des großen Geistes, gekommen sein wie auch die Vorstellung, daß die amorphe Finsternis durch den Einfluß der Lichtkräfte des Re oder Horus geordnet und belebt wird. Erst zuletzt entstehen, durch eine unüberlegte Reaktion der Physis, das ist die materielle Welt, die Menschen. Aber diese sind schon mögliche Anwärter auf die Rückkehr in die obere Lichtwelt, weil in ihnen sich Feuer, Kraft und Licht ohne die Finsternis vereint haben. Diese anthropologische Trichotomie könnte eine gnostische Umformung der ägyptischen Tradition (siehe III. b) 2.) sein.
3. Seem ist der aus dem biblischen Sem, dem Noahiden, der der Stammvater Israels geworden sein soll, wie die Bi-

bel I. Mose 9, 20–10, 1 erzählt, umgedeutete Offenbarungsempfänger. Ihm wird die Entstehung der Welt und des Menschen mitgeteilt, damit er dadurch den Weg erfährt, den die Lichtteile zurück wählen müssen. Er soll sich dann endlich von seinem Leibe trennen, um wieder in das Lichtreich eingehen zu können. So wie diese alte ägyptische Tradition das Leben des Menschen nur als Vorstufe für das Dasein in Aminte, dem Westlande als Totenreich, sah, sieht auch die Gnosis das Leben des Menschen nur als Weg zur wahren himmlischen Heimat an. Anders aber als die alte ägyptische Dichtung mit ihrem Hedonismus, wie er sich in den Harfner- oder Liebesliedern zeigt, ist die Gnosis von einer christlich motivierten Welt- und Leibfeindlichkeit, die auch die Besonderheiten der alten ägyptischen Anthropologie radikal umdeutet.

4. Denkbar ist, daß dem Erzähler dieses gnostischen Mythos aus der ägyptischen Tradition die tiergestaltigen Götter noch in lebhafter Erinnerung gewesen sind, zumal ja in der Spätzeit vor allem in den Mysterienkulten die alten ägyptischen Tiergottheiten wieder aufgelebt waren. Für den gnostischen Erzähler ist die mythische Vorgeschichte immer das Bild seiner unmittelbaren Gegenwart. Die Welt der Physis erhält ihre konkrete Gestalt in der vorfindlichen Umgebung des Erzählers. Dadurch unterscheiden sich gnostische Mythen grundlegend von anderen Mythen. Gnostische Mythen sind meistenteils und hauptsächlich Allegorien. Gnostische Mythen spiritualisieren, was der alte ägyptische Mythos vermenschlichte, verdinglichte und somit versinnlichte. Gnostische Mythologie ist darum recht eigentlich eine Theosophie. Alte ägyptische Mythologie aber ist wie alle mythische Dichtung anderer Völker, sofern sie nicht kultisch-religiösen Zwecken dienstbar gemacht wurde, in sich selber vollendet und durch sich selber verständlich, indem sie die Fabel in sich, in ihren Begebenheiten, entwickelt, knüpft und schließlich auflöst.

Kapitel IV
DIE GÖTTERKÄMPFE

a) Seth und Osiris

Atum schuf aus sich selbst Schu und Tefnut. Schu und Tefnut zeugten Geb und Nut. Geb und Nut aber zeugten Osiris und Seth. Osiris aber erhielt aus den Händen seines Vaters Geb das Königtum über das fruchtbare Land, denn er erwies sich als tüchtig und klug. Seth aber erhielt das Königtum über das andere Land. Als Königszeichen aber trug Osiris Geißel und Krummstab, denn er war ein Freund der Hirten und ihrer Herden, Seth aber ward zum Freunde der Jäger. Zwischen beiden Brüdern entstand einstmals ein Streit um das fruchtbare Land. So griffen sie zum Schwert, um ihren Streit zu schlichten. Am Ufer des Nil prallten sie aufeinander. Osiris unterlag dem Seth, der ihn erschlug und an jenem Ort im Dickicht verbarg. Als er nun aber nicht nach Hause zurückkehrte, begab sich seine Frau Isis auf die Suche nach ihm, begleitet von ihrer Schwester. Vögel und Fische aber rief die kluge Isis auf, ihr zu helfen und sich an der Suche zu beteiligen. Denn schwer war es, das Dickicht am Ufer des Nil zu durchqueren. Als sie ihn aber gefunden hatten, erhoben sie eine große Klage.

Andere erzählten, daß Osiris den Neid des Seth hervorrief, weil er die Ägypter im Anbau der Feldfrüchte unterwies, ihnen Gesetze gegeben, sie die Weidewirtschaft gelehrt und die Verehrung der Götter geregelt hatte. Dafür hatten sich ihm die Herzen der Bewohner der beiden Länder zugewandt. Auch hatte er sie in den Künsten unterwiesen und den Leuten im Lande ein friedliches Dasein beschert. Seth sann nun, wie er sich seines Nebenbuhlers entledigen könne.

Zu diesem Zwecke zettelte er eine Verschwörung an. Er verbündete sich mit zweiundsiebzig Ältesten aus dem Kreise der Götter und der Königin Aso aus Nubien. Nachdem er einstmals heimlich bei Osiris Maß genommen und im Verborgenen eine Lade, prunkvoll geschnitzt, hatte anfertigen lassen, ließ er diese an einem Tage, an dem sich die Götter zu einem großen Mahle zusammenfanden, in den Saal tragen und versprach dem den kostbaren Schrein, der ihn am besten ausfüllen würde. Als nun Osiris an der Reihe war, in die Schatulle zu steigen, drängten die Verschworenen heran, schlugen den Deckel zu und rannten mit der Lade davon. Sie dichteten aber die Fugen mit Blei und versenkten die zum Sarge gewordene Truhe mit Osiris im Meer. Das Meer nämlich war dem Seth gehorsam. Als die anderen Götter merkten, daß Osiris nicht zurückkam und daß das Spiel mit der Truhe kein Scherz gewesen war, machten sich Isis und ihre Schwester Nephtys auf, um den Osiris zu suchen. Seth aber ergriff die königlichen Insignien und herrschte an seiner Statt.

Wieder andere wissen noch zu erzählen, daß Osiris ertrunken sei, als er einstmals dem Nilufer zu nahe gekommen war. Deshalb habe Seth als sein Bruder das Königtum für sich beansprucht.

Plutarch, De Iside et Osiride, 13; Diodor, Bibliotheke I, 21. Nach Erman, Literatur der Ägypter, S. 189; Pyr. 184; 1008, 1256; Sethe, Dram. Texte, 115, 8.

1. Der Kampf zwischen Osiris und Seth ist in einzelnen Zitaten und Hinweisen aus den Pyramidentexten, Kulttexten des Mittleren Reiches, belegt, vollständig aber erst von den Griechen Plutarch und Diodor erzählt. Bei letzteren ist ganz deutlich, daß diese Mythen schon Dichtung sind; die Religion ist in der Kunst aufgehoben. Dieser Mythos ist eine Ana-

logiebildung zu dem älteren Mythos vom Kampf zwischen Horus und Seth, einem Kampf zwischen einem fremden Eroberer und dem autochthonen Volk, das in Horus sein altes Königtum verteidigt. Vermutlich spielt hier der Übergang von der 2. zur 3. Dynastie eine gewisse Bedeutung. Der ursprüngliche Osiris-Mythos kannte vermutlich nur den Tod des Hirtengottes Osiris im Kampfe mit einem wilden Stier.

2. Der Mythos erinnert an eine historische Auseinandersetzung. Darin gleicht er etwa dem biblischen Mythos von Kain und Abel oder dem römischen Mythos von Romulus und Remus. Osiris, der im Niltal als Fruchtbarkeitsgott verehrt wird, vertritt die angestammte Bauernkultur, die dem eindringenden Nomaden unterliegt.

Nach Pyr. 589, 788, 1360 u. a., wo Osiris Nilgott genannt wird und mit dem Ährensymbol ausgestattet ist, hat er als Glied der Neunheit von On schon seine Einbürgerung als einer der großen Götter weit hinter sich gelassen. Seine Rolle als Totengott ist erst die Folge des Sieges des neuen Reichsgottes Horus bzw. des Re (siehe auch schon I.c).

Die kultische Integration des Mythos in den Ernte-Staat-Rhythmus, die Osiris als Gott der Unterwelt voraussetzt, ist noch jünger. Sie ist der Priesterschaft von Busiris zu verdanken, die es offensichtlich verstanden hat, die eigene politische Niederlage gegenüber den neuen Kräften in der bäuerlichen Landbevölkerung durch einen neuen Mythos zu kaschieren. Der Tod des Osiris im Nil, der dem Nilwasser seine Fruchtbarkeit sichern soll, ist eine ihrer Mythen.

3. Im Osiris-Mythos ist Horus als sein Sohn zum Sieger erklärt worden. Er erhält (siehe IV.b) die Königsherrschaft. Der Mythos erinnert an alte, vergangene historische Abläufe. Nicht mehr die feindlichen Brüder Seth und Osiris, sondern ein jüngerer Gott repräsentiert die vereinigten Reiche. Der politische Dualismus zwingt die feindlichen Brüder in ihre Rollen: Osiris erhält das wichtige Totenreich, Seth das Ausland. Möglich bleibt, in Osiris, Seth und Horus auch Namen bedeutender Könige aus der prähistorischen Phase Ägyptens zu sehen.

b) Der Kampf zwischen Horus und Seth

Horus war König in Nechen und Pe, Hierakonpolis und Buto. Er hatte da das Königtum inne, das sein Vater, der göttliche Osiris, verwaltet hatte. Dem war es von seinem göttlichen Vater Geb verliehen worden. Seth aber, ein Sohn Gebs wie Osiris, versuchte dem Horus das Erbe streitig zu machen, denn er glaubte sich als der Ältere und Ranghöhere dazu eher berufen, zumal Horus noch ein Kind war, das unter der Obhut seiner Mutter lebte und von ihr geführt und geleitet wurde. Seth war Herr in Ombos, als er sich anschickte, den »Thron des Geb« zu besteigen. »Groß an Kraft« war er, und diese Kraft galt als so groß und unüberwindlich, daß man auch die Kraft der Könige »die Kraft Seths« nannte. Beide aber hatten sich in ihren Ländern immer gemüht, das Beste zu schaffen und ihre Könige zu fördern, wo sie nur konnten. Seth aber war im besonderen die Erde zugetan, ihm offenbarte sie ihre Schätze an Metallen und fruchtbaren Böden. Horus aber war mehr den Weiten des Himmels und der Luft zugetan. In beiden spiegelte sich aber die Liebe der göttlichen Eltern zu den Menschen wider.

Aber einstmals erhob sich ein Streit zwischen beiden Götterkönigen um den Rang und die Macht in den beiden Ländern. Jeder beanspruchte mehr, als der andere bereit war zu geben. Da griffen sie beide einander an und rangen miteinander. Sie warfen aber die Waffen beiseite und kämpften mit bloßen Fäusten. Da riß Seth dem Horus ein Auge aus. Horus aber, in seinem großen Schmerz, zermalmte dem Seth die Hoden. So schwächten sie sich und fielen ermattet zu Boden. Über diesem Streite drohten ihre Länder zu verhungern und sich gegenseitig zu zerstören. Das sah Thot, der göttliche Lenker des Weltalls. Er eilte zu ihnen und versöhnte die beiden, indem er ihre Gebrechen heilte und Frieden unter ihnen stiftete. Auf Beschluß des Rates der Götter erhielt Horus das Königtum ungeteilt und ungeschmälert, er ward zum Herrn und Ersten in der Versammlung der Götter. Da befruchteten die Wasser wieder das Land, das Gras wuchs auf den Hügeln und das Korn in den Tälern. Friede, Eintracht und Glück kehrten zurück. Seth aber begnügte sich mit dem Königtum über die Fremde und das Meer.

Andere erzählen, daß Horus und Seth ihren Streit über den Vorrang und das Erbe des Osiris vor dem Gerichte Gebs, dem Re vorsaß, ausfochten. Dorthin hatte nämlich Thot, der Bote der Götter, das Auge des Horus getragen, das Seth ihm ausgeschlagen und fortgeworfen hatte, den heiligen Uräus, die Krone des Landes. Achtzig Jahre schon stritten beide, bis Re die Neunheit vor seinem Throne zusammenrief, um endlich dem Streite ein Ende zu machen, unter dem die Menschen und die Götter gleichermaßen litten. Re-Harachte aber war dem Seth gewogen, denn er bedurfte der Stärke dieses Gottes, weil der ihm täglich die Feinde, insbesondere aber die Apophis-Schlange vertrieb, die den Re auf seinem Wege durch die Horizonte zu hindern versuchte. Auf der Seite des Horus aber standen seine Mutter Isis und alle Götter der Neunheit.

Seth merkte wohl, daß Re ihm wohlgesonnen war. Im Vertrauen auf seine unbesiegbare Kraft wandte er sich deshalb an Re und wollte, daß Horus seine Kraft mit ihm messen sollte. Aber Thot verhinderte das. Da riet Atum, daß man den Gott Ba von Mendes als Schiedsrichter herbeirufen sollte. Als Ba nun vor der Neunheit erschien und die beiden Streitenden sah, bedachte er sich eine Weile und kam zu dem Entschluß, lieber die Sache von der Göttin Neith entscheiden zu lassen. So schrieb Thot ihr im Namen der Neunheit einen Brief, dem auch Re zustimmte. Die große Göttermutter antwortete darauf, daß man kein Unrecht tun dürfte. Sie riet den Ratlosen unter Androhung ihres vollen Zornes, den Himmel auf die Erde fallen zu lassen: Verdoppelt dem Seth seinen Besitz, laßt ihn die Töchter des Re, Astarte und Anat, ehelichen, und setzet Horus an die Stelle seines Vaters Osiris.

Dieser Brief wurde von Thot vor der großen Versammlung feierlich verlesen. Alle Anwesenden sagten: Amen, so soll es sein, die große Allmutter hat recht. Aber Re war immer noch nicht bereit, diesem Spruch zu gehorchen. Da mußte er sich offenen Ungehorsam und Widerspruch gefallen lassen; die Götter verließen den Saal, nachdem Re sich schmollend in einen Winkel zurückgezogen hatte.

Anderntags aber kam Hathor, die Tochter des Re. Sie versöhnte ihren Vater mit seinem Los und stimmte ihn freundlich. Da rief er erneut die Gerichtsversammlung zusammen. Die Verhandlung wurde wiederum mit Klage und Gegenklage eröffnet. Seth trat vor und pries laut seine Verdienste um den ungestörten Verlauf des Sonnenschiffs und verlangte dafür das Amt des Osiris. Als er seine Rede beendet hatte, stimmten alle Götter ihm zu. Aber Thot und Horus schrien laut dagegen, daß man doch nicht das Amt dem Bruder der Mutter geben und den leiblichen Sohn leer ausgehen lassen könnte. Doch Ba, der sich nun plötzlich als Stimmführer einer größeren Gruppe wiederfand, behauptete, daß es nicht möglich sei, das Amt einem Kinde zu geben, während der ältere Bruder leer ausgehe. Das fand den Beifall von Re. Deshalb unterstützte er den Ba von Mendes. Als aber die Neunheit merkte, daß Re sich durchsetzen würde, wünschten sie, daß man doch nach ihrem ursprünglichen Plane verfahren sollte und nicht so handeln sollte, wie es der Allherr Re wollte.

Isis aber stand auf und ging hin, um Atum und Chepre als Schiedsrichter zu holen. Das aber widerstrebte nun der Neunheit sehr. So gingen sie daran, einen anderen Weg zu finden, Recht zu schaffen. Aber Seth schwor, nicht wieder vor dem Gericht zu erscheinen, solange Isis darin anwesend wäre.

Darauf vertagte Re das Gericht auf die »Insel in der Mitte« und verbot dem Fährmann, Isis überzusetzen. Aber Isis verwandelte sich in eine alte Frau, die ihrem Sohne Mehl zur Frühmahlzeit bringen wollte. Sie bestach den Fährmann, der sie nicht übersetzen wollte, mit einem Ringe. Als sie aber auf der Insel angelangt war, verwandelte sie sich hinter einem Strauche in ein wunderschönes junges Mädchen, wie es bislang keines in Ägypten gegeben hatte. Dann zeigte sie sich dem Seth und lockte ihn zum Liebesspiel aus der Mitte der Götter fort. Seth aber folgte ihr gerne, weil es ihn sehr nach einem solchen Abenteuer gelüstete. Als sie sich hinter einer Sykomore verborgen hatten, sprach Isis zu Seth davon, daß sie eine verwitwete Hirtenfrau sei, deren Herden von ihrem Sohne betreut würden. Nun aber bedürfe sie dringend der Hilfe eines starken Mannes, denn ein fremder Hirte habe sich bei ihr eingenistet und ihren Sohn vertreiben wollen. Seth, der sich ihr gerne geneigt erweisen wollte, sagte ihr sofort seine Hilfe zu, denn noch dürfe man nicht in Ägypten das Vieh einem Fremden überlassen, während der Sohn des Mannes leer daneben stünde. Da erhob sich Isis, verwandelte sich in einen Riesenvogel und sagte zu Seth, während sie sich in die Luft erhob: Damit hast du dir selbst das Urteil gesprochen.

Nun stand Seth verärgert auf und ging in den Kreis der anderen Götter zurück. Re bemerkte die Verstimmung des Seth und fragte ihn nach deren Ursache. Da gestand Seth, was er, der List der Isis erlegen, gesagt hatte. Re aber konnte nicht umhin zuzugeben, daß Seth sich selber das Urteil gesprochen hatte. Um aber den Seth zu besänftigen, stimmte er zu, den Fährmann mit dem Verlust seiner Füße zu bestrafen.

Am Abend aber forderten Re und Atum die Neunheit auf, Horus mit der weißen Krone Oberägyptens zu krönen und ihn somit in das Amt seines Vaters Osiris einzusetzen. Das taten die Götter der Neunheit. Aber Seth gab sich noch nicht zufrieden. Er bewog den Re, zu befehlen, daß noch einmal eine Kraftprobe veranstaltet würde. Diesmal aber sollten Horus und Seth sich in Nilpferde verwandeln und den Kampf im Wasser ausfechten. Während des Kampfes aber, der sich sofort anschloß, stand Isis laut klagend am Ufer. Um ihrem Kinde zu helfen, verfertigte sie sich eine Harpune und warf sie in das Wasser. Dabei traf die Harpune ihren Sohn, der laut aufschrie. Nun erschrak Isis sehr und löste durch einen Zauber die Harpune aus dem Leib des Horus und warf sie ein anderes Mal in das Wasser. Nun traf sie den Seth, der vor Schmerzen brüllte und seine Schwester beschwor, ihn doch auch aus Mitleid zu schonen. Und Isis kam seinem Wunsche nach. Da aber stand Horus ab vom Kampfe, stieg aus dem Wasser, schlug seiner Mutter den Kopf ab und ging damit in das Gebirge hinauf, wo er sich unter einen Baum legte und schlief.

Als aber Re und die Neunheit sahen, was Horus getan hatte, beschlossen sie, ihn zu strafen und Isis einen Kuhkopf zu geben. Seth aber ging aus, fand ihn als erster und riß ihm die Augen aus. Dann ging er weiter seines Weges, nachdem er dem Re gesagt hatte, er hätte Horus nicht gefunden. Da kam aber Hathor des Weges, heilte mit der Milch einer Gazelle die Augen des Horus und brachte Horus vor die Neunheit. Nun wurde auch Seth dorthin befohlen. Beiden aber befahl Re, sie sollten nun fortan in Eintracht leben und aufhören, um das königliche Amt zu streiten.

Da wandten sich beide ab. Seth lud den Horus ein, mit ihm ein Fest der Versöhnung zu feiern. Am Abend aber schliefen die beiden miteinander. Horus aber war listig genug, den Samen des Seth in seiner Hand aufzufangen, als dieser sein Glied zwischen die Schenkel des Horus geführt hatte. Er brachte den Samen seiner Mutter, als Seth eingeschlafen war. Isis aber schnitt dem Horus die Hand ab, warf sie in ein Gewässer und zauberte ihm eine neue. Von Horus aber nahm sie Samen und benetzte damit das Frühgemüse des Seth. Als nun am anderen Morgen Seth wieder vor Gericht erschien, um anzugeben, daß Horus unwürdig sei, das Amt des Königs zu erhalten, weil er ihn beschlafen hätte, erwies Isis sich wiederum als die Klügere. Denn als Thot den Samen des Seth aufrief, antwortete dieser vom Grunde des Gewässers, wohin Isis die Hand des Horus geworfen hatte. Aber als Horus nun sagte, er habe den Seth beschlafen, und Thot den Samen des Horus aufrief, antwortete dieser aus dem Haupte des Seth. Da gebot Thot, daß er herauskommen sollte. Er erschien wie eine Krone auf dem Haupte des Seth. Thot aber nahm sie und setzte sie dem Horus auf und krönte ihn somit ein weiteres Mal.

Seth aber, der sich immer noch des Beistandes vom großen Re sicher wußte, bestand darauf, noch einen Wettkampf mit Horus zu führen. Sie beschlossen, mit Steinschiffen um die Wette zu rudern. Horus gewann auch diese Wette, denn er hatte sein Schiff aus Holz gebaut und es mit Stuck versehen, so daß es aussah, als wäre es aus Stein, während Seth einen Stein aus dem Gebirge gebrochen und den zum Schiff gemacht hatte. Nun versank das Schiff des Seth sofort. Horus aber versank, als Seth in Gestalt eines Nilpferdes sein Boot umstieß, wurde aber von den Göttern gehindert, mit seiner Harpune den Seth zu töten.

Horus aber fuhr stromabwärts nach Sais zur großen Allmutter Neith, um sich bei ihr Rat und Hilfe zu holen. Thot aber schlug vor, nun Osiris um ein Urteil zu bitten. Osiris aber ergriff die Partei seines Sohnes und mahnte die Götter, sich zu erinnern, daß er der Gott der Früchtbarkeit sei und über Gedeih und Verderben auch der Götter entscheide, wenn er die Nilwasser kommen lasse oder sie zurückhalte. Aber Re wollte noch immer nicht nachgeben und ließ Osiris wissen, daß man auch ohne ihn leben könnte, denn Gerste und Weizen wüchsen auch ohne ihn. Aber da erhielt er die Antwort des Osiris, die alle Götter in die Knie zwang, er wies sie nur darauf hin, daß er der Herr der Unterwelt sei und alle Dämonen loslassen könnte, um alle Welt und die Götter zu verderben, wenn er es nur wollte.

Diesmal gaben nun alle Horus das Recht auf Übernahme der Herrschaft und ließen sich nicht von Seth verleiten, noch einem Wettkampf zuzustimmen. Vielmehr forderten sie Isis auf, Seth zur Hinrichtung zu bringen. So erschien Seth, von Isis gefesselt, vor den Göttern. Als er aber merkte, daß er sterben sollte, unterwarf er sich ohne Widerrede und gelobte dem Horus absolute Treue. Da brachen die Götter in Jubel aus und priesen Horus als »den einzigen König, den vollkommenen König der beiden Länder bis in Ewigkeit«.

Ptah aber fragte, was denn nun mit Seth geschehen sollte. Da erbot sich Re, ihn in sein Gefolge aufzunehmen. Er wolle ihn wie seinen Sohn in den Himmeln halten und ihm den Donner überantworten, damit die Menschen nicht aufhörten, ihn zu fürchten.

Wieder andere erzählten viel später, daß Horus von seiner Mutter Isis dazu gebracht worden sei, gegen Seth zu kämpfen, um den Tod seines Vaters und die Schändung seiner Leiche zu rächen. Isis nämlich hatte den Leichnam seines Vaters gefunden und ihn verborgen. Seth aber, der alle Schritte seiner Schwester verfolgte, hatte ihn gefunden, zerstückelt und in alle Teile des Landes zerstreut. Isis aber erreichte, daß die großen Götter dem Horus das Königtum des Osiris auf der Erde, dem Osiris aber das Königtum in Aminte zusprachen.

Als Seth sich dann aber anschickte, dem Horus das Reich streitig zu machen, erschien Osiris aus dem Totenreich bei Horus, um ihn zum Kampfe zu rüsten. Auf sein Verlangen gab er ihm ein Pferd. Und so machte Horus sich auf und trieb den Seth vor sich her, vom Osten bis nach den Pforten des Westens, vom Norden bis an die südlichen Grenzen, bis er ihn so müde gejagt hatte, daß er ihn in Fesseln schlagen konnte. So brachte er ihn seiner Mutter Isis. Diese aber ließ ihn ewige Urfehde schwören und Gehorsam gegenüber Horus, der zum Zeichen seines Sieges ihm den Fuß auf den Nacken setzte. Nachdem Seth auch für seine Gefolgsleute geschworen hatte, ließ Thot diese frei und nahm sie für Horus in Dienst.

Pyr. 1668, 296, 2011; 14; Tb. Kap. 182,19, 183,11; Spiegel, Streit zwischen Horus und Seth, Pap. Chester Beatty, Nr. 1.: Plutarch, De Iside et Osiride, 18–19; Pyr. 581, 587, 626, 635.

1. Der Kampf zwischen Horus und Seth ist ein Geschichts-

mythos. Die chthonische Herkunft des Seth – nach der Legende von Oxyrhinchos flieht Seth vor Horus in Gestalt einer Schlange in die Erde – wie die mehrfache Betonung, daß Osiris der Gott der Fruchtbarkeit sei, verbieten eine fruchtbarkeitsmythologische Deutung des Mythos. Seth erscheint als gefährlicher Rivale. Die von ihm ins Feld geführten Gründe für seine Überlegenheit sind sein Alter und seine Kraft, die er unter Beweis stellen möchte. Ihm gegenüber stehen die Götter der Neunheit, die für das Recht der patrilinearen Erbfolge eintreten. Diese beiden unterschiedlichen Rechtspositionen markieren den geschichtlichen Übergang vom Wahlkönigtum am Beginn der antiken Despotie zur erblichen Monarchie. Re erweist sich als Anhänger der konservativen Gruppe, die für das ökonomisch unproduktive Prinzip des Wahlkönigtums eintritt, wie es in nomadisierenden Gruppen möglich, in der entwickelten Kulturgesellschaft aber überholt war. Den Sieg trägt das progressivere System davon; das Alte Reich konnte in diesem Bilde noch eigene Erfahrungen wiedererkennen. Horus, der bereits im Besitze der roten Krone Unterägyptens ist, erhält auch die weiße Krone des Südens, der Norden war in seiner Entwicklung dem Süden voraus. Seth wird entmachtet. Ihm bleibt eine untergeordnete Stellung bei Re; als Donnerer ist er zu fürchten wie Zeus. Seine Funktion als Gott der Fremdländer wird bestätigt.

2. Die militante Frühzeit kennt noch nicht die versöhnlerische Haltung des Mittleren und Neuen Reiches, die den Kampf in der Form eines Rechtsstreites mit Ordalien beschreibt. Nach Pyr. 635 und 645 ist Seth sogar von Horus erschlagen worden. Horus soll ihn enthauptet haben. Mythologisch bedeutet aber der Verlust des Kopfes nicht den Tod. Isis verliert ihren Kopf und erhält von den Göttern als Ersatz einen Rinderkopf. In Sethes Dram. Texten (z. B. 147, 153 oder 207) wird mehrfach erzählt, daß Götter ihre Köpfe verlieren und neue erhalten. Der Kopf ist in ägyptischer Mythologie die Chiffre für Verantwortungs- oder Funktionsbereich, diese aber sind austauschbar. »Nach diesen

Götterreden haben die Götter im Kampfe um Ägypten – ihre Köpfe verloren. Als Ersatz gibt ihnen der höchste Gott und Richter der Mythe von Memphis die Köpfe, die sie von nun an tragen.« (Schott) Sein »Gesicht zu verlieren« bedeutet auch heute noch im Orient nicht den Tod.

3. Der Mythos vom Kampfe zwischen Horus und Seth ist wie alle ägyptischen Mythen »in der Residenz« entstanden. Er lebt von der Ideologie des Königtums. Daher hat er außer in der frühdynastischen Zeit vor allem in der Spätzeit neues Gewicht gewonnen, als das Königtum geschwächt war. Schott hat in »Bücher und Sprüche gegen den Gott Seth« (Leipzig 1929) magische Rituale ediert, in denen der Mythos wiederauflebt. Denn Seth, einstmals von Horus vertrieben, ist als Gott der Fremdländer nun für den Einbruch der Fremdländer, Perser, Assyrer, Griechen oder Römer, verantwortlich. Und wenn einstmals, als der Gott vertrieben wurde, die Städte und Provinzen um ihn trauerten, so fluchen sie ihm nun; ihre Tränentränen sind zu Tränen des Zornes und der Qual geworden. Die magischen Rituale aber richten sich ebenso wie die mythischen Fabeln weniger gegen den Gott, vielmehr aber gegen seine Anhänger.

4. Die religionsgeschichtliche und geschichtliche Entwicklung Ägyptens läßt sich im Mythos noch ablesen. Die einstmaligen Gaugötter, vereint in der Neunheit, vertreten das neue Recht, die Götter der Usurpatoren das alte Faustrecht. Aber ihre schwankende Haltung verrät ihre Machtlosigkeit. Der endgültige Sieg des Horus ist zwar der Sieg über den Süden, aber er wird mit der Hilfe eines tödlichen Vergeltungsschlages ausgeführt bzw. angedroht von Osiris mit Hilfe finsterer Dämonen.

Die Einrichtung der Neunheiten und bestimmter Grenzen setzt die abgeschlossene Reichsbildung der ersten fünf Dynastien voraus. Die Konstruktion der Götterfamilie Isis-Horus-Osiris und die Konstruktion der göttlichen Horus-Erbfolge im Königtum ist Bestandteil altägyptischer Königsideologie. Ihr steht auch die Unterwelt zu Gebot.

5. In dem Rechtsstreit, dessen schriftliche Fixierung aus

der Zeit der XX. Dynastie stammt, bedeutet das Horus-Auge, um das der Prozeß geht, die Krone, das ist das Königtum als Erbe und Sohnespflicht, gegenüber den Forderungen des Wahlkönigtums. Die Spätzeit hat ein reales Bedürfnis nach diesem Recht, denn Horus ist schwach geworden. Seths Appellativ, »der Starke«, treffen auf den Pharao nicht mehr zu, die Bedrohung von außen nimmt reale Gestalt an. Die Schilderung des Rechtsstreites besaß aktuelle Bedeutung.

6. Die Augen des Horus sind in der astralmythologischen Deutung die Bilder für Sonne und Mond. Typologisch sind sie die Bilder für die natürliche Folge von Arbeit und Ruhe, von Ordnung und Harmonie in der Natur. Wenn Seth sie ausreißt, will er damit diese natürliche Ordnung zerstören. Hathor heilt sie. Hathor (= Haus des Horus) war vermutlich in der Frühzeit die Mutter des Horus. Hathor trägt oft die Gestalt einer Kuh. In Menschengestalt trägt sie das Rindergehörn mit der Sonnenscheibe als Zeichen. Neith, die Stadtgöttin von Sais, war kriegerischer Natur. Als Mutter des Re wird sie zur Urgöttin, die im Neuen Reich den »Samen der Götter und Menschen geschaffen hat«. Nach Pyr. 606 ist sie eine Schwester der Isis und wacht mit an der Bahre des Osiris. Als Göttin der Webkunst ist sie für die Bestattung wichtig, denn die Mumienbinden sind durch sie gesegnet. Zu Horus und Seth siehe schon II. b. Die Griechen haben Seth immer mit Typhon verglichen, den Horus mit Apollo. Motivgeschichtliche Zusammenhänge sind aber in ihren Mythologien nicht nachzuweisen. Die Horus zugewiesenen Frauen Nachbet und Uto waren die alten Landesgöttinnen der beiden Länder. Sie erinnern noch an die einstmalige matriarchalische Phase ägyptischer Geschichte.

7. An weiteren Einzelheiten ist anzumerken, wie kunstvoll die Dichtung »der Rechtsstreit« ist. Die einzelnen Gerichtspassagen werden dreimal durch Beschreibungen von Wettkämpfen unterbrochen. Die Verfolgungsjagd des Horus, sie wird auch in anderen Mythen von Horus als dem

Nilpferdjäger beschrieben, zeigt zudem, welche Wertschätzung die List auch im ägyptischen Mythos besitzt. Isis ist die Listenreiche, die selbst den Seth überlistet, wie aus der Szene hervorgeht, in der sie ihn als junges Mädchen verführt, oder auch aus dem delikaten Abschnitt von Seths Beischlaf mit Horus. Offensichtlich war der homosexuelle Akt nur für den schimpflich, der als Objekt des interfemoralen Koitus erkannt wird, weil er als der Schwächere gilt. Die Sonnenscheibe, die dem Haupte Seths entsteigt, wird von Thot dem Horus zurückgegeben, denn es ist »Fleisch von seinem Fleisch«. Einige Ägyptologen haben darin die Geburtsgeschichte des Thot sehen wollen. Diese Deutung aber gibt die Szene nicht her. Thot ist als Weltenrichter und Wesir des Re schon eingeführt und tätig geworden. Seine Bedeutung in ägyptischer Mythologie und Religion legt zudem nahe, daß Seth niemals sein Vater gewesen sein kann, weil dessen Ruf zu abträglich gewesen wäre. Die von der Göttin Neith als Töchter des Re ausgegebenen Göttinnen Anat und Astart stammen aus Kleinasien. Wenn sie dem Seth zugesprochen werden, ist dieses nur ein Hinweis auf die Funktion des Seth als Herr der Fremdländer.

c) Der Kampf zwischen Re und Seth

Einstmals war Re-Harachte zu Schiffe nach Nubien gereist, um das Land zu besehen. In seiner Begleitung aber befanden sich auch Horus und dessen Mutter Hathor. Da überbrachte man ihnen die Botschaft, daß sich die Länder empört hätten. Re brach auf und fuhr zu Schiff zurück, mit ihm aber war sein Heer. Horus aber beschwor seinen Vater Re, den Krieg zu eröffnen und den Aufruhr niederzuschlagen. Da besann sich Re nicht lange und beauftragte seinen Sohn Horus, die Truppen zu sammeln und den Gegner zu vernichten. Horus aber erhob sich und stieg als große, geflügelte Sonne zum Himmel. Von oben sah er, wo sich die Gegner aufgestellt hatten. Dort stürzte er sich auf sie in Gestalt der geflügelten Sonne, so daß sie geblendet wurden, hin- und hertaumelten und sich gegenseitig durch ihre Schwerter umbrachten. Die Verwirrung war so groß, daß jeder in dem anderen einen Gegner sah. Da kam Horus zurück. In der Gestalt des »vielfarbigen Falken«, der geflügelten Sonne, ließ er sich nieder im Schiffe des Re. Thot aber hatte von dem Schiffe des Re die Schlacht beobachtet und dem Re die siegreiche Heimkehr des Horus angekündigt. Da erhob sich Re und umarmte seinen siegreichen Feldherrn und benannte das Schlachtfeld nach dem Namen des Horus. Re aber machte sich mit seinem Gefolge auf und besah das Schlachtfeld und fand den Ort »erfüllt mit angenehmem Leben«, denn er war sehr froh, daß die Empörer von Horus geschlagen worden waren. Aber einige von den Gegnern des Re waren in das Wasser entwichen und verwandelten sich in Nilpferde. Als nun aber das Boot des Re sich in Bewegung setzte, stiegen die feindlichen Nilpferde auf und versuchten mit Hilfe der Krokodile, die Boote zum Kentern zu bringen und die Besatzung zu verschlingen. Da ergriff Horus seine Harpune und Stricke und vertrieb die Untiere und tötete alle, deren er und seine Mannen habhaft geworden waren. Horus aber stieg an Bord des Schiffes des Re, begleitet von Nechbet und Uto, deren strahlende Kronen Feuerbrände aussandten. Da flohen die Ungeheuer stromaufwärts, verfolgt von dem geschwinden Boot des Horus. So schlug er sie bei Theben und bei Dendera, so verfolgte er sie zu Wasser und zu Lande und schlug sie. Mit Harpune, Beil und Lanze metzelte er sie nieder. Er verfolgte sie in das Delta und bis an das Meer. Als er aber schon fast alle erschlagen hatte, kam Seth, der Anführer, hervor und fluchte dem Horus so laut, daß Re in seinem Boote erschrak und befahl, fortan sollten solche Schreie nicht mehr ausgestoßen werden. Horus aber wandte sich Seth zu und drang auf ihn ein, bis er ihn gefesselt hatte. Gebunden schleppte er ihn vor Re, damit dieser ihn verurteile. Re aber gab dem Thot die Anweisung, den Unhold der Isis und dem Horus zu übergeben, damit diese nach ihrem Gutdünken mit ihm verfahren könnten. Da schnitt

Horus dem Seth den Kopf ab und schleppte ihn hinter sich her durch die Länder. Isis aber erbat von Re, daß er Horus die geflügelte Sonnenscheibe als Signum verliehe.

Ihren eigenen Sohn Horus aber verwandelte Isis nach dem Bilde des siegreichen Horus mit dem Gesicht eines Falken, dem Schmuck der beiden Kronen. Seth aber verschwand in der Erde und ward nicht mehr gesehen. Fortan aber sandte Re den Horus noch oft aus, wenn sich die Anhänger des Seth zusammenrotteten, um Re zu verderben. Er ward aber der Dritte unter den Großen nach Re und Thot in seinen Verdiensten um das Land der Götter.

Andere erzählen, daß sich einstmals auch die Menschen gegen Re empörten. Sie waren unzufrieden mit ihrem Los. Da ließ Re die Götterversammlung zum Gerichte laden im verborgenen, damit die Menschen nicht gewarnt würden, denn er hatte beschlossen, sie zu verderben. Da kamen die Götter zusammen und stellten sich zu beiden Seiten des Thrones auf, mit zu Boden gesenkten Häuptern. Re wollte aber den Rat der Götter einholen, bevor er befahl, die Menschen zu töten. Da sprach als erster die Majestät des Nun und riet, die Menschen zu strafen. Denn vor dem Auge des Re könnte kein Sterblicher bestehen. So sollte das Auge des Re hinziehen und die Menschen schlagen. Das Auge des Re aber zog hin in der Gestalt der Göttin Hathor. Diese traf die Menschen in der Wüste, wohin sie sich zurückgezogen hatten, und erschlug ihrer so viele, wie sie nur konnte. Es waren aber fast alle Menschen umgekommen. Dann kehrte die Göttin mit anbrechender Dunkelheit zurück und empfing von Re ein großes Lob. Re aber dachte bei sich, daß diese Strafe genüge und er mit dem Rest der so eingeschüchterten Menschen schon fertig werden würde. So sandte er nun Boten aus und ließ viel Bier brauen und mit Ocker färben. Das Bier aber ließ er an der Stätte ausgießen, wo Hathor am nächsten Tage die restlichen Menschen zu töten gedachte. Als Hathor nun aber zu der Stelle kam und das Bier roch, trank sie so viel davon, daß sie trunken wurde und den Auftrag vergaß, die Menschen zu töten. So kam sie zurück, und es erfüllte sich die Hoffnung des Re, einige Menschen leben zu lassen. Nach geraumer Zeit aber ward er es müde, das Regiment über sie zu führen und klagte wiederum bei Nun, daß er es müde wäre, sich um die Menschen zu kümmern, und bedauerte es, nicht alle Menschen getötet zu haben. Da befahl Nun dem Schu, sich seines Vaters anzunehmen, und der Nut, Re auf ihren Rücken zu nehmen. Da verwandelte sich Nut in eine Kuh, und Re setzte sich auf ihren Rücken. Als die Menschen aber sahen, daß Re nicht mehr bei ihnen bleiben wollte, besannen sie sich und schworen, fortan alle seine Feinde zu schlagen. Aber Re zog sich dessen ungeachtet in seinen Palast auf dem Rücken der Nut zurück. Am anderen Morgen aber, als Re sah, wie die Menschen sich anschickten, Kriege gegen Menschen zu führen, warnte er sie davor, denn er wußte wohl, wohin Kriege führen. Die Nut aber richtete er auf und ließ sie zum Himmel werden, die ihn weithin trug und ihn weit von den Menschen wohnen ließ.

Wieder andere erzählen, daß Re täglich durch Apophis gehindert wurde, seine Bahn durch die Horizonte zu ziehen. Denn weil er beanspruchte, auch das Untere Reich zu beaufsichtigen, wandte er sich jeden Abend gen Aminte. Da aber erhob sich Apophis, die Riesenschlange, und stellte sich ihm in den Weg. Re aber und die, die mit ihm im Boote waren, griffen zu den Waffen. Sie schlugen Apophis, der keine Füße und keine Arme besaß, in Stücke. Sie zertraten seine Wirbel, schließlich verbrannten sie ihn in dem Feuer, das von dem Auge des Re ausging. Aber das Haupt des Apophis, in dem die Lanze des Re stak, ward an der Spitze des Bootes mitgetragen. Von dem Blut aber färbte sich der Himmel rot. Die Götter aber, die ihn gefesselt hatten, sorgten dafür, allen voran der starke Seth, daß das Schiff des Re ungehindert seine Bahn fahren konnte.

Andere wissen noch zu erzählen, daß Re die Gestalt einer großen Katze angenommen hatte, um den Apophis zu töten.

E. Naville, Textes relatifs ou Mythe d'Horus recueillis dans le temple d'Edfou pl 12-19, Genève et Bâle 1870; Roeder, Urkunden, S. 120-137; Buch von der Himmelskuh, Ch. Maystre, BIFAO 40, 1941, S. 53 ff., E. Brunner-Traut, Märchen, S. 69-72. Das Apophis-Buch, Pap. 10188 des British Museum, Roeder, Urkunden, S. 98-115; Tokarew, 419.

1. Die Kämpfe zwischen Re und seinen Gegnern, von denen das Apophis-Buch das jüngste Quellenwerk ist, zeigen deutlich, was das Mythologem vom kämpfenden Gott bedeutet. Es geht um historische Vorgänge. Im Horus-Mythos von Edfu ist Re nämlich nur noch der große Regent, während Horus die Kriege führt. Darin liegt eine Analogiebildung zu Mesopotamien vor. Im Enuma elisch ist Marduk der Held, der große Anu nur noch der weise Ratgeber im Hintergrund. Darin gleicht das Schema dem aus Ugarit bekannten Paar El-Baal.

Die Gegner sind fremde Völker, denn von Menschen wird in dem ganzen Texte nicht gesprochen. Seth als Anführer zumal spricht dafür, in dieser Dichtung eine Schilderung Ägyptens in großer Bedrängnis zu sehen. Wenn auch die Quelle sehr jung ist und eine Bezugnahme auf die Bedrohung der Ägypter durch Perser und Griechen erlaubt, ist aber dennoch denkbar, daß auch andere politische Gefahren und Bedrohungen assoziiert werden könnten.

Der Tempel aus der Zeit der Ptolemäer in Edfu, dem die Horus-Legende entstammt, ist dem Altar von Pergamon vergleichbar. Wie dort gibt der Mythos hier die Vorlage für das Bild eines Geschichtsvorganges. Mit großen Anstrengungen gelingt es den Ptolemäern, Ägypten im 3. Jahrhundert v. u. Z. relativ selbständig zu machen. (Zu den Personen siehe Anmerkungen unter IV. b.)

2. Beim Mythos aus dem Buch der Himmelskuh soll auf zwei Dinge hingewiesen werden. Erstens ist der Mythos offensichtlich weniger an dem Aufstand der Menschen, sondern vielmehr an dem Phänomen interessiert, zu erklären, weshalb Re und mit ihm das Gefolge der Götter nicht mehr

auf Erden, sondern im Himmel weilen. Die Trennung zwischen Himmel und Erde wird auf das Alter des Re und seine Müdigkeit zurückgeführt. Für den Dichter ist es klar, daß an die Stelle des Re ein anderer treten kann. Der Gott Nun ergreift die Initiative und ordnet die Verhältnisse neu. Eine Revolution, wie manche hierin sehen wollen, findet nicht statt. Zum anderen ist der Dichter offensichtlich an der Klugheit des Re und seinen Ränken mehr interessiert als an der Frage nach den Ursachen der Empörung. Denkbar ist natürlich, daß die soziale Umschichtung der Zeit um 1300 v. u. Z. zu solchen Reaktionen geführt hat, daß ein Aufstand nur noch blutig unterdrückt werden konnte.

3. Der Kampf zwischen Re und Apophis ist nach dem Modell der Rivalenkämpfe geschildert. Nach Tb. Kap. 115 wird deutlich, daß darin das Paar Re-Apophis den anderen Paaren, Osiris-Seth oder Horus-Seth oder den rivalisierenden Pharaonen Sethos und Sesostris, gleicht. Die Vorliebe zur Identifizierung im Neuen Reich hat dazu beigetragen, Seth und Apophis in eins zu setzen. Beide werden zum Götterfeind bzw. Staatsfeind schlechthin, obwohl die Szene aus dem Streit zwischen Horus und Seth (siehe IV. b) deutlich macht, daß Seth einstmals zu den Gegnern des Apophis gehört hat. Die Einengung des Apophis als astralmythologische Figur läßt aber noch deutlich erkennen, wie bedeutsam er vor allem im Zusammenhange mit dem Totenglauben geworden ist. Die Schlange ist für den Ägypter durch die Beziehung auf Apophis zu einem bösen Tier geworden. Isis benutzt die Schlage, um Re zu entmachten (siehe VII. a).

d) Der Kampf der Archonten

Als die Menschen anfingen, sich sehr zu vermehren und auch besser zu werden, als die Archonten es wünschten, mißfielen sie diesen. So berieten die Archonten miteinander und beschlossen, eine Sintflut kommen zu lassen, um alle Menschen, alle Lebewesen, alles Fleisch zu vernichten.

Einer von ihnen aber, Sabaoth, bereute es und warnte die Menschen vor der drohenden Gefahr. Da baute Noah eine Arche aus Holz, wie ihm Sabaoth geraten hatte, und tat seine Familie und die Tiere, von den kleinsten bis zu den größten, hinein. Die wollte er auf den Berg Seir stellen. Als er aber mit der Arbeit fertig war, erschien Norea. Sie wollte auch in die Arche hinein. Aber sie erhielt keinen Einlaß. Da öffnete sie ihren Mund und verbrannte mit dem Gluthauch, der ihm entströmte, die Arche. Da baute Noah die Arche zum zweiten Male. So rettete er sich und das Leben seiner Kinder und der Tiere vor den Nachstellungen der Archonten.

Wenig später aber versuchten die Archonten wieder, die Menschen auszurotten. Sie wollten verhindern, daß das Reich des Lichtes siegte. So sandten sie eine Feuerflut über die Erde. Aber wiederum griffen die großen Kräfte ein und hoben vor dem Ausbruch der Feuerstürme die Menschen, die sie erlösen wollten, auf die drei Phostere, die sie als Aufenthaltsort für die Erlösten bestimmt hatten. Das sahen die Archonten mit Zorn. Sie kehrten zurück und schworen, ewige Strafe und Verfolgung über die Menschen zu bringen.

Hypostase der Archonten, NHC II, 4, 140,3–140,18; Apokalypse des Adam, NHC V, 5, 69,1–76,6; 83,7–30 (?).

1. Die sethianische Gnosis, wie sie aus der koptisch-gnostischen Bibliothek aus Nag Hammadi bekannt ist, kennt den Götterkampf als Streit der demiurgischen Kräfte gegen die Lichtwelt. Der Kampf ist ungleich. Die Lichtkräfte lassen es nicht erst zum Kampfe kommen, sondern retten die Menschen, die sie erwählt haben, vor Beginn der Katastrophe. Die biblischen Vorlagen aus Gen. 7 und 19 werden gnostisch umgedeutet. Die Gnosis, aus dem Christentum hervorgegangen, steht auch hier am Ende der altägyptischen Mythologie. Die Götterkämpfe der ägyptischen Mythologie waren Bilder für Kriege zwischen politisch und soziolo-

gisch unterschiedlichen Gruppen um die Bewohner des Nillandes, oder sie erinnerten an Vorgänge bei der Einführung neuen Rechtes oder gesellschaftlicher Veränderungen im Reiche der beiden Länder. Die Gnosis weitet ihre Ansprüche auf die Welt aus. Sie denkt historisch linear und hat das Zyklusdenken der ägyptischen Mythologie verdrängt.

2. Noah ist der aus den biblischen Legenden und Mythen bekannte Erzvater und Norea eine auch sonst in der Gnosis bezeugte weibliche Figur, die als Mutter der Gnostiker gilt. Vielleicht war sie auch als Frau des Noah gedacht. Der große christliche Ketzerbestreiter Epiphanius gibt an, er habe ein »Buch der Norea« gekannt (Pan. 26). Die Schriften sind nicht identisch, obwohl Norea in der Schrift »Hypostase der Archonten«, auf die hier zurückgegriffen ist, eine bedeutende Rolle spielt. In der Gnosis wird sie auch als Schwester und Frau des himmlischen Seth ausgegeben.

3. Die Kämpfe in der altägyptischen Mythologie enden mit dem Sieg eines Gottes oder einer Göttergruppe über eine andere. Die Folge ist Unterwerfung. Die Substanz oder Struktur der Welt wird nicht ernsthaft angegriffen. Die ägyptischen gnostischen Kampfschilderungen enden zwar auch mit dem Sieg der himmlischen Lichtkräfte, bedeuten aber auch immer ein katastrophales Ende der Welt. Ägyptische Mythologie ist auch in ihren destruktiven Szenen noch weltbejahend, gnostische Mythologie grundsätzlich weltverneinend.

Kapitel V
VOM AUFKOMMEN DER KULTUR

a) Osiris und das Erdhacken

Als die Menschen die Erde bevölkert hatten und sich mit den Tieren, die zahlreich geworden waren, um die Nahrung sorgen mußten, gedachte Osiris, ihnen das Leben zu erleichtern. Er ersann eine Hacke und begann das Erdreich aufzuhacken. In die Furchen des Ackerbodens, die durch sein Hacken entstanden waren, streute er das Saatgut. Gerste und Flachs gediehen prächtig und brachten reichlich Frucht. So konnten Menschen und Tiere satt werden und die Menschen sich kleiden, wie Osiris es erdacht hatte.

Andere aber wissen noch zu erzählen, daß Seth dem Osiris diese Erfindung neidete und beschloß, sein Werk zu zerstören. So verwandelte er sich in einen Ziegenbock und andere seiner Freunde in Ziegen. Dann tobte er mit ihnen über die frischangelegten Saaten. Dieses sahen die göttlichen Freunde des Osiris. Sie boten diesem üblen Treiben Einhalt, indem sie viele der Ziegen ergriffen und töteten. Das Blut der Opfer aber düngte die Saaten und ließ die Felder Ägyptens noch reichlicher Frucht geben. Osiris aber frohlockte, als er sah, wie selbst das fluchwürdige Wirken seines Feindes noch zum Segen seines Landes wurde. Seitdem feierte man zum Gedächtnis des gütigen Gottes Osiris in beiden Ländern das Fest des Erdhackens.

Pyr. 817, 1120, 1138 u. ö.; Tb. Kap. 18.

1. Der Mythos vom Erdhacken ist eine Ätiologie. Einmal will er den Ritus des Festes erklären, den Loret ausführlich beschrieben hat: Ein Kind streut in die von schwarzen Rindern mit dem Pflug gezogenen Furchen das Saatgut, während ein Priester den Mythos zitiert und Segenssprüche murmelt. Zum anderen aber will er beschreiben, daß selbst das sehr natürlich anmutende Geschäft der Feldbestellung eine Erfindung des Gottkönigs gewesen ist, der diese Dinge ersonnen hat. Ursprünglich wird der König selber diesen Ritus vollzogen haben.

2. Jene Deutung, für die vor allem Thaussing Belege beibringt, wonach sich Osiris selbst als Saatgut opfert und seine Auferstehung in dem sprießenden Korn feiert – eines seiner Symbole ist das Ährenbündel –, ist jüngeren Datums und steht in engem Zusammenhang mit der Vorstellung, daß Osiris einst bestattet und in Aminte wiederbelebt worden ist, um fortan dort zu herrschen. In der ägyptischen Spätzeit wird zum Beispiel die Bestattung euphemistisch »Erdhacken« genannt. Die Klagelieder des Bauern bei der Saat und das Treiben von Kleinhufern über die Saaten, die an den Mythos von Tod und Verfolgung des Osiris erinnern, sind nämlich jünger als die Hoffnung, daß die vom Gott bewirkte Gnadengabe in königlichem Vollzuge ein freudiges Geschehen ist. Die den Ritus begleitenden Klagelieder der Bauern, durch die die Erde versöhnt werden soll, weil sie durch das Hacken oder Pflügen verletzt wird, haben Bonnet bestimmt, den Fruchtbarkeitskult-Aspekt höher zu bewerten als die Verbindung mit dem Osiris-Mythos, die er mit dem Neuen Reich beginnen läßt. Aber in Busiris ist Osiris schon seit dem Alten Reich als Hauptgott auch der Herr des Ackersegens gewesen, Sokaris war es in Memphis. So spricht alles dafür, den Mythos vom Erdhacken in der Gottkönigsidee anzusiedeln, die alle wichtigen und unwichtigen Dinge als von Göttern und Königen geschaffen sein läßt.

b) Das gefräßige Meer

Ptah hatte der Erde versprochen, sie mit dem Himmel zu vermählen. Darüber war die Erde froh und lobte den Gott für dieses Geschenk. Ihr Jubel erfüllte die Äonen. So kam nach sieben Tagen der Himmel auf die Erde herab, um sich mit ihr zu verbinden. Da ergrimmte das Meer. Aufgeschreckt durch den Jubel der Äonen, begab es sich zu Ptah und begehrte, ebenfalls mit der Erde verehelicht zu werden. Da ward Ptah ratlos. In seiner göttlichen Weisheit ließ er einen Thron auf der Erde errichten, so hoch wie der Himmel, den das Meer besteigen sollte. Da ließ das Meer sich auf dem Throne nieder und begehrte nun von der Erde die Hochzeitsgaben. Die Erde bot ihm, was sie nur leisten konnte, ohne das Meer befriedigen zu können. Dieses sah der Himmel mit Betroffenheit. Er lieh seinen Arm den Menschen, die unter dieser Last stöhnten, um ihnen zu helfen. Aber auch den anderen Göttern, die mit Groll zusehen mußten, wie das Meer sich des Goldes und des Silbers, der Edelsteine und aller Schätze der Erde bemächtigte, ohne daß sie dieses verhindern konnten, half er. Alle fürchteten das Meer und scheuten sich, ihm in den Arm zu fallen. Da riet die Erntegöttin Thermutis, die vor allem unter dem Meer zu leiden hatte, den Göttern, die Göttin Astarte, die Tochter des Ptah, zu dem Meer zu schicken, damit das Meer durch diese Gabe endgültig versöhnt würde. Dem Vorschlag stimmten die Götter aufatmend zu. Sie sandten einen Vogel zum Hause der Göttin, der ihr den Wunsch der Götter überbringen sollte, zu ihnen zu kommen. Ihr Wunsch war so dringlich, daß sie dem Vogel geboten, notfalls die Göttin auch aus dem Schlaf zu wecken. Der Vogel tat, wie ihm geheißen ward. Bald kehrte er zurück mit der jugendlichen Göttin.

Da trugen die versammelten Götter ihr ihren Wunsch vor, daß doch Astarte sich dem Meere preisgeben und so die Lasten des Meeres von Ägypten wenden möchte. Die Göttin willigte ein und ging dorthin, wo der Saum des Meeres die Erde berührte. Sie legte ihre Kleider ab und bot sich nackt in ihrer Schönheit dem Meere dar. Sie einigte sich schnell mit dem Meere und ging zurück, um diese Botschaft den versammelten Göttern mitzuteilen.

Als die Götter nun sahen, daß Astarte mit lächelndem Gesicht und wohlbehalten zurückkam, erhoben sie sich von ihren Stühlen, um sie feierlich zu begrüßen. Die niederen Götter aber warfen sich vor ihr zu Boden. Man brachte ihr einen Thron herbei und bewirtete sie mit köstlichen Leckereien. Nachdem Astarte so festlich empfangen war, nannte sie den Brautpreis, den das Meer verlangte. Da wurden die Gesichter der Götter lang, und ihr Mut sank. Denn all ihre Anstrengungen erwiesen sich als ergebnislos. Ihr Mühen, den Menschen die Arbeit leicht zu machen, und das Wissen, wie man die Handwerke und den Bergbau betreiben müßte, um möglichst viel zu schaffen, scheiterten an dem Begehren des Meeres, die Götter sollten das Gewicht der Erde mit Silber und Gold aufwiegen. Zwar plagten sich die Götter sehr, aber sie verarmten, obwohl sie sich sehr anstrengten. Denn das Meer erhob sich, wenn seine Forderungen unerfüllt blieben, und nahm sich mit Gewalt, was er wollte. Es zerstörte die Felder, Deiche und Häuser der Menschen. Endlich aber ermannte sich der Gott Seth. Mit dem Beistand der anderen Götter schlug er das Meer und verbannte es aus den beiden Ländern an die Grenzen der Welt.

A. H. Gardiner, The Legend of Astarte, Bibliotheka Aegypt. I, Brüssel 1932, S. 76–81.

1. Der Mythos aus der Zeit der 18./19. Dynastie ist oft bearbeitet worden. Die Bearbeiter haben ihn verschieden gedeutet. Er soll ein Triumphlied des Gottes Seth gewesen sein, das seine Herrschaft über die Fremdländer, zu denen auch die Göttin Astarte gehört, erklären soll. Die letzten Seiten des Textes sind jedoch völlig zerstört und lassen keine genaue Rekonstruktion zu. Deutlich sind allerdings

geschichtliche Erinnerungen an eine für Ägypten lebensgefährliche Herrschaft mit unersättlichen Tributforderungen von fremden Seevölkern. Wenn man diese geschichtliche Bestimmung nicht akzeptieren will, bleibt die Möglichkeit einer kulturätiologischen Deutung. Danach erweist sich das Meer als alles zerstörende Kraft, die im Verein mit der Göttin Astarte Ägyptens Existenz bedroht. Die Götter, die sich Mühe geben, durch harte Arbeit und immer neuen Erfindungsreichtum die Forderungen des Meeres zu erfüllen, tragen zuletzt den Sieg davon, den ihnen der Gott Seth erringt.

2. In der Analogie zu den sumerisch-babylonischen Mythen über die Entstehung der Welt und die Flutkatastrophen erhält der Mythos von der Göttin Astarte seinen Sinn. Das Bild von der Inthronisation des Meeres beschreibt nämlich nicht zuletzt auch die Formierung gesellschaftlicher Gruppen. Die Organisation der Tributzahlungen schließt Götter und Menschen zusammen. Auf Verlangen des Meeres betreiben die Menschen den Bergbau, gewinnen sie die Edelmetalle, da die Tribute nicht mehr mit Nahrungsgütern oder Gütern der natürlichen Produktion abgeleistet werden sollen, sondern durch das gewichtigere Gold. Die ansässigen Götter sind als Erfinder und Leiter maßgeblich an der Entwicklung der Kultur beteiligt, die Menschen werden nur als Arbeitssklaven beschrieben.

3. Astarte, die im Mythos offensichtlich die Partei des Meeres ergreift, ist eine auch aus Kleinasien bekannte Göttin, die für die Ägypter die Göttin der Liebe und des Kriegswesens ist. Sie wird mit der löwengestaltigen Göttin Sachmet identifiziert, wenn sie den König als Kriegsgöttin in den Kampf begleitet, oder mit der kuhgestaltigen Hathor, wenn sie als Göttin der Liebe wirkt. Der sehr ruinöse Textbestand läßt leider keine eindeutige Schlußversion erkennen. Aus dem vergleichbaren religionsgeschichtlichen Erbe Ägyptens darf aber vielleicht gefolgert werden, daß Astarte sich mit Seth verbunden hat und beide gemeinsam gegen das Meer antreten. Ungeachtet der Zugehörigkeit

des Mythos zu einem Astarte-Kult wird aber deutlich, daß die Götter bzw. Könige Ägyptens für die Leistungen ägyptischer Bauern und Handwerker verantwortlich sind.

c) Die Triumphreise Tefnuts

Zu den Kindern des Sonnengottes Re gehörten Schu und Tefnut. Sie waren für ihn wie Sonne und Mond, die Kronen Ober- und Unterägyptens, der Schmuck und die Zier seines Königtums. Tefnut aber, die Herrin der Flamme, trug Sorge dafür, daß Ordnung, Sicherheit, Recht und gutes Gedeihen im Lande herrschten. Aber eines Tages entzweiten sich Re und Tefnut, und zornig verließ Tefnut das Land und zog hinauf in die Wüsten von Nubien, wo sie in Gestalt einer Löwin ihr Unwesen trieb.

Da geriet das Land durcheinander. Die Feinde des Re sahen die Schwäche des Landes und drangen in seine Gebiete ein, verwüsteten sie und trieben ihren Unwillen mit den Bewohnern des Landes. Re aber war machtlos und sah, daß nur die Rückkehr der Tefnut dem Lande Ruhe und Segen bringen würde. So sandte er Schu und Thot aus, damit sie Tefnut in ihr Land zurückholten. Diese aber verwandelten sich in Affen und zogen nach Nubien, um die Göttin zur Heimkehr zu bewegen. Aber Tefnut ergrimmte sehr, als sie den Wunsch des Re vernahm. Thot versuchte nämlich zunächst, durch einfallsreiche Tänze und Kunststückchen den Unmut der Herrin über Leben und Tod zu besänftigen. Als diese Bemühungen nichts fruchteten, erzählte er ihr die Fabel vom Geier und der Wildkatze. Diese hatten sich einstmals vor Re geschworen, ihre Nachkommen gegenseitig zu schützen und nicht zu fressen. Die Katze aber verletzte eines Tages unabsichtlich einen jungen Geier so, daß er starb. Re aber vergalt dem Geier, weil dieser sich dafür an der Katze gerächt und ihre Kinder gefressen hatte, indem er auch die Brut des Geiers elendiglich umkommen ließ. Dadurch wurde Tefnut sehr nachdenklich gestimmt und sah ein, daß es vielleicht tunlich sei, zurückzukehren. Als aber Thot ihr auch noch von dem Lebenskraut gegeben hatte, das Frohmut und Heiterkeit schenkt, war sie bereit, ihm ernsthafter zuzuhören. Da hub Thot an, in Liedern und Gedichten die Schönheit der Heimat in Ägypten, das Glück der Familie, den Frieden in den Häusern, das bunte Leben auf den Straßen der Städte und auf den Märkten zu schildern. Er rührte ihr Herz an und stimmte ihr Gemüt um, bis sie einsah, wie notwendig Recht und Gerechtigkeit für ein Land sind, in dem nur ein Wille gelten darf. So wie Re im Streit zwischen Geier und Katze Recht geschaffen hatte, hatte er überall im Tierleben Recht und Ordnung gesetzt und aufrechterhalten. Ihm, der Vergeltung übte an jedem, von der kleinsten Fliege bis zum größten Geier, blieb nichts Unrechtes auf der Welt verborgen.

Da sah Tefnut ein, daß sie Re gehorsam sein müßte, und kehrte um. Unterwegs aber, wenn die Schwierigkeiten der Reise sie zu übermannen drohten und ihren Entschluß, heimzukehren, wankend machten, erzählte der erfindungsreiche Thot ihr wiederum neue Märchen und Fabeln, die sie alle Widrigkeiten vergessen ließen.

Sie rasteten, wenn Tefnut ermüdet war, und erhoben sich aus dem Schatten der Bäume, wenn Tefnut sich wieder gestärkt hatte. Thot aber war immer um sie. Er bewachte ihren Schlaf und rettete ihr sogar das Leben, indem er eine Schlange tötete, die sich anschickte, die schlafende Tefnut zu beißen. Im festlichen Zuge, denn unterwegs schlossen sich viele Götter der heimkehrenden Göttin an, erreichten sie schließlich Philä, wo Schu voller Sehnsucht seine schwesterliche Gemahlin erwartet hatte. Er besänftigte ihren Zorn endgültig. Da nahmen sie ein Reinigungsbad und zogen nun zu Schiff stromabwärts, überall begeistert von den Göttern empfangen, die sich sofort anschickten, ihnen zu Ehren ein Haus zu bauen und aus Dankbarkeit ein Fest zuzurichten.

Der göttliche Vater Re aber erwartete sie voller Ungeduld in Heliopolis, denn nun war die Ordnung im Lande wiederhergestellt, die Sicherheit des Landes gewährleistet. Friede herrschte und Wohlfahrt im Hause der Götter.

Die Ernten wurden wieder reif, und Tage und Nächte vergingen in harmonischem Wechsel. Die Feste der Götter fanden wieder in gewohnter Reihenfolge statt, und Re konnte unbeirrt seine Bahn ziehen, einträchtig begleitet von Schu und Tefnut, im Schmucke von Sonnen- und Mondauge, den Kronen Ober- und Unterägyptens.

W. Spiegelberg, Der ägyptische Mythos vom Sonnenauge nach dem Leidener Demotischen Papyrus I, Leipzig 1917, S. 384.

1. Der Demotische Papyrus stammt aus römischer Zeit. Der Mythos von der Heimkehr der Tefnut liefert die Vorlage für das Rahmengerüst, in dem der Dichter eine Reihe von Liedern, Märchen und Fabeln einordnet, von denen E. Brunner-Traut in ihren »Altägyptischen Märchen« die schönsten (Nr. 12–23) wiedergegeben hat. Der Reisebericht ist ein beliebtes Schema der antiken Poesie gewesen, eine Fülle von einzelnen Fabeln, Sagen und Legenden unterzubringen. Die homerische Odyssee ist eines der bekanntesten Modelle, die biblischen Evangelien stehen ihr nur wenig nach.

2. Tefnut, die schwesterliche Gattin des Gottes Schu, gilt auch als Tochter des Gottes Atum. Die priesterliche Lehre von Memphis hat sie zum Zwilling von Schu erhoben. Zwillingsschaft bedeutet mythologisch einfache Gleichrangigkeit. Beide bilden das uranfängliche Schöpfungspaar (siehe I.c). In Leontopolis hat man Schu und Tefnut in Löwengestalt verehrt. Wenn Tefnut im Mythos vorwiegend als Katze erscheint – nur im Erregungszustand nimmt sie ihre ursprüngliche Löwengestalt an –, ist dies die Folge einer religionsgeschichtlichen Entwicklung. Im Neuen Reiche ist sie nämlich die Inkarnation von löwengestaltiger Sachmet und katzengestaltiger Bastet, ist sie von einer Tochter Atums zu einer Tochter des Re erhoben. In der

kosmologischen Mythopoesie wird sie Sonnenauge, ihr Gatte Schu das Mondauge genannt, in der hymnischen Literatur wohl auch Sonnen- oder Mondbarke. Im hymnischen Vokabular der Königstexte sind sie die beiden Kronen Ägyptens.

3. Der eigentliche Mythos erzählt, daß die Ordnung der Welt gestört ist und die Kultur des Landes, der Festkalender und die Gottesdienste, durcheinandergeraten sind, nachdem Tefnut das Land verlassen hat. Ihre Rückkehr bewirkt Genesung des Landes und Wiederherstellung der Kultur. Wenn Saat und Ernte wieder geregelt sind und der Kalender stimmt, kann Re in altgewohnter Weise seine Bahn ziehen. Deshalb wird die Rückkehr Tefnuts zu einem Triumphzug der Götter. Ohne die Harmonie in der Welt der Götter ist für den Dichter die Harmonie der Welt nicht denkbar. Damit erfüllt dieser Mythos die Funktion des sumerischen Mythos von Inana und Enki oder des hethitischen Telepinu-Mythos. Wie in diesen Mythen spielen die Menschen auch in der ägyptischen Dichtung keine besondere Rolle. Die Fabel im Mythos vom Sonnenauge ist aber keine Allegorie, nach der die kulturelle Entwicklung Ägyptens etwa analog der Reiseroute Tefnuts gedacht werden dürfte. Die Fabel ist ägyptisch, d. h. konservativ: Ungehorsam der Tefnut bewirkt Unheil, Unterordnung unter das alte Gesetz des Re aber Heil.

d) Thot, der Lehrer der Weisheit

Thot aber war stets im Gefolge seines Vaters Re und reiste mit ihm in seinem Schiffe durch die Horizonte. Er lehrte dort das Recht und sprach es aus. Er schuf so den Frieden im Schiffe der Götter und auf der Erde. Re aber hatte ihm die Rechtspflege überwiesen, als sich Götter und Menschen so vermehrt hatten, daß sie des geregelten Umgangs bedurften. So priesen Götter und Menschen seine Weisheit, mit der er die Gottesdienste und Opfer vorgeschrieben und eingerichtet hatte. Er hatte die Menschen das Schreiben gelehrt und die Kunst der Rede. Er hatte die Beamten angewiesen, wie sie die Tempel und Paläste für Götter und Könige zu pflegen hatten. So wurde nichts von seiner Weisheit vergessen, auch nicht die Kunst des Handwerkes im Weben und Flechten, in Jagd und Ackerbau. Denn er war es, der die Menschen lehrte, wie die Grenzen der Äkker und der Lauf der Kanäle gezogen werden müßten, um die beiden Länder zu einem blühenden Garten zu machen. Endlich aber hatte er den Menschen auch den Weg nach Aminte, dem Land der Ewigkeit, gewiesen.

Sockel des Gütervorstehers Cheriuf, ÄM Berlin 2293; Äg. Inschriften aus den königlichen Museen zu Berlin 2, 1913, S. 39–42.

1. Die Statue stammt aus der Regierungszeit des Königs Amenophis' III. Thot ist zwar nur Begleiter des Re, aber von großer Bedeutung für den Ägypter. Die einzelnen Beamten sind immer für den normalen Bürger wichtiger als der in der Ferne weilende König, und für den ägyptischen Dichter aus der 18. Dynastie sitzen Gauvorsteher oder Güterverwalter und Pharao in einem Boote wie Gott Re und Thot.

2. Die kultische Funktion der Statue bedingt ihre hymnische Kürze. Thot allein ist Urheber und Garant menschlicher Kunst, menschlichen Wissens, von Recht und Gerechtigkeit und ewigem Leben. Staatskunst und Lebenskunst stammen beide von ihm. Die geschichtliche Erfahrung des Dichters, daß die menschliche Gesellschaft durch das Grundmuster von Befehl und Gehorsam geprägt und sinnvoll erhalten wird, läßt auch die Kultur göttlichen Ursprungs sein. Diese kultische Dichtung steht dem Skeptizismus, der sich in der ägyptischen Weisheitsliteratur äußert, diametral gegenüber. In den »Klageliedern des Bauern« oder in dem »Gespräch des Lebensmüden mit seiner Seele« wird die bestehende Weltordnung grundsätzlich angezweifelt, wird die Ungerechtigkeit des sozialen Gefüges

betont; in dieser konservativen Kultdichtung aber erscheinen Thot und seine Weltordnung als die beste aller denkbaren Welten.

Deshalb wird Thot auch in der ägyptischen gnostischen Literatur, der Hermetik, als Erlöser dargestellt, der durch sein Wissen, das er dem Hermes Trismegistos mitteilt, den Weg der Erlösung weist.

c) Ptah von Memphis

Ptah, der Sohn Atums, schuf alle Götter. Seine Kraft war größer als die aller anderen Götter. Zufrieden aber war er erst, nachdem er die Welt eingerichtet und die Gottesreden ersonnen, die Gesetze für den Gottesdienst und die Staatskunst und die Handwerke und Künste gelehrt hatte. Er errichtete die Städte und setzte die Grenzen für die Gaue ein. Er bestimmte die Wohnstätten für die einzelnen Götter und ließ für sie die Kapellen erbauen. Er befahl, Statuen von ihnen zu errichten, aus Holz, Metall und Steinen, in denen die Götter einwohnen konnten. Er wies den Göttern ihre Herrschaften zu, wie er es ersonnen hatte, und setzte auch fest, daß und wann Bäume und Pflanzen ihre Früchte zu tragen hätten.

Er bekümmerte sich auch um die Könige. Als Ramses den Thron bestiegen hatte, übergab Ptah ihm göttliche Kräfte. Er ließ hohe, gute Nilwasser kommen, so daß jeder Ort reichlich zu essen erhielt, denn die Ernten der Felder gediehen gut. Er ließ den Pharao alle Feinde im Inneren und Äußeren überwinden und seine Tempel und Paläste groß werden. Da pries der König den Gott und sprach: »Ich bin dein Sohn. Du hast mir alles übergeben, was du geschaffen hast. Du hast Ägypten geschaffen. Ich will es so machen, wie du es zum ersten Male gemacht hast. Ich will die Götter, die einstmals aus deinem Leibe hervorgingen, neu schaffen. Ich habe dein Haus in Memphis prächtig gemacht und es mit Priestern, Propheten, Sklaven, Äckern und Herden versorgt. Ich ließ dir große Opfer zubereiten.

Alle Menschen, die ganze Erde, stempelte ich mit deinem Namen, und so gehören sie dir nun für ewig.«

Schabaka-Stein 53–61; Stele von Ramses II. in Abu Simbel, nach Breastead, Ancient Records of Egypt III, Chicago 1906, S. 394–414.

1. Ptah, der menschengestaltige Stadtgott von Memphis, war zunächst nur der Gott des Handwerks – »so wurde ihm die Erfindung der Künste zugeschrieben«. Aber schon in den Pyramidentexten ward er als Schöpfergott angesehen. Ptah hat Atum abgelöst. Neue Schöpfergott-Theorien sind stets Anzeichen einer neuen Machtkonzentration. Der Gott des jeweiligen Königs muß dann nicht nur Schöpfer der Welt, sondern auch Erfinder aller menschlichen Künste und Fähigkeiten sein. Das Vorhandensein und die Funktion anderer Götter werden immer auf Willensäußerungen des Hauptgottes zurückgeführt. Die Hierarchie des pharaonischen Beamtenstaates erscheint so als Abbild der himmlischen Welt. Beide Texte sind Bestandteil offizieller Hofdichtung. Bestehende Ordnungen werden nicht angezweifelt, sondern als göttliche Manifestation ausgewiesen.

2. Eine Besonderheit ägyptischer Mythologie wird hier sehr deutlich. Der Regierungsantritt eines Pharao wird mit der Neuschöpfung der Welt gleichgesetzt. Thronbesteigung und Tod eines Königs bedeuten für den ägyptischen Mythographen Weltbeginn und Weltende. Universaleschatologische Erwartungen sind der ägyptischen Mythologie fremd.

Ägyptische Mythologie denkt zyklisch. Der Pharao schafft jedesmal die Welt neu wie Ptah. Nicht nur Gartenbau- und Ackerbaukultur, Gottesdienste und Tempelbauten werden neu geschaffen, sondern auch die Götter selbst. Das ist so erstaunlich nicht. Für ägyptisches Denken existiert der griechische Unterschied zwischen Immanenz und Transzendenz nicht. Es gibt nur eine, die vorfindliche Welt.

3. Die Pharaonenherrschaft ist universal. Alle Menschen werden mit dem Namen des Ptah gestempelt und zu seinem Eigentum gemacht. Diese »Taufe« ist der sinnfällige Ausdruck für das ägyptische Dogma, daß der Pharao als Stellvertreter bzw. als Erscheinung des Gottes einen Anspruch auf absoluten Gehorsam besitzt. Die Größe der Statuen von Ramses II. in Abu Simbel macht diese göttliche Qualität deutlich. Solche Apotheosen sind in der altorientalischen Mythologie nicht üblich, denn sie kennt wie die griechisch-römische Mythologie nur postume Apotheosen.

f) Salomo und die Königin von Saba

Einstmals besuchte die Königin von Saba den König Salomo von Juda in Jerusalem. Salomo aber dünkte sich der klügste aller Menschen zu sein. Aber die Königin von Saba glaubte das auch von sich.

Als Salomo in Jerusalem nun versuchte, die Königin zu überwinden, und es nicht anders vermochte, ließ er bei Tische seinen Zauberring in ihren Weinbecher fallen. Die Königin aber durchschaute diese List, gab ihm den Becher zurück, ohne daraus getrunken zu haben, und schlug ihm vor, ihre Kräfte doch an einem anderen Gegenstand zu messen. Sie versprach, sich Salomo zu unterwerfen, wenn es ihm gelingen würde, jene Säule aus ihrem Palast herbeizuholen, auf der alles Wissen der Welt verzeichnet stünde.

Da rief Salomo alle seine dienstbaren Geister zusammen und gab jenem den Auftrag, der sie am schnellsten herbeitragen würde. Das war aber der Flügelgeist, denn er verrichtete alle Dinge in der Zeitspanne, die ein Mensch benötigt, um ein- und auszuatmen. Und so geschah denn das Wunder, daß die Säule schon vor den beiden königlichen Häuptern erschien, bevor noch Salomo seinen Wunsch vollständig ausgesprochen hatte. Seitdem verfügte Salomo über alles Wissen und alle Kenntnisse der Welt (siehe auch VI. c).

Kopt. Papyrus P. 8775, H. Junker, Koptische Poesie des 10. Jahrhunderts, OC 7, S. 152 ff.

1. Diese christliche Legende aus Ägypten ist älter als ihre schriftliche Fixierung in der Berliner Papierhandschrift aus dem 10. Jahrhundert. Sie wird auch älter sein als die islamische Legende, die sich auf Sure 27,40 gründet. Dort allerdings wird der Thron der Königin von den Geistern herbeigeholt, um Salomos Überlegenheit zu demonstrieren.

2. Die Weisheit Salomos und seine Herrschaft über die Geister war auch in der jüdischen apokryphen Tradition verbreitet. Es spricht viel dafür, ihr Eindringen in die gnostisch-koptischen Schriften von Nag Hammadi, die aus dem ausgehenden 4. und 5. Jahrhundert stammen, jenen christlichen Traditionen zuzuschreiben, die sich der jüdischen Apokryphen zugleich mit den Büchern des biblischen Alten Testaments im 2. Jahrhundert bemächtigt hatten. In diesem Schriftenkorpus wird der Topos von dem allweisen Salomo mehrfach aufgenommen (NHC V, 5; VII, 2 und IX, 3). Der Topos von dem Stein, auf dem »die Worte der Worte« aufgeschrieben sind, die allen Menschen, zu denen engelartige Wesen sie bringen, Erlösung aus dieser Welt gewähren, ist ebenfalls in der koptischen Adams-Apokalypse NHC V, 5; 85,10 aufgenommen. In der Form der sethianischen Gnosis aber wird dieses Wissen nur der königlosen Generation zu eigen werden, während die alte ägyptische Tradition dieses Wissen dem König vorbehielt. Der christliche Ägypter empfand noch wie sein Vorfahr in der Ramessiden-Zeit, der gnostische Dichter hingegen sprengte diese Form.

3. In der christlichen Mythopoesie Ägyptens, der koptischen Literatur, vollendet sich ägyptische Tradition. Der König allein verfügt über die Allwissenheit. Ihm sind Himmel und Erde untertan. Ihm unterwirft sich auch die Fremde. Das christliche, nämlich koptische Ägypten bewahrt so noch seine nationale Identität, die ägyptischen

Gnostiker verleugnen auch diese zugunsten einer transzendentalen Kosmopolizität, einer geistigen Weltwirklichkeit, die keine natürlichen Grenzen mehr anerkennt.

Kapitel VI
DIE ANKUNFT DES KÖNIGTUMS

a) Die wunderbare Geburtsgeschichte der drei Königskinder

Als Cheops König in Ägypten war, langweilte er sich oft. Seine Söhne, Freunde und Beamten mußten ihm oft Märchen und Geschichten erzählen, um seine Langeweile zu vertreiben.

Da erzählte ihm eines Tages sein Sohn Djedefhor von dem Manne Djedi, der in dem Rufe stand, Tote wieder beleben zu können und selbst das Geheimnis der Kammern des Thot zu kennen. Djedi war zu dieser Zeit zwar schon einhundertzehn Jahre alt, verfügte aber immer noch über einen gesunden Appetit und ungeheure Kräfte. Als Cheops von diesem Manne gehört hatte, beschloß er, sofort nach ihm schicken zu lassen. Er beauftragte seinen Sohn Djedefhor, den Wundertäter an den Hof in die Residenz zu holen. Da fuhr Djedefhor mit Schiffen nilaufwärts bis zur Pyramide des Snofru, wo er anlegen mußte, um zur Wohnstätte des Djedi zu gelangen.

Den letzten Teil der Reise legte er mit dem Tragstuhl zurück, denn für einen Sohn Pharaos war es sehr unüblich, einen Weg zu Fuß zurückzulegen. Nach der ehrfurchtsvollen Begrüßung lud Djedefhor den Alten in wohlgesetzten Worten in die Residenz des Cheops ein. Dieser nahm die Einladung an und folgte dem Befehl des Cheops, nachdem ihm für seine Bücher und Schüler, die er nicht missen wollte und für die auf dem Boote des Djedefhor kein Raum war, ein besonderes Schiff zugebilligt worden war.

Nachdem sie in der Residenz des Cheops angelangt waren, ließ Cheops voller Ungeduld den berühmten Mann bald vor sich laden. Er prüfte die wunderbaren Kräfte des Weisen, indem er ihm befahl, eine Gans, einen Storch und ein Rind wiederzubeleben, denen er die Köpfe hatte abschlagen lassen. Djedi ließ die Tiere wieder lebendig werden, hatte es aber abgelehnt, den frevlerischen Wunsch des Cheops zu erfüllen, seine Wunderkräfte an einem Menschen zu erweisen. Ferner hatte er auch noch einen wilden Löwen nur durch seine Worte gebändigt und folgsam gemacht. Endlich aber verlangte Cheops, Djedi solle ihm das Geheimnis der Kammern des Thot offenbaren, denn er war im Begriffe, sich sein Grabmal zu erbauen.

Als er diesen Wunsch des Cheops vernommen hatte, richtete sich Djedi auf und sagte dem Pharao, daß er ihm diesen Wunsch nicht erfüllen könnte. Aber ein anderer würde das Geheimnis lüften. Denn diese Kiste aus Heliopolis, die die Geheimnisse barg, würde das älteste Kind der Ruddedet bringen, das aber noch nicht geboren sei. Darauf wollte Cheops wissen, wer denn diese Frau sei. Da offenbarte ihm denn Djedi, daß Ruddedet die Frau eines Re-Priesters aus Sachbu sei, die mit drei Kindern des Re schwanger ginge. Re aber habe verheißen, daß zwei dieser Kinder einstmals das Hirtenamt des Königs in Ägypten erben würden, und einer sollte Hoherpriester des Re in Heliopolis werden. Da erschrak Cheops, denn er hatte gehofft, daß nach ihm seine Kinder den Thron erben würden. Djedi tröstete ihn und sagte, daß die Söhne des Re erst nach seinem Enkel den Thron besteigen würden. Als Cheops dieses gehört hatte, befahl er, daß Djedi fortan in dem Palaste seines Sohnes Djedefhor wohnen und wie ein Glied der königlichen Familie gehalten werden sollte. Da nun die Tage des ersten Wintermonates nach diesen Wundern herannahten, traten bei Ruddedet die Wehen ein. Als Re sah, wie schwer die Geburt seiner göttlichen Kinder sein würde, sandte er die Göttinnen Isis, Nephtys, Heket und Mesechnet mit dem Gotte Chnum zu der Kreißenden, damit sie ihr beistünden. Diese nahmen die Gestalten von wandernden Tänzerinnen an, als sie sich dem Hause des Rawoser in Sachbu näherten. Dieser verharrte sorgenvoll vor seinem Hause, weil er sich keinen Rat wußte, wie seiner Frau zu helfen war.

Die Göttinnen aber traten in das Gemach der Ruddedet und verschlossen hinter sich die Türen. Isis stellte sich vor die Kreißende, Nephtys hinter sie, und Heket stand ihr zur Seite, um die Geburt zu beschleunigen. Da wurden unter dem Spruch der Isis die drei Knaben Userkaf, Sahure und Keku geboren. Sie trugen aber schon ihr goldenes Namensschild mit den Königsnamen und den Kopfschmuck aus Lapislazuli, als sie aus dem Mutterleibe traten. Mesechnet aber sprach über jedem den Segen: »Ein König, der das Herrscheramt in dem ganzen Lande ausüben wird.« Chnum aber verlieh allen Knaben einen gesunden Leib.

Danach verabschiedeten die Götter sich auch von Rawoser und wünschten ihm und seiner Frau Glück. Rawoser aber machte ihnen einen Sack Gerste zum Geschenk, die Chnum tragen mußte. Nach einer kurzen Wegstrecke aber fiel ihnen ein, daß sie den Kindern kein Taufgeschenk gegeben hatten. Sie schufen daraufhin drei goldene Kronen, verbargen sie in dem Sacke und ließen ein Unwetter aufkommen, das ihnen den Grund zu einer Umkehr in das Haus des Rawoser gab. Sie baten den Rawoser, ihnen den Sack aufzubewahren, bis sie nach einiger Zeit kommen wollten, um den Sack wieder zu holen.

Es begab sich nun, daß Ruddedet nach ihrer Reinigung wieder die Haushaltsführung übernahm. Als sie nun einmal feststellte, daß sich im Hause kein Korn fand, fiel der Magd aber der Sack mit dem Gerstenkorn ein, den die Geburtshelfer untergestellt hatten. Ruddedet ließ die Magd Getreide aus dem Sacke nehmen, weil sie meinte, die benötigte Menge Kornes wieder ersetzen zu können. Dabei wurde ihr das Geheimnis der Göttinnen offenbar, denn aus dem Sacke drang solche Musik, wie sie vor Pharao dargeboten wird. Als Ruddedet nun erfuhr, welcher Segen auf ihren Kindern ruhen würde, feierte sie mit ihrem Manne ein Fest. Ihre Dienerin aber, die wenig später, von ihrer Herrin gestraft, sich aufmachte, um diese Kunde dem König Cheops zu hinterbringen, wurde von einem Krokodile verschlungen, als sie sich niederbeugte, um Wasser zu schöpfen.

Papyrus Westcar, P. 3033, Papyrus-Sammlung der Staatlichen Museen zu Berlin. A. Erman, Die Märchen des Papyrus Westcar, Berlin 1890; E. Brunner-Traut, Altägyptische Märchen, Düsseldorf-Köln 1963, Nr. 3.

1. Der Text in der vorliegenden Form stammt aus dem 17. Jahrhundert v. u. Z. und geht vermutlich auf Traditionen einer alten Vorlage aus der Zeit der 5. Dynastie zurück. Anfang und Ende des Textes sind verlorengegangen und bisher nicht durch Parallelfunde zweifelsfrei zu ergänzen. Vermutet werden darf aber, daß alle Nachforschungen des Cheops so erfolglos blieben wie die Nachforschungen des Herodes in der Geburtsgeschichte Jesu in dem biblischen Matthäusevangelium. Die Legende von der wunderbaren Geburt der drei Königskinder beschreibt den Wechsel von der 4. zur 5. Dynastie. Die Namen der Kinder, die die Göttinnen geben, sind die Namen der ersten Pharaonen aus dieser neuen Dynastie, Userkaf und Sahure. Mit dem Aufkommen der 5. Dynastie nimmt, geschichtlich nachweisbar, auch die Verbreitung des Re-Kults zu. Die Namen der Mutter der Kinder und ihres Ziehvaters sind historisch nicht greifbar. Sie gehören zur Legende der Geburt von Heroen und Königen. Neue Dynastien legitimieren sich häufig durch Berichte göttlicher Abstammung oder Zeugung. Göttlicher Stammvater ist dann zumeist der mächtigste Gott, der zugleich auch Weltschöpfer und Weltenherrscher ist. Zu den Bestandteilen solcher Legenden gehört auch der wundertätige Prophet. Dieser Topos ist offensichtlich orientalischen Ursprungs. Er ist auch noch in der jüdischen Sekte von Qumran lebendig, die neben den bei-

den messianischen Helden aus priesterlichem und königlichem Stamm auch noch einen Propheten, Elia, kommen läßt, der die beiden messianischen Gestalten zu bezeugen hat.

Mit zum Topos solcher Geburtsgeschichten gehört das Aufwachsen der Kinder in der Verborgenheit. Die Beschreibung der Geburt der Kinder hingegen folgt offensichtlich normalen Geburtspraktiken. Die Magie bei Geburt und Tod, auch in der weißen Form von Taufe und Namensgebung, ist immer schon verbreitet gewesen.

2. Die Geburtsriten wie die Darstellung der Reise und des Empfanges bei Hofe dürften ziemlich detailgetreue Wiedergaben altägyptischer Lebensweisen sein. Für den Erzähler bietet solche Detailtreue die notwendige Voraussetzung, das Erzählte wirksam werden zu lassen und das Wunderbare, die göttliche Abstammung und Geburt der Könige, glaubhaft zu machen. Deshalb wurde die Begebenheit in die Lebzeiten des Cheops verlegt, weil er für den Erzähler der Prototyp des allmächtigen Königs in der Alten Zeit ist.

3. Die Königsmythen und -legenden sind in der ägyptischen Mythologie von Gewicht. Schon die Schöpfungsmythen gipfeln in der Einsetzung von Königen. Der König ist gegenwärtiges Symbol göttlicher Transzendenz und Macht. Die Regierungszeit eines neuen Königs wird schon weit vor der 20. Dynastie als Wiederholung der Schöpfung verstanden. Zu diesem Topos gehört auch das Phänomen der Prophetie, die in der Gegenwart herrschende Verhältnisse als in der Vergangenheit vorhergesagt erweist, um damit mögliche Widersprüche zu entkräften. Diese Form der Prophetie gehört zum Typ der Hofprophetie, der königlichen Wahrsagekunst: Djedi wird zum Glied der königlichen Familie erhoben.

Die in Faras nachzuweisenden Propheten und Wahrsager des Tutanchamun oder die Weltpriester, die Ramses II. in Nubien als Gott verkündeten, stehen in derselben Tradition, die Thutmoses III. schon zu seinen Lebzeiten einen Gott werden und die Pharaonen der 5. Dynastie als Gottessöhne geboren werden ließ.

b) Hatschepsut

Einstmals rief Amun die Neunheit zusammen. Als sie sich vor dem Gott niedergelassen hatte, verkündete er ihr seine Absicht, die Hatschepsut zu zeugen, damit die beiden Länder wieder einen würdigen König erhielten. Wie alle seine Vorgänger auf dem Pharaonenthron würde sie die Tempel und Haine der Götter würdig und prächtig halten und immer für reichliche Opfer sorgen. Darüber waren die Götter zufrieden und stimmten dem Plane zu, den Amun ihnen unterbreitet hatte.

Nun sandte Amun den Gott Thot als Herrn der Weisheit aus, um eine Mutter für dieses Kind zu suchen. Thot ging fort und kam zurück, nachdem er in der Königin Jahmes, der schwesterlichen Ehefrau des kindlichen Thutmoses, die gesuchte Mutter gefunden hatte. Bald darauf nun ging Amun in den königlichen Palast. Er schlüpfte in die Gestalt des Königs. So konnte er unerkannt durch alle Türen ungehindert bis an das Lager der Königin vordringen. Diese aber erwachte, als sie die kostbaren Düfte und Gerüche wahrnahm, die von dem an ihrem Lager weilenden Gott ausgingen. Sie war sehr entzückt von seinem Anblick und hieß ihn herzlich auf ihrem Lager willkommen. Der Gott aber tat alles mit ihr, was er wollte, und erfreute die Königin damit sehr, die sich nicht genug tun konnte, seine Schönheit zu preisen.

Amun aber verhieß ihr, daß ihre Tochter Hatschepsut, die sie gebären würde, dermaleinst Königin über die beiden Länder Ägyptens sein würde.

Dann aber rief Amun den Gott Chnum herbei und befahl ihm, dem Kinde einen Leib zu schaffen, der seinem göttlichen Leibe ähnlich sei. Chnum gehorchte dem mächtigen göttlichen Vater, und Heket verhalf dem Kind zum Leben. Als Chnum das Kindlein aber schuf, sprach er beim Drehen der Scheibe: »Ich will dich mit dem Leibe eines Gottes beschenken. Du bist vollkommener als alle Götter und sollst von mir Glück und Heil, die Kronen der beiden Länder erhalten und sollst einstmals an der Spitze aller Lebewesen als König über Ober- und Unterägypten stehen.«

Als aber die Zeit erfüllt war, daß sie gebären sollte, sandte Amun den Gott Thot zur Königin, um ihr sein Wohlgefallen zu übermitteln und ihr seine Zufriedenheit auszurichten. Deshalb erhob er Jahmes zur Gottesgemahlin und Königsmutter. Chnum und Heket aber geleiteten die Königin zum königlichen Geburtshaus und halfen ihr bei der Geburt des Kindes. Amun selbst, Hathor und Mesechnet standen an ihrem Lager und halfen ihr bei der Geburt. Hathor aber war gekommen, um das Neugeborene zu empfangen und zu Gott Amun emporzuhalten, damit er es segnen könnte. Amun aber segnete seine Tochte Hatschepsut mit der Verleihung der Königswürde über beide Länder und verhieß ewige Dauer ihrer Kinder und Kindeskinder auf dem Throne. Dann aber ließ er durch göttliche Ammen das Kind pflegen und hegen, bis es groß geworden und zur Königin erhoben worden war.

E. Naville, The Temple of Deir el Bahri II, Tafel 47–52.
E. Brunner-Traut, Altägyptische Märchen, Nr. 11.

1. Hatschepsut war die schwesterliche Gemahlin von Thutmoses aus der 18. Dynastie. Beider Eltern waren Thutmoses I. und Jahmes. Nach dem Tode ihres Mannes führte sie zweiundzwanzig Jahre die Regierung für ihren Sohn Thutmoses III. (1479–1452), nahm aber schon nach einjähriger Regentschaft sämtliche Königstitel an und hinderte so ihren Sohn, die Herrschaft anzutreten. Er rächte sich, indem er nach ihrem Tode die Erinnerung an sie auszulöschen befahl. So ließ er ihren Namen auf Inschriften und Bauwerken tilgen oder durch den Namen seiner Vorfahren oder seinen eigenen Namen ersetzen. Aber es gelang ihm nicht, die Erinnerung »an die Friedensfürstin« (Otto) völlig auszumerzen, die feierlich gelobt hatte, »alles wiederherzustellen, was zerstört war«. Damit wird an die Folgen der Hyksos-Herrschaft in beiden Ländern erinnert. In ihrem

Tempel in Bahri wurde auch die Reise ihrer Schiffe in das Goldland Punt ausführlich beschrieben und dargestellt, weil diese Fahrten offensichtlich außergewöhnlich waren.

2. Ihre wunderbare Geburtsgeschichte hat die Königin schon zu ihren eigenen Lebzeiten verbreiten lassen. Sie sollte dokumentieren, daß sie nicht nur zur Regentin tauglich, sondern selbst zur Königin bestimmt worden sei. Göttliche Zeugung und Geburt gehören zum Topos höfischer Ruhmdichtung, die nur die narrative Form der offiziellen Königstitel ist (siehe VI. c). Die Götter schlüpfen dabei in die Gestalt von Tieren, Menschen oder Engeln. Um jeden Zweifel auszuräumen, erzählt die Legende, daß ihr Vater noch ein Kind gewesen sei, d. h. zeugungsunfähig, als der Gott ihre Mutter geschwängert habe. Die Szene ist nicht komisch. Geschwisterehen sind üblich gewesen. Der wohlparfümierte Gott erweckt Assoziationen an die hohe Kunst der Kosmetik im alten Ägypten, die durchaus nicht nur vom weiblichen Geschlecht geschätzt wurde.

3. Könige sind von Geburt aus göttlicher Natur. Die vollzogene Krönung ist lediglich die vollendete Epiphanie des Gottes. Die biblische neutestamentliche Darstellung der Geburtsgeschichte Jesu im Lukasevangelium übernimmt dieselben mythologischen Topoi wie Vergil in seinen Königseklogen oder byzantinische Hofdichter. Diese Dichtungen wollen deutlich machen, daß der Abstand zwischen einem Menschen und dem König größer ist als der zwischen König und Gott. Aber dieses »Vater-Sohn-Verhältnis legt dem König eine Verpflichtung auf gegenüber einem Wesen, das letzten Endes doch reinerer und höherer Natur ist als er selber« (Otto). Apotheosen sind immer ein Versuch, Unzufriedenheit und Kritik an König und staatlicher Willkür als Frevel an göttlichem Wesen auszuweisen und jene altorientalische Weisheit zurückzudrängen, die im Gottesglauben sich in der Freiheit übte, auch Könige und andere irdische Potentaten als einstmals zu richtende Menschen zu sehen.

c) Die Offenbarung Ptahs an Ramses

Ich bin dein Vater. Ich habe dich unter Göttern gezeugt. Alle deine Glieder sind Götter. Ich nahm die Gestalt des Widders, des Herrn von Memphis an, als ich den Samen in den Schoß deiner Mutter ergoß.

Ich schuf dich als eine Erscheinung des Re und erhöhte dich vor anderen Göttern. Mesechnet segnete dich, und die Ammen des Ptah umsorgten dich, der du meine Gestalt trägst.

Ich lasse dein Herz wie meins sein, und es wird nichts geben, was du nicht weißt. Deine Reden werden klug und deine Urteile tadelsfrei sein. Ich habe dir mein Amt, die Herrschaft über Ober- und Unterägypten, übertragen.

Ich habe deinen Leib aus Gold gebildet, deine Knochen aus Kupfer und deine Glieder aus Eisen.

Ich gebe dir hochstehende Nilwasser, und die Länder lasse ich zunehmen an Kraft und Wohlstand an jedem Ort und bei jedermann. Das Korn in deinen Ländern wird wie der Sand am Strande sein. Himmel, Erde, Luft und Wasser sind dir mit allem zu Diensten, was sie nur bieten können.

Ich lasse dir von den Bergen große Felsen geben, für Denkmäler und Statuen, und aus den Wüsten die edlen Steine, damit auf ihnen deine Namen verewigt werden. Die Maler werden dich verewigen und die Dichter deinen Ruhm besingen.

Ich lasse dir die Mittel und die Macht, Tempel und Paläste für mich und die anderen Götter zu bauen und zu unterhalten und die Feste zu feiern, wie ich sie beging, als ich die Welt regierte.

Ich mache dir alle fremden Länder untertan und lasse dir von allen Ländern und allen fremden Völkern Tribute bringen. Ich setze Furcht und Schrecken vor dir in die fremden Länder und sorge dafür, daß die Großen der fremden Länder dir ihre Kinder bringen, damit du nach deinem Gutdünken mit ihnen verfährst. Du bist allmächtiger Herr über Leben und Tod deiner Völker und der fremden Völker.

Ich lasse auch den Himmel vor dir erzittern und die Wasser wie die Berge vor deinen Namen erbeben. Selbst die Hethiter beugen sich freiwillig vor dir und senden dir zum Unterpfand ihrer Huldigung ihre Prinzessin, damit du dich an ihr erfreuen kannst.

Ich werde schließlich auch noch ein Wunder wirklich werden lassen, das man bisher noch nicht wußte. Es sollen nämlich die Pläne der Hethiter wie die Pläne Ägyptens sein, so daß dein Name, König Ramses, gewaltig sein soll und herrlich für alle Ewigkeit.

Stele Ramses II. in Abu Simbel, nach Breasted, Ancient Records of Egypt III, Chicago 1906, S. 394–414. G. Roeder, Urkunden zur Religion des Alten Ägypten, Jena 1915, S. 159–163.

1. Der Text der Inschrift wurde nach der Legende der Inschrift von Medinet Habu von Ramses II. und Ramses III. autorisiert. Er ist in der Form einer Offenbarungsrede an den König gefaßt. Der König antwortet auf diese Offenbarung im zweiten Teil des Textes (siehe V.e). Göttliche Offenbarungen sind typologisch höchste Legitimationsbeweise. Wie im magischen Ordal der Zauberspruch soll im Königsritual der Gottesspruch wirksam werden. Der Text zeigt, daß der König nicht mehr kraft eigener Machtfülle und eigener göttlicher Potenz mächtig ist, sondern daß der Gott Ptah der Tenen, der »Urheber aller Erfolge des Königs« (Roeder), ist. Die Geschichte wird als Spielfeld göttlicher Launen und Einfälle dargestellt. Denkbar bleibt doch trotz aller Einwände, daß Ramses III. mit der verstärkten Hervorhebung der königlich verwalteten göttlichen Allmacht jenes königliche Machtvakuum ausfüllen wollte, das durch die schwachen Pharaonen der 19. Dynastie, die auf Ramses II. folgten, entstanden war. »Die Thronbesteigung des Pharao bewirkt, daß der Nil steigt und die Ordnung in der Welt geheilt wird.« (Gardiner) Das starke königliche Amt in Ägypten garantierte die staatlich organisierte Ar-

beitsverpflichtung des gesamten Volkes, die auch in den Nilüberschwemmungsmonaten die soziale Sicherstellung der Bevölkerung ermöglichte, da in diesen Monaten die günstigen Bedingungen der Wasserverhältnisse zum Transport der Baumaterialien für Tempel, Paläste und königliche Grabanlagen genutzt werden mußten.

2. Die in dem Mythos hervorgehobene Macht des Königs wird unter anderem auch in dem sogenannten Kadesch-Gedicht betont – einer Hofdichtung. Die unentschieden gebliebene Schlacht zwischen Hethitern und ihren kleinasiatischen und syrischen Hilfstruppen gegen Ägypten wird vorausgesetzt, um den heldenhaften Mut des Königs zu preisen: Alle Länder haben sich gegen mich verbündet, ich bin ganz allein, und kein anderer ist mit mir. Meine Soldaten haben mich verlassen, und keiner meiner Wagenkämpfer hat sich nach mir umgesehen. Wenn ich nach ihm schreie, hört keiner von ihnen. Aber ich rufe und merke, daß Amun besser für mich ist als Millionen von Fußtruppen und Hunderttausende von Wagenkämpfern (Übersetzung von Erman). Diese Selbstsicherheit macht deutlich, wie das ramessidische Zeitalter mit diesem barocken Pathos jene Schwäche zu verdecken suchte, für die die Historiker den euphemistischen Begriff »Zeitalter der persönlichen Frömmigkeit« geprägt haben, mit dem ein allgemeines Desinteresse an politischen und gesellschaftlichen Dingen beschrieben ist. Die historische Erfahrung, daß politische Entscheidungen ohne Rücksicht auf die Bevölkerung gefällt und durchgesetzt werden, ließen die Menschen ihr Leben und ihre Frömmigkeit privatisieren. Diesem Trend wirkt die amtliche Ideologie entgegen, die, wie die Befunde ausweisen, nur oberflächliche Wirkung besessen hat.

3. Die wenigen geschichtlichen Bezüge in den Texten sind notwendige historische Klammern, durch die der Hymnus mit der Geschichte des Königs verbunden wird. Die Verträge zwischen Ramses und seinem hethitischen Kollegen Hattuschili III. sind überliefert; sie wurden in

Ägypten und in Boghazköi gefunden. Aber sie haben nicht das Bild Ägyptens von diesem König geprägt, der selbst seine eigenen Kinder dem Gotte Ptah zugeschrieben hat. Das Ritual, die Form der Königsinschrift, läßt für den König keinen Raum, sich selbst als Menschen darzustellen. Das Amt überfremdet die Person. Der Mythos als Hofdichtung hebt die geschichtliche Gegenwart in eine transzendente Größenordnung. Er macht sie geschichtslos.

d) Die Geburt des Kambyses

Nachdem Kambyses Ägypten erobert und den Thron der Pharaonen bestiegen hatte, erzählte man sich in Ägypten, daß Kambyses eigentlich von ägyptischer Herkunft sei. Es fiel den Ägyptern offensichtlich schwer, den Gedanken zu ertragen, einen nichtägyptischen König über sich zu wissen.

Kambyses hatte, ohne auf großen Widerstand zu stoßen, das Land besetzt und die Kronen beider Ägypten auf sein Haupt gesetzt, nachdem er den Sohn des letzten Pharaonen hatte hinrichten und den Vater des Knaben in seinen Hofstaat aufnehmen lassen, woselbst er sein Gnadenbrot aß. So erzählten die einen denn, Kambyses sei ein Sohn der Nitetis, welche seinem Vater Kyros von dem letzten Pharao Apries zur Frau gegeben worden war. Nitetis aber war nicht, wie Kyros ursprünglich geglaubt hatte, eine Tochter des Apries, sondern eine Tochter des von ihm gestürzten Pharao. Kyros aber habe mit dieser Ehe ein Band der Freundschaft und des Friedens zwischen beiden Völkern knüpfen wollen. Aus dieser Verbindung sei Kambyses hervorgegangen. Der Grund zur Gegnerschaft zwischen den Völkern sei gelegt worden, als Kyros gemerkt habe, daß die Nitetes nicht eine Tochter des Apries gewesen sei. Als er nun nach dem Tode seines Vaters als Sohn der Lieblingsfrau auch unter den anderen Söhnen des Kyros den Vorrang gewonnen habe, hätte er beschlossen, das Reich seiner Mutter mit dem seines Vaters zu vereinen und sich zu der Perserkrone auch die Kronen der beiden Länder am Nil zuzulegen.

Andere wiederum erzählten, daß Kambyses ein natürlicher Sohn der Kassandane und des Kyros gewesen sei. Kambyses aber habe einmal ein Gespräch zwischen seiner Mutter und einer Freundin belauscht, in dem seine Mutter sich darüber beklagte, daß Kyros sie zugunsten der ägyptischen Nebenfrau völlig vernachlässigte. Da habe Kambyses bei sich beschlossen, daß er nach seiner Thronbesteigung die Schmach seiner Mutter rächen und in Ägypten das Unterste nach oben und das Oberste nach unten kehren wollte. Deshalb habe er den Krieg nach Ägypten getragen und sich zum Erben der Roten und der Weißen Krone gemacht.

Herodot, Geschichtswerk, Buch III, 1–3; Übersetzung bei T. Braun, Leipzig 1958, S. 215–216.

1. Herodots Geschichtswerk aus dem 5. Jahrhundert v. u. Z. tradiert viel mündlich überliefertes Wissen, das ihm auf seinen Reisen bekannt geworden ist. In Ägypten ist er bis Elephantine vorgedrungen. Das ihm Zugetragene hat er kritisch gesichtet. Die wunderbaren Geburtsgeschichten des Kambyses beurteilt er ganz zutreffend: »Das ist aber nicht richtig.« Er erkennt die Ursache dieser Legendenbildung in der Haltung der ägyptischen Erzähler, »weil sie gerne mit dem Hause des Kyros verwandt sein wollen«. Mit seinen Kenntnissen in persischer Geschichte, die er auf Reisen durch Persien erworben hatte, korrigierte er ägyptisches Erzählgut.

2. Aus Herodots Bericht geht hervor, daß die ägyptischen Erzähler versuchten, die Kontinuität der ägyptischen Geschichte zu bewahren, indem sie Kambyses als Verwandten ihres Königs ausgaben. Manetho zählt die persischen Usurpatoren mit unter die ägyptischen Dynastien.

Das Wissen und die Sehnsucht nach einer Kontinuität in ihrer Geschichte bilden den Boden, auf dem solche Legenden gedeihen. Zumindest eine ägyptische Mutter oder eine Nebenfrau müssen mitbestimmend sein. Die übrigen historisch beglaubigten Namen der Pharaonen in Herodots Bericht dienen dabei nicht nur dem ägyptischen Erzähler, sondern auch Herodot zur Ordnung der vielen im Lande umlaufenden Erzählungen und Berichte.

e) Alexander von Mazedonien

Als dem Pharao Nektanebos berichtet ward, die Perser hätten unter ihrem König Artaxerxes die ägyptischen Grenzen überschritten, ging er in sich und befragte die Orakel um die Zukunft seines Landes. Denn er war in den Zauberkünsten wie in der Astronomie und der Mathematik wohlbewandert.

Als er nun das Ergebnis des Orakels bedachte, entschloß er sich, nicht sein Land ins Unglück zu stürzen, indem er seine Truppen aufbot, sondern sein Land zu verlassen. Die Götter hatten ihn nämlich wissen lassen, daß sie die Schiffe der Perser lenkten. Mit sich nahm er nur seine astronomischen und mathematischen Geräte und Zauberbücher und Gold, soviel er tragen konnte. Als ägyptischer Wahrsager schlug er sich durch die feindlichen Linien und kam bis nach Mazedonien. Die Ägypter aber hatten von ihrem Gott Sarapis nur vernommen, daß ihr König sie verlassen hätte, aber binnen kurzem als Jüngling wiederkehren und sie von dem persischen Joche befreien würde. So ergaben sie sich willig den Persern, nachdem sie noch aus schwarzem Basalt ein Bildnis ihres verschollenen Nektanebos errichtet hatten, auf dem sie den Orakelspruch des Sarapis schriftlich festhielten. Nektanebos aber suchte in Mazedonien die Frau des Königs Philipp, Olympia, zu sehen, die an seinen Künsten Gefallen fand. Die Ägypter nämlich galten den Griechen als die Meister der Weisheit. Olympia aber ließ sich von ihm als Probe seiner Künste die Geburtszeit ihres Mannes aus den Sternen und ihre eigene Zukunft lesen. Als Nektanebos ihr weissagte, daß der Gott Amun die

Königin schwängern und daß Philipp sie doch als Gattin behalten würde, auch wenn er sie einmal verstoßen sollte, hatte er die Königin sich schon gefügig gemacht. In der darauffolgenden Nacht ließ er vermittels von Zaubertränken die Königin im Traum den widdergestaltigen Gott Ammon empfangen und umarmen. Tags darauf ließ die Königin ihn rufen und dankte ihm für alles, was er ihr hatte widerfahren lassen, denn so sehr hatte sie an dem Traumbild Gefallen gefunden. Sie hielt ihn aber wie einen Gott in ihrem Palast. Nektanebos aber versprach ihr, daß er nun auch dafür sorgen wollte, daß der Gott ihr nicht nur im Traume, sondern auch in Wirklichkeit erscheinen sollte. In der folgenden Nacht legte Nektanebos nun die Gestalt einer Schlange an und näherte sich dem Lager der Königin, beschlief sie und segnete ihren Leib: Den, den du empfangen hast, wird kein Sterblicher überwinden können; er wird immer siegreich sein.

Als Olympia merkte, daß sie schwanger geworden war, klagte sie Nektanebos ihr Leid. Der aber wußte Rat und ließ auch den fernen König durch ein Wunder einen Traum sehen, wie der Gott Amun seine Frau beschlief. Die Traumdeuter, die er fragte, deuteten ihm denn auch den Traum so, daß das Kind der Olympia ein Götterkind, aber zum Ruhme seiner Eltern wachsen und gedeihen würde. So kam Philipp auch guten Mutes aus dem Feldzug siegreich heim und durfte noch vor seinen versammelten Großen erleben, wie Nektanebos sich in Gestalt eines Drachens vor der Königin im Saale beugte. Er schien ihm nämlich der Drache zu sein, der die Feinde Philipps geschlagen hatte. Der König aber sah auch durch ein Vogelzeichen, daß Alexander in jungen Jahren schon sterben würde.

Als das Kind geboren werden sollte, geschahen gar seltsame Wunder. Blitze und Donner zerrissen die Harmonie der Himmel und zeigten an, daß ein Großer zur Welt kam. Philipp ließ ihn mit aller Sorgfalt aufziehen, und der Knabe gedieh prächtig. Sein Haupthaar war wie das eines Löwen, seine Augen groß und strahlend, das eine schwarz, das andere blau, und er war ungestüm wie ein Löwe und gewandt wie ein erfahrener Held. Eines Tages aber kam er dazu, wie Nektanebos seiner Mutter Olympia die Sterne deutete, nun wollte er diese Kunst auch lernen. Zu diesem Zwecke trafen sich die beiden am Abend vor der Stadt auf der Mauer. Nektanebos aber sah wohl aus den Sternen, daß sein Tod nahe war, und sagte es dem Alexander, als der ihn danach fragte, auch daß sein Tod aus der Hand seines Sohnes nahe wäre. Alexander, der die dunklen Worte des Sehers nicht verstanden hatte, stieß ihn von der Mauer, daß er in den Graben fiel, und höhnte ihn noch, daß er wohl offensichtlich sowenig in den Sternen zu lesen wüßte wie in den Dingen des täglichen Umgangs. Nektanebos aber offenbarte ihm zu dieser Stunde, daß er sein Vater sei, und verschied. Da nahm Alexander die Gebeine seines Vaters und trug sie heim und bestattete sie. Olympia aber bestätigte ihm, daß Nektanebos sein Vater gewesen sei.

Mit seinem fünfzehnten Lebensjahr ging Alexander in die Welt hinaus und begann sich im Kriegshandwerk zu üben, nachdem er das wilde Roß Bukephalos, das nur Menschenfleisch fraß, gebändigt hatte. Nach dem Tode seines Vaters aber wählten ihn die Soldaten seines Vaters zu ihrem König. Mit ihnen eroberte er die Küsten des Mittelmeeres. An der libyschen Küste aber erschien ihm eines Nachts der Gott Sarapis im Traum und weissagte ihm sein Ende. Da ließ Alexander dortselbst eine Stadt bauen, die er nach sich nennen ließ. Und er beschenkte sie reich, nachdem ihn durch ein Vogelwunder die Götter hatten wissen lassen, daß sie die Stadt segnen würden. Von da zog er nach Ägypten, wo er herzlich willkommen geheißen wurde. Dortselbst aber traf er eines Tages auf das Standbild des Nektanebos, das die Ägypter einstmals errichtet hatten, und fiel vor ihm nieder und bekannte laut vor allem Volk: Das ist mein Vater. Von Ägypten aber zog er nach Syrien und Persien bis an den Indus.

Historia Alexandri Magni 1–13, 24–25. Übersetzung von W. Kirsch. Leipzig 1978.

1. Der Alexander-Roman, wie er im Mittelalter in Europa verbreitet war, geht zurück auf eine lateinische Fassung aus dem 4. Jahrhundert. Die älteren griechischen Quellen haben vor allem die östlichen Textfassungen beeinflußt, sind aber als solche verlorengegangen. Die in der lateinischen Quelle des Curtius vereinigten Stoffe sind unterschiedlichen Alters und verschiedener Herkunft. Es besteht Einmütigkeit in der Forschung, die ägyptischen Partien des Buches als in Ägypten entstanden zu denken. Dazu gehört die Geburtsgeschichte Alexanders.

2. Historisch nachweisbar sind nur die Personen und die Gründung der Stadt Alexandria. Nektanebos war der letzte ägyptische Pharao aus der 30. Dynastie und regierte 359 bis 341. Er floh vor den Persern und verscholl in Nubien. Olympia und Philipp von Mazedonien sind das natürliche Elternpaar Alexanders. Nur der Umstand, daß das Lebensende des Nektanebos im dunkeln liegt, hat dazu geführt, ihn und nicht einen ägyptischen Gott zum mythischen Vater Alexanders zu machen. Wie bei Kambyses (siehe VI. d) ist die Absicht der Fabel deutlich: Für den ägyptischen Erzähler kann Alexander nur ägyptischer Herkunft sein. War es bei Kambyses eine Mutter, so ist es bei Alexander ein ägyptischer Vater. Sarapis ist die hellenistische Namensform für den altägyptischen Osiris-Apis, jene Gestalt aus dem ägyptischen Pantheon, in der der stiergestaltige Gott Apis als Herr von Memphis mit dem Osiris-Zyklus zusammengewachsen war. Aber erst unter Ptolemaios I. wurde Sarapis zum ägyptischen Staatsgott erhoben. Für den Erzähler war die geschichtliche Entwicklung undurchsichtig. Für ihn mußte der gegenwärtige Reichsgott auch schon der mächtigste Gott zur Zeit des Nektanebos gewesen sein. Da er seinem Wesen nach zunächst ein Unterweltsgott war, stand er der Volksfrömmigkeit der ägyptischen Spätzeit, die wesentlich von apokalyptischen Erwartungen be-

stimmt war, ohnehin sehr nahe. Historisch beglaubigt ist auch die Gründung der Stadt Alexandria im Jahre 332 bis 331 v. u. Z. Die Beschreibung der Stadtgründung wie die Beobachtung, daß die Ägypter Alexander als Befreier begrüßten, dürfte auch dem Erzähler noch als historische Glaubwürdigkeit tradiert worden sein. Aber diese konkreten Gesichtspunkte haben im Mythos nur die Funktion, die solche Realien auch in anderen Dichtungen haben: Sie markieren den Rahmen einer Handlung in Ort, Raum und Zeit. Die Wunder, Ordale und Zeichen sind schon Topoi der Biographie, des Mythos von der Geburt eines göttlichen Heroen.

3. Die Szene mit dem Kniefall Alexanders vor der Stele des Nektanebos könnte historisch sein und zeigen, mit welcher Klugheit sich der Usurpator in die Gefühle des annektierten Landes einzuschleichen anschickt. So erzählt der Roman auch sehr richtig, daß Alexander in Persien sich auch des dortigen Zeremoniells bedient, um überall als richtiger König zu erscheinen.

Der Dichter des Alexander-Romans, der sein Buch als Königsspiegel konzipiert hat und in der Einleitung den Präzeptor deutlich herauskehrt, wird diese Szene nicht ohne Bedacht ausgewählt haben. Zur moralischen Form gehört auch, daß Alexander seiner neugegründeten Stadt die Gebeine des biblischen Propheten Jeremia, der nach dem Zeugnis der Bibel und der jüdischen Tradition als Geisel der Exulanten in Ägypten starb, als Reliquien übergibt. Wenn selbst der große Alexander sich vor den nationalen Instinkten eines Volkes beugt, sollte auch ein anderer Kaiser es tun können. Mythen werden nicht nur in ihrer ethischen Verkürzung Teil einer gesellschaftlich bestimmten Antiideologie, sondern auch schon durch die Form und die Gestalt, in der sie große Epochen der Vorzeit wiederbeleben. Der Alexander-Roman, der auch auf den Koran und die arabische Volksdichtung eingewirkt hat, ist einer der letzten Zeugen ägyptischer Königsmythologie, insofern er selbst den mazedonischen Eroberer noch in eine Reihe mit den großen Königen der beiden Länder am Nil rückt, deren erster nach Auskunft des Mythos Horus war.

f) Theodosios und Dionysios

Einstmals schrieb Dionysios einen Brief an den Kaiser Theodosios. Er erinnerte ihn darin an die Zeit, als Kyros Patriarch in Konstantinopel war und er zusammen mit dem Kaiser noch als Ziegelarbeiter sich sein Brot verdiente. Dionysios erinnert ihn nun daran, daß Theodosios einmal einen Traum gehabt habe. In diesem Traume hätte er sich inmitten eines weiten Feldes gesehen, umringt von vielen Viehherden und deren Besitzern. Diese hätten sich vor ihm niedergeworfen und ihn angebetet. Ein Lamm aber, das noch seiner Mutter folgte, habe ihn gesalbt, ihm ein prachtvolles Kleid angezogen und ein großes Schwert überreicht. Dann habe man ihn auf einen Thron gesetzt und ihm eine Menge von Schlüsseln überreicht, die er, weil er sie selber nicht hätte halten können, dem Dionysios übergeben hätte. Damals hätte Dionysios dem Theodosios den Traum so gedeutet, daß man den Theodosios zum Kaiser wählen und krönen und dieser danach ihn zum Reichskämmerer machen würde.

Dieser Traum nun war Wirklichkeit geworden. Als nämlich Dionysios und Theodosios in ihrer Arbeitskleidung in die Kirche gegangen waren, in der Kyros für die Wahl eines neuen Kaisers beten wollte, kam ein Adler vom Himmel herab, leuchtender noch als die Sonne, erkor den Theodosios inmitten der geringen Leute im äußersten Winkel der Kirche und setzte ihm die Krone auf, die er in seinen Fängen mit vom Himmel gebracht hatte.

Theodosios hatte das kaiserliche Amt mit Würde und Kraft ergriffen, aber darüber seinen Freund aus ärmlichen Zeiten, Dionysios, vergessen. Dionysios selbst aber vergaß den Traum und seine Deutung nicht und brachte sich deshalb nach mehr als Jahresfrist bei dem Kaiser in Erinnerung, indem er ihm mit dem Brief ihr gemeinsames Werkzeug, das noch beider Namen trug, im Palaste überreichen ließ. Da erinnerte sich der Kaiser seines Gefährten aus alten harten Tagen. Er ließ ihn zu sich rufen, frühstückte mit ihm und überlegte, wie er denn auch den anderen Teil des Traumes verwirklichen könnte. Beim Nachsinnen fand er einen guten Ausweg. Denn just zum selben Zeitpunkt war der Patriarch Kyros gestorben. Als nun die Priester der Diözese zum Kaiser kamen, um von ihm die Einsetzung eines neuen Bischofs zu erbitten, ernannte Theodosios den Dionysios zum Bischof und Vater seiner Kirche. So erfüllte sich der Traum und die Verheißung der Schriften, daß Königtum und Priestertum zusammengehören.

Koptische Papierhandschrift P. 8774, Berlin, aus dem 10. Jahrhundert, ediert von H. Junkers, OC 7, und von A. Erman, AAB 1897. Übersetzt bei G. Roeder, Ägyptische Märchen, S. 324–326, und E. Brunner-Traut, Altägyptische Märchen, S. 227–231.

1. Die Papierhandschrift aus dem 10. Jahrhundert ist jünger als die Erzählung selber. Die Form des Briefromans ist eine alte antike Darstellungsweise. Historisch verbürgt ist die Regierungszeit des Kaisers Theodosios III. (716–717) und das Patriarchat von Kyros (705–712). Dionysios ist eine frei erfundene Figur.

2. Die Fabel greift die alte ägyptische Königsmythologie auf, wonach nur ein Ägypter Kaiser und Herr oder Bischof über Ägypter sein kann. Ihren besonderen Wert erhält sie, weil Ägypten schon seit 641 von islamischen arabischen Eroberern aus dem byzantinischen Reichsverband herausgetrennt war. Im Märchen lebt die alte Sehnsucht nach nationaler Unabhängigkeit weiter, die durch die arabischen Invasoren erneut unterdrückt worden war. Zugleich wird das kaiserliche Investiturrecht für die Bischöfe anschaulich dargestellt, der Kaiser ernennt den neuen Erzbischof, während der Klerus seinerseits nur fürbittend bei der Kaiser-

wahl beteiligt ist. Der Kaiser ist ein Erwählter des Himmels und steht über Kirche und Klerus. Christliche Mythologie und byzantinisches Staatsrecht stehen der alten ägyptischen Staatsmetaphysik nicht feindlich gegenüber. In der altägyptischen Königsmythologie beweisen die Horus-Namen der Pharaonen noch ihre göttliche Adzidenz, das Märchen beschreibt den göttlichen Wahlakt durch den vom Himmel kommenden Adler.

Kapitel VII
DIE GROSSEN GOTTHERREN

a) Amun

Ich lobsinge ihm und seinem Namen. Ich bete ihn an bis zur Höhe des Himmels und alle Weiten der Erde. Ich verkünde seine Macht jedem, der stromaufwärts, und jedem, der stromabwärts fährt. Seid demütig vor ihm! Berichtet über ihn dem Sohne und der Tochter, dem Großen wie dem Kleinen. Verkündet ihn den kommenden Generationen, auch denen, die noch nicht geboren sind. Verkündet ihn den Fischen im Wasser und den Vögeln unter den Himmeln. Verkündet ihn dem, der ihn kennt, und dem, der ihn nicht kennt.

Du bist Amun, der Herr des Schweigens, der auf den Ruf des Armen herbeikommt. Ich rufe nach dir in meiner Bedrängnis, und du kommst, um mich zu retten. Du gibst dem Schwachen Atem, du rettest mich in meiner Not. Du bist Amun-Re, der Herr von Theben, der den in die Duat Geworfenen befreit. Wahrlich du bist der, der von ferne herbeikommt, wenn man ihn ruft.

Wohl dem, der vor Amun sitzen kann. Amun errettet den Armen. Er gibt jedem Atem, den er liebt, und verschafft ihm ein schönes Alter im Westlande von Theben.

Du bist der einzige Gott, der nicht seinesgleichen hat. Du bist Re, der am Himmel aufgeht, und du bist Atum, der die Menschheit erschaffen hat, der das Flehen des Beters erhört und den Mann von seinen Feinden und Bedrängern befreit und der den Nil zu den Bewohnern des Landes bringt.

Wenn Amun aufgeht, so wird die Menschheit lebendig. Ihre Herzen leben auf, wenn sie ihn sehen. Er gibt auch dem im Ei Luft und belebt die Menschen und Vögel, wie er auch den Mäusen in ihren Löchern Leben gibt und den Schlangen und den Käfern.

Denkstein des Nebre, Berlin 23077, nach: Ägyptische Inschriften der Königl. Museen zu Berlin 2, Leipzig 1913, S. 158-162; Denkstein des Amonemopet, Berlin 6910, Ägypt. Inschriften 2, 63-71.

1. Beide Denkmäler stammen aus dem Ende des Neuen Reiches und gehören zur Lebensform von minderbemittelten Beamten. Auf ihnen wechseln Gebete und Hymnen mit narrativen biographischen Texten. Wichtig für eine ägyptische Mythologie ist, daß in beiden Texten Amun von Theben auch noch am Ende des Neuen Reiches als der mächtigste Gott verehrt wird. Es gehört zum hymnischen Stil, die höchsten Attribute auf den angerufenen Gott zu vereinen: Weltschöpfer und gnädiger Gott der Gegenwart wie Retter vor dem finsteren Tode und Helfer zu einem freundlichen Dasein im Nach-Leben. Amun ist für den Dichter Re, Atum und auch Osiris in einer Person. Die Welt ist seiner Wunder voll. Deshalb soll jedermann jetzt und zu allen Zeiten erfahren, daß Amun der größte Gott ist.

2. Religionsgeschichtlich markiert diese Textgruppe, zu der sich noch unendlich viele Zeugen hinzugesellen ließen, nicht eine monolathristische Phase in der Spätzeit des Neuen Reiches, schon gar nicht eine monotheistische. Aus Hymnen und Gebeten lassen sich solche Schlüsse nicht ableiten. Vielmehr bezeugt sie nur in ihrer Formelhaftigkeit, welche Motive in der hymnischen Literatur Ägyptens und auch des alten Orients verbreitet waren. Die oft bemühte Nähe des biblischen Psalms 104 zu ägyptischen hymnischen Texten beweist nicht literarische Abhängigkeit, sondern zeugt nur für eine gemeinsame Zeitströmung.

b) Osiris

Osiris, Herr der Ewigkeit, König der Götter, der viele Namen hat und prächtige Gestalten und geheimnisvolles Wesen in vielen Tempeln, dir sei Heil!

Er hat in Busiris einen herrlichen Ka und ist mit großer Pracht in Letopolis. Er ist der Herr des Lobpreises im Busiris-Gau und steht den Speisen vor in Heliopolis. Seiner gedenkt man in Schuri, er ist der Herr von Kreret und im Memphis-Gau. Er ist Seele und Leib des Re von Ehnas. Man preist ihn in Naaret, in Eschmun und Schashotep. Er ist der ewige Herr von Abydos.

Er ist der Urgott der beiden Länder. Wie Speise und Nahrung für die Götter ist er, der über allen Verklärte. Für ihn gießt Nun sein Wasser aus, und für ihn treibt der Nordwind stromaufwärts. Ihn erfreut der Himmel mit immerwährendem frischen Wind. Für ihn wachsen die Pflanzen, bringt der Acker seine Frucht hervor. Ihm folgen Himmel und Sterne, für ihn öffnen sich die großen Tore im Osten und Westen. Er ist der Herr, den man lobpreist im südlichen und anbetet im nördlichen Himmel.

Ihm sind die Sterne unterstellt, die nicht untergehen, die unermüdlichen Sterne sind seine Wohnungen. Speisen werden ihm auf das Geheiß des Geb bereitet, und die Neunheit betet ihn an. Die Bewohner der Duat küssen vor ihm die Erde, und die Unterweltlichen verneigen sich vor ihm. Die Verstorbenen jubeln, wenn sie ihn sehen, die Toten erweisen ihm die Proskynese. Die beiden Länder zusammen preisen ihn, wenn er sich naht.

Er ist der Erstgeborene unter seinen Brüdern, der Älteste der Götterwelt. Er gibt das Recht in den beiden Ländern und verleiht seinem Sohn seinen Thron. Sein Vater Geb lobt ihn, seine Mutter Nut liebt ihn. Mit gewaltiger Kraft schlägt er seine Feinde, mit mächtigem Arm schlachtet er seine Gegner.

Geb überträgt ihm das Königtum der beiden Länder; seine Wasser, seine Luft, seine Wiesen und Herden, alle

Vögel und alles wilde Getier legt Geb in seine Hände. Er ist der Leiter jedes Gottes, der alle Befehle erteilt.

Nach dem Denkstein des Amon-mose, Zeit der 18. Dynastie, jetzt in Paris. Ediert von R. Chabas, Revue archéologique 146, Paris 1857, S. 65 ff. Übersetzt bei Roeder, Urkunden, S. 22–26.

1. Der Hymnus auf der stark verstümmelten Stele, überall ist zum Beispiel der Name des Stifters teilweise getilgt, vereinigt auf die Person des Osiris alle Tugenden und Eigenschaften der Götter der großen Neunheit. Der hymnische Stil führt dem Dichter die Feder, nicht theologische Systematik, die diese Aussagen nur exklusiv verstehen lassen würde. In der Präambel werden fast alle großen ägyptischen Gauhauptstädte als Kultorte des Osiris genannt; seine Allmacht muß durch viele Heiligtümer und Tempel demonstriert werden, und die historische Wahrscheinlichkeit spricht für diese Verbreitung, aber neben Osiris gibt es in all diesen Orten auch andere große Götter. Osiris wurde bedeutender Gott, weil er für den Glauben der Ägypter als Herr der Unterwelt wichtig war.

2. Ursprünglich war Osiris vermutlich ein Königsgott, sein Schriftzeichen könnte, etymologisch zwar fragwürdig, »Sitz des Auges« bedeuten und wie dieses mehr eine Herrschaftsfunktion als eine Fruchtbarkeitsgottrolle andeuten. Von dem Königsgott von Busiris hat er jedenfalls die Symbole Krummstab und Geißel erhalten.

Seine Funktion als Fruchtbarkeitsgott hat er vielmehr mit der jüngeren Rolle als Herr der Totenwelt übernommen. Geb gibt ihm die Herrschaft über die Erde, nachdem er schon in der Volksfrömmigkeit der auferstandene Gott »Wennofer«, das ist »Der Vollendete«, geworden ist. Dieser Verschmelzungsprozeß ist im beginnenden Mittleren Reiche schon abgeschlossen gewesen. Der Mythos von der Zerstückelung des Leichnams erinnert an jene kultische Praxis, in jedem Tempel eine Reliquie des Gottes zu be-

8. Siegelring mit Bildern der Götter Sobek, Neith und Rē-Harmachis

9. Pavian

10. Kanopen (Eingeweidekrüge) der Tamijat

11. Fischotter

12. Ptah

13. Horusfalke auf einem Sarg

14. Min

15. Harpokrates

wahren. Die Osiris-Gräber der Städte, in denen zum Beispiel das Rückgrat (Busiris) und der Kopf (Abydos), ein Bein (Philä) oder der Phallus (Mendes) des Gottes begraben sein sollten, hängen zudem aufs engste mit jener astralmythologischen Konstruktion zusammen, die im Mond und in dessen Phasen des Osiris Tod und Auferstehung dargestellt sehen wollte. Ein Gott, der in den Gestirnen wohnt und erscheint, bedarf keines leiblichen Körpers mehr. Diesen kann man in Reliquien auf Erden bewahren.

3. (Zu dem Kampf mit Seth siehe IV. a. Auf den Horus-Mythos war schon in IV. b hingewiesen. Das Verhältnis zwischen Isis und Osiris ist schon im IV. a beschrieben.) Für Osiris als ursprünglichen König spricht ferner, daß der jeweils lebende Herrscher als Inkarnation des Horus gedacht wird, wohingegen der gestorbene König zum Osiris wird. Mit dem Mittleren Reiche wird diese Königsmythe vulgarisiert. Nun wird jeder Tote zum Osiris; die Mumienbinden werden weiß gehalten, weil es die Farbe des Gottes Osiris ist.

c) Horus

Isis, die schwanger geworden war von Osiris, nahte sich frohen Herzens den Göttern: Ich bin Isis, die Schwester des Osiris. Sein Same ist in meinem Leibe. Ich richte seine Gestalt in meiner Leibesfrucht auf, in meinem erstgeborenen Sohn. Er wird diese Erde beherrschen und das Erbe seines Vaters antreten, das dieser von Geb erhielt. Er wird für Osiris eintreten und den Seth schlachten, den Feind seines Vaters. O ihr Götter, schützt ihn!

Da sprach Re zu ihr: Sei guten Mutes! Du gehst mit einem Knaben schwanger, der aus dem Samen des Osiris ist. Aber sei auf der Hut, denn schon ist der Feind aufgestanden, der den Vater des Kindes schlachtete und nun auch nach dem Leben des Ungeborenen trachtet.

Da bat Isis den Re und die anderen Götter um Schutz für

sich und den Sohn in ihrem Leibe. Diesen gestand ihr Re zu. Alle anderen Götter versprachen ihr ebenfalls ihre Hilfe und ihren Beistand.

Nachdem Isis ihren Sohn Horus geboren hatte, zog sie ihn im verborgenen auf, um ihn vor den Nachstellungen ihres Todfeindes Seth zu schützen. Als sie sah, daß er stark genug war, das Amt seines Vaters zu übernehmen, rief sie ihn und befahl ihm, sich mit dem Titel »Falke, der auf den Mauern des Hauses des Gottes mit verborgenem Namen sitzt«, der Herrschaft über das Land seines Vaters zu bemächtigen und seinen Thron vor Seth zu verteidigen. Da bestieg Horus den Thron seines Vaters und verkündete: Ich bin Horus, der Falke, der auf den Mauern des Hauses des Gottes mit dem verborgenen Namen sitzt. Mein Thron steht vor dem der alten Götter und vor dem des Seth, der der Feind meines Vaters war. Es gibt keinen Gott neben mir, der vollbringen kann, was ich vollbracht habe. Ich bin Horus, geboren und behütet von Isis. Ich werde den Feind meines Vaters Osiris unter meine Füße treten. Niemand wird mir mit Flüchen oder Schimpfreden schaden können. Ich werde den Weg meines Thrones weiter machen als alle Menschen und Götter, denn ich bin Horus, der Sohn der Isis.

Und er ging hin und rüstete für seinen Vater Osiris die Auferstehung im Jenseits. Er öffnete mit Hilfe des Ptah dessen Mund und verklärte ihn mit der Hilfe des Thot. Er gab ihm das Herz und die Erinnerung zurück und bereitete ihm alle jene Speisen in Fülle, die eines Königs würdig sind. Er unterstellte ihm die Winde und bahnte ihm ebene Straßen. Er ließ ihn in jenem Lande die Herrschaft ausüben, wie er sie selber in Ägypten übte. Boote und Nachen, die Vögel des Himmels mit dem Phönix, sie alle begleiteten den Osiris, wenn er in der Barke des Re über die himmlischen Ozeane reiste. Wild und Wassergeflügel gab er ihm zur Beute seiner Jagdlust. Die Götter und ruhelosen Sterne begleiteten ihn auf seinen Wegen.

Horus aber herrschte auf der Erde über die beiden Länder und ließ den Namen seines Vaters groß werden vor den Menschen und den Göttern.

Nach P. Lacau, Textes religieux égyptiens Teil 1, Paris 1910, 1–34. Übersetzt bei G. Roeder, Urkunden, S. 200–213. (Siehe auch IV. b).

1. Die mythologischen Teile der Sargtexte aus dem Mittleren Reiche, auf denen der vorstehende Bericht beruht, sind älter als ihre rituelle Verwendung in den Totentexten, in denen sie zur Erklärung bestimmter Riten im Totenkult dienen. Da jeder Verstorbene selber zu Osiris werden soll, muß seine Biographie die Legende des Osiris darstellen. Horus, der König, garantiert diesen Erlösungsweg. Der ursprüngliche Mythos beschreibt die Inthronisation des Horus. Mit dem Schutz und der Hilfe seiner Mutter Isis und der anderen Götter erwirbt sich Horus die Macht über die Götter und die beiden Länder. Ptah und Re und Amun stehen wie Thot zu seinen Diensten. Die Naturgewalten sind ihm unterworfen. Die Schilderung des Landes und des Regimentes seines Vaters entspricht etwa der Herrschaft des Pharao. Dazu gehören die Beschreibung der Reisen zu Wasser und zu Lande und die Jagd. Er ist es, der das Land und die Götter sättigt. Die Wohlfahrt der Götter und Länder ist königliche Aufgabe.

2. Horus ist vom Typ her ein junger Gott. Seine Funktion als Himmelsgott entspringt seiner Stellung als göttlicher Herr über die beiden Länder. Die Praxis, den Namen des Königs als Horus-Namen in das Innere einer »Palastfassade« zu schreiben, deutet noch darauf hin. Der »Himmelsfalke« konnte dann Sonne und Mond als Augen erhalten und die Flügelsonne als Königssymbol gedeutet werden. Der Kampf mit seinem Rivalen Seth (siehe IV. b), in dem Horus ein Auge verliert, macht deutlich, daß es auch in dem Horus-Mythos um die Gestalt zweier rivalisierender Mächte geht, der beiden Länder Ober- und Unterägypten. In der ägyptischen Frühzeit ging der Streit noch unent-

schieden aus, Seth behielt Oberägypten. Erst das ausgehende Alte Reich behauptete die Niederlage Seths, der zum Gott der unfruchtbaren Wüste und der Fremdländer wurde. Mit dem Osiris-Mythos wird er verbunden, nachdem der Totenglaube die Diesseitsfrömmigkeit der Frühzeit überwunden hat. Religionsgeschichtlich markiert Horus wie der griechische Zeus, der syrophönizische Baal, der biblische Jahwe oder der babylonische Marduk jene Epoche der menschlichen Kultur, in der sich die antike Despotie als Endform jener Formation der menschlichen Gesellschaft durchsetzt, die man als Urgesellschaft bezeichnet hat. Die Spätzeit verkleinert die historischen Dimensionen des Mythos und verniedlicht den königlichen Gott. Die Vorliebe der Mythen für Horus als Harsiese, Horus als Sohn der Isis, als kindlichen Harendotes oder Harpokrates, wie sie in der Spätzeit, vor allem in der griechisch-römischen Epoche, belegbar ist, hat nicht unwesentlich zur Präformierung christlicher Mythenbildung um Jesus beigetragen.

3. Edfu gilt als ältester Kultort des Horus. In Kom Ombo ist er vor allem als Sohn des Re (Haroeris) verehrt worden, und ebenso steht er in Heliopolis völlig im Bann des Re-Kultes. Hier wird er vor allem als Harachte, als Gott der Morgensonne verehrt. Mythologisch nicht integriert sind die sogenannten vier Horus-Söhne Imset, Hapi, Duamutef und Kebechsenef, die als Namen der vier Kanopen für die Bestattung der Eingeweide der Toten notwendig waren. Sie sind namentlich manchmal an den vier Ecken der Särge im Mittleren Reich erwähnt und hüten sonst Leber, Lunge, Magen und Unterleib des Verstorbenen. Dabei trägt Imset ein menschliches Gesicht, während Hapi einen Affenkopf, Duamutef einen Schakal- und Kebechsenef einen Falkenkopf besitzen. Die Horus-Sohnschaft ist wie die Königssohnschaft keine verwandtschaftliche Beziehung, sondern drückt nur die Abhängigkeit der Personen aus. So wie der Vizekönig oder Gouverneur von Kusch »Königssohn« heißt, nannte man die Totengötter Imset, Hapi, Duamutef

und Kebechsenef Horus-Sohn. Das Horus-Auge, das vor allem den Mond meint, ist deshalb auch kein Anzeichen für den Mythos von einem kosmischen Gott Horus, sondern setzt den Mond in Mythen und Hymnen nur in eine direkte Abhängigkeit vom Gotte. Wenn Sonne und Mond die Horus-Augen genannt werden, wird nicht an eine astralmythologische Konzeption erinnert, sondern die Allmacht des Horus bezeugt.

c) Re, der Gott der Sonne

Jeder Tag erhebt sich strahlend am Morgen Re, der Götterkönig. Die beiden Göttinnen der Gerechtigkeit versprengen vor ihm den Tau, und die Neunheit verneigt sich vor ihm. Sein Vater Nun und seine Mutter Nut freuen sich, wenn er in der Tagesbarke erscheint. Die Mannschaft in seinem Boote jubelt, und Heliopolis, seine Stadt, jauchzt. In Glück und Hoffnung befährt er seine Himmelsbahn, während seine Feinde vor ihm weichen müssen. Die Menschen sind froh und glücklich, wenn sich an jedem Tage das Wunder seiner Geburt wiederholt.

Re, der Herr des Himmels und der Erde, der die Oberen und die Unteren hervorkommen ließ, der einzige Gott, der am Uranfang entstand, der die Länder hervorbrachte, der schuf auch die Menschen und die Herden.

Die Menschen aber und Götter erkennen in ihm Atum und Amun, der die Gerechtigkeit liebt und seinen Segen über die Menschen gibt, daß sie vor Freude strahlen. Die ehrwürdigen Bewohner des Westlandes selbst begrüßen jauchzend und jubelnd den Gott, wenn er am Abend in die Unterwelt geht, um dort für den großen Gott Osiris zu erstrahlen und die Herzen der Bewohner seines Reiches zu beglücken. Sie rufen ihm herzlich zu: Willkommen, willkommen, der du in Frieden anlangst. Heil dem Herrn des Himmels, dem Herrscher des Westens! Deine Mutter Isis umschlingt dich, indem sie dich als ihren Sohn erkennt, als Herrn der Furcht. Der König des Himmels ist geschmückt.

Die Stirnschlange haftet fest an seinem Haupte, die ober- und unterägyptische Krone ruhen fest auf seinem Scheitel.

Re war allmächtig im Himmel und auf der Erde. Isis aber war geschickt, und ihr Herze war listiger als das von Menschen und Göttern. Es gab nichts im Himmel und auf der Erde, was sie nicht wußte. Nur den geheimen Namen des Gottes Re wußte sie nicht. Als nun Re alt geworden war und ihm der Speichel aus dem Munde lief und auf die Erde fiel, eilte Isis hinter ihm her. Sie hob die mit Speichel gefeuchtete Erde auf. Sie formte daraus eine Schlange und setzte sie auf den Weg, den Re zu seinen beiden Ländern zu machen pflegte. Als Re nun aber inmitten seines Gefolges dort spazieren ging, biß ihn diese Schlange, und er ward ohnmächtig und kam sehr von Kräften, denn das Gift der Schlange durchdrang seinen Körper. Da rief der große Gott sein Gefolge zu Hilfe und klagte seine Leiden, denn dieser Schmerz war ihm fremd, weil er ihm von einem fremden Geschöpf zugefügt war. Und es klagte »der Gottessame, der zum Gotte wurde«, der viele Namen hatte und dessen Gestalt in jedem Gotte war. Sein Vater und seine Mutter aber hatten bei seiner Geburt seinen eigentlichen Namen ausgesprochen, der aber seitdem in seinem Leibe verborgen war, damit die Kraft seines Zaubers nicht einem anderen zugänglich würde. Und er klagte, daß es kein Feuer und kein Wasser sei, was ihn erhitzte, und doch brenne sein Inneres, zitterten sein Leib und seine Glieder. Und so befahl er, daß man seine Kinder zu ihm brächte, die sollten mit ihren Zaubersprüchen ihn heilen.

Da kamen alle Gotteskinder und konnten ihm doch nicht helfen. Zuletzt kam auch Isis und hörte sich gelassen an, wie Re erzählte, daß ihn auf seinem Wege eine Schlange gebissen habe, die er nicht beachtet hatte. Isis aber sagte: »Ich werde dir helfen. Sage mir nur deine Namen, so wird das Gift aus dir weichen. Der Mann lebt, dessen Namen ausgerufen wird.« Da hub Re an, alle seine Namen zu sagen: Ich bin, der die Himmel und die Erde bildete, die

Berge auftürmte, das Wasser hervorbrachte und die Himmelskuh entstehen ließ im Urmeer. Ich gab meiner Mutter ihren Gatten und ließ den Atum entstehen, der sich selbst befruchtet. Ich schuf die Himmel und die beiden Horizonte und setzte die Seelen der Götter in sie. Ich lasse Mond und Sonne, die Zeiten, kommen und die Nilwasser. Aber das Gift hörte nicht auf, in seinem Leibe zu wüten und ihm große Schmerzen zu bereiten. Isis aber ließ nicht nach, ihren Vater zu quälen, und sagte ihm, er würde nicht geheilt werden, weil er seinen wirklichen Namen noch nicht habe aus sich herauskommen lassen. Endlich, als Re es vor Schmerzen nicht mehr aushalten konnte, gab er ihrem Drängen nach und ließ seinen geheimen Namen in ihren Leib übergehen. Dann verbarg sich der Gott, und sein Schiff war leer. Isis aber war es nicht genug, daß sie sich den geheimen Namen des Gottes angeeignet hatte, sondern sie ließ durch Horus dem Gotte auch einen Eid abnehmen, daß Re auf seine beiden Augen verzichtete. So gab nun Re alles, was ihn groß und unbesiegbar gemacht hatte, fort.

Isis aber rief das Gift aus dem Leibe des Gottes und ließ so den kranken Gott gesunden. So ward Isis die Große, die Fürstin der Götter, die Re bei seinem wirklichen Namen kannte.

Ägypt. Totenbuch, Kap. 15. Turiner Zauberpapyrus, ZÄS 21, 1883, 27–33. Roeder, Urkunden, S. 138–141. (Zu Re und dem Kampf mit Apophis siehe IV. c.)

1. Der Turiner Zauberpapyrus stammt aus dem Ende des Neuen Reiches, der Abschnitt aus dem Totenbuch geht auf Überlieferungen aus dem Alten Reiche zurück. Das Kapitel 15 ist dabei sehr variantenreich tradiert. Die Varianten allerdings bestehen nur in verschiedenen Formulierungen, inhaltliche Unterschiede liegen nicht vor. Re erscheint als höchster Gott. Er vereinigt in sich alle anderen Götterfunktionen. Die anderen Götter sind nur Erschei-

nungen von ihm. Dieser »polyphone Monotheismus« ist Kennzeichen hymnischen Stils. Ägyptens Religion war weder monotheistisch noch monolathristisch. Älteste Kultstätte des Re ist On, die Griechen nannten den Ort Heliopolis, weil sie ihren Sonnengott Helios in Re wiederfanden. Als Harachte ist er schon mit Horus verschmolzen und so zum Sohne der Isis geworden. Harachte war der Name des Horus als Sonnengott in On. Seine Funktion hat Re übernommen. Dem einflußreichen Re unterliegen Atum und Amun und werden zu seinen Erscheinungsformen. Seit der 4. Dynastie ist einer der Königsnamen »Sohn des Re«. Die Sonne ward wohl gelegentlich als Leib des Gottes verstanden, öfter auch als sein Auge, da aber diese Attribute alle hymnischen Ursprungs sind, lassen sie sich nicht ohne weiteres auf astralmythologische Urformen der Frühzeit zurückführen. Re-Heiligtümer waren ziemlich schnell über die beiden Länder verbreitet. Die 5. Dynastie hat Re zum Reichsgott erhoben und ihr ägyptisches Einigungswerk mit dem neuen Gott vorangetrieben. Offensichtlich war die Priesterschaft des Re in On eine der Stützen dieser Dynastie. Mythologische Spuren dieser Ausbreitung des Re-Glaubens finden sich in den Mythen von den Kämpfen, die Re zu bestehen hat. In den zahlreichen Sonnenhymnen sind diese allerdings zu Formeln geworden. Die Sonne unterwirft sich ihre Feinde. Die Sinnfälligkeit der Metaphern hat zudem nicht ganz unwesentlich zur Verbreitung des Re-Glaubens beigetragen. Ägyptische Bauern und Hirten verstanden sehr schnell die Bildersprache in diesen Hymnen.

2. Als Reichsgott und Weltlenker wird der Gott Re geschmückt mit den Königsinsignien. Die beiden Kronen und die Schlangenhaube zieren sein Haupt. Wie Pharao in seiner Barke zieht Re inmitten seines Hofstaates mit seinem Schiffe über die Himmel. Thot ist sein Wesir, er fertigt die göttlichen Befehle aus; Maat und Hu und Si beraten ihn und beobachten während der Fahrt die Welt. Dieser mythischen Vorstellung entspricht, daß der König der oberste

Sonnenpriester ist. Er ist gut unterrichtet über das Boot des Gottes und dessen Route und kann deshalb durch die stündlichen Gebete zu Re diesen für sich und seine Länder günstig stimmen. Der König, der sich im Mittleren Reiche durchaus als »Sohn des Re« versteht und sich von ihm eingesetzt weiß, verwirklicht so in den beiden Ländern die Sprüche der Maat. Er sorgt für die Opfer in den Tempeln.

Der König ist also nicht wesenseins mit dem Gotte, sondern wesensähnlich. Zu diesem mythologischen Topos gehört auch die Vorstellung, daß der Gott altern und abtreten kann. Nie war den ägyptischen Dichtern ganz die Erinnerung verlorengegangen, daß die Reichsgötter schon mehrfach gewechselt hatten; wie die Pharaonen konnten auch Götter sich auf dem Throne abwechseln. Nur ist ein Thronwechsel des Pharao, der gelegentlich bildlich mit Weltuntergang und Neuschöpfung beschrieben wird, in göttlichen Maßstäben keine apokalyptische Katastrophe. (Zu Aton als Sonderform des Re-Kultes siehe II. d.)

3. Die Art und Weise, in der Isis sich der Macht des Re bemächtigt, erinnert an den sumerischen Mythos von Inanna und den Me-Tafeln, die sie ebenfalls nur mit List und Tücke ihrem Vater Enki entwinden kann. Selbst die Götter in Griechenlands Olymp zaudern nicht, ihren Urvater zu entmannen, um sich der Herrschaft zu bemächtigen. Mythen sind keine moralischen Fabeln. Sie erinnern an geschichtliche Vorgänge. Raub, Mord oder Vergewaltigung sind nur sinnfällige Bilder für eruptive historische Veränderungen. Eine solche findet im Neuen Reiche statt, als Isis und Horus mit Osiris zunehmend den religiösen Erwartungshorizont bestimmen. Der große Staatsgott Re hat seine Rolle gespielt. An seiner Statt regiert nun die Trias Isis-Horus-Osiris. Der alte Gott ist unfähig geworden; im Mythos wird beschrieben, wie ihm der Speichel aus dem Munde tropft und er offensichtlich so schlecht sehen kann, daß er eine Schlange auf seinem Wege nicht bemerkt hat. In der Liturgie in seinen Tempeln und in der Poesie aller-

dings lebt die Erinnerung an ihn als guten und gerechten König weiter. Die mythologische Funktion des guten alten und gerechten Königs ist im übrigen Allgemeingut fast aller orientalischen Religionen. Der El in Ugarits Mythen oder in der Bibel wie der gütige Gottvater des Christentums unterscheiden sich nicht von den Märchen vom gerechten König in Deutschlands Mittelalter. Er ist der stille Vorwurf gegen alle Herren und Despoten, den Dichter und Priester stellvertretend für ihre leidenden Völker schufen.

e) Schu und Geb

Schu war ein guter König über Himmel, Erde, Duat, alle Wasser und Berge. In Weisheit lenkte er von dem Throne seines Vaters Re-Harachte seine Länder. Täglich sorgte er während seiner Herrschaft für die Tempel und Paläste seines Vaters und der göttlichen Herren in seinem Gefolge. Für die große und die kleine Neunheit richtete er alles prächtig zu. Es herrschte überall große Freude in den Häusern, die von guten Mauern sicher geschützt wurden. Der Mauerbau aber ward nötig, weil die Feinde des Re begonnen hatten, nachdem Schu den Thron seines Vaters bestiegen hatte, die Grenzen der Länder zu überfallen und die Häuser, Tempel und Paläste zu plündern und zu zerstören.

In diesem Kampfe standen die göttlichen Herren aus dem Gefolge des Re dem Schu bei und vertrieben die Söhne des Apophis, die Feinde des Re.

Schu war sehr mächtig und hatte keinen seinesgleichen zu fürchten. Aber dann ward er sehr krank. Seine Augen waren getrübt, und Erblindung drohte ihm. Da ward die Dienerschaft in seinem Hause frech, und die Beamten folgten nicht mehr den Wünschen seiner Majestät. Überall im Lande brach Unordnung aus.

Geb aber, der Sohn des Schu, sah seine Mutter an und begehrte sie. Als nun Schu einstmals mit seinem Gefolge seinen Palast verlassen hatte und auf eine weite Fahrt gegangen war, ging die Königin aus ihrem Hause in das Haus ihres Gatten Schu um die Mittagszeit. Da begegnete ihr Geb, und er verging sich an ihr. Nun erhob sich ein Aufruhr im Palaste, zudem brachen große Stürme über das Land aus, und neun Tage war der Himmel so verfinstert, daß niemand sein Haus verließ. Niemand unter den Göttern und Menschen konnte seinen Nächsten sehen.

Danach aber erschien Geb und bestieg den Thron seines Vaters Schu, der in den Himmel entwichen war. Er reiste in den Norden, und sorgte dort für das Rechte, und in den Süden. Er kam auch in den Jaret-Tempel, um sich die Stirnschlange des Re auf sein Haupt zu setzen. Aber die Stirnschlange wehrte sich und tötete die Männer des Geb und versengte ihn selbst mit ihrem Gluthauche. Aber nachdem durch ein Wunder die Brandwunde geheilt war, machte er die Göttin Jaret zu seiner Verbündeten. Fortan schlug er alle Feinde, die sich gegen ihn verschworen. Und Geb ward ein guter und großer König wie sein Vater Schu. Er herrschte in Weisheit über die beiden Länder und hörte auf das, was die Priester ihm aus den Annalen seines Vaters vorlasen. Und er tat alles so, wie es sein Vater auch getan hatte. Die Neunheit aber war um ihn wie einstmals um seinen Vater und riet ihm, was er zu tun hätte. Sie schöpften aber aus dem Schatze der Weisheit und Erfahrungen, die sie schon unter seinem Vater Schu und dessen Vater Re, des göttlichen Vorvaters Atum gelernt hatten. Es waren aber die Namen der Orte nicht zu zählen, die Geb mit Heiligtümern für Re ausstattete. So hatte schon vor ihm sein göttlicher Vater Schu getan.

Nach F. L. Griffith, Tell el Yahudiyeh, Egypt. Expl. Found, London 1890. S. 70–89. Übersetzt bei Roeder, Urkunden, S. 150–156.

1. Diese Tempelinschrift aus El-Arisch, die sich heute im Museum in Ismailija befindet, ist auf Traditionen aus dem Mittleren Reiche zurückzuführen.

Schu ist der erste Sohn Atums in der Götterneunheit von On (siehe I.b), seine Frau Tefnut ist seine Schwester, denn auch sie wurde von Atum ausgespieen, nachdem er sich selbst befruchtet hatte. Schu ist sonst der Herr des Windes und des Sturmes, der Luft überhaupt. Er wird dargestellt als Gottheit mit ausgebreiteten Flügeln, die Leben und Luft in ihren Händen trägt. Schu und Tefnut sind die Eltern von Geb und Nut. Der Mythos lebt von dem Bilde, daß Schu die Nut zum Himmel erhoben hat und selber zum Himmelsträger geworden ist (siehe II. d). In der vorliegenden Dichtung ist Schu alt und krank geworden und hat sich in den Himmel zu Nut, seiner Tochter, zurückgezogen. Das Regiment tritt sein Sohn Geb an, Geb ist die Gottheit der Erde in der Neunheit von On, und sein Machtanspruch ist vollkommen. Er beschläft auch die eigene Mutter, die Gattin seines Vorgängers auf dem Thron. Anders aber als in der griechischen Mythologie gerät diese Tat Land und König nicht zum Fluch, sondern zum Segen. Ein Atriden-Drama findet in Ägyptens Mythologie nicht statt. Es gibt keinen ägyptischen Ödipus.

2. Der Mythos von dem Thronwechsel Schu-Geb illustriert eindrucksvoll, wie weit die Königsmythologie verbreitet gewesen ist. Das himmlische Königtum ging dem irdischen voraus. Nachdem Atum mit Re verschmolzen worden war, mußte Re auch Vater von Schu sein. Re hat denn auch Schu als Erbe seines Königstumes eingesetzt und ihn mit der Stirnschlange geschmückt, die Geb erst nach längerem Leiden erhält. Wie Re haben seine Söhne, die alten Götter der großen Neunheiten, einstmals als Könige über Ägypten regiert. Schu verteidigt sein Land gegen die Feinde, weil es die Feinde des Re sind. Er beschützt den Re selbst vor seinen Feinden, indem er in dessen Schiffen als Wächter mitfährt. Es gibt zwischen königlichem Vater und königlichem Sohn keine Differenzen. Anders als die Griechen, die in dem Mythos von Phaetons Sturz beispielhaft an einen ergebnislosen Machtwechselversuch erinnerten, erzählen Ägyptens Dichter, daß das Begehren

eines Sohnes Segen bringt. Im Gegensatz zu den Mythen der Griechen und des Alten Orients weiß ägyptische Mythologie nur wenig von blutigen Auseinandersetzungen um die erbliche Thronfolge im Himmel und auf der Erde.

Kapitel VIII
DIE GROSSEN GÖTTINNEN

a) Nechbet von Elkab

In der Stadt Elkab, die früher als Hauptstadt des 3. oberägyptischen Gaues Necheb gerufen wurde, herrschte Nechbet. Sie nahm die Könige des Landes in ihren Schutz und verlieh ihnen die Krone, die ihr eigenes Symbol und Zeichen war, die Weiße von Nechen, weshalb man die Göttin auch so rief. Denn die Stadt Nechen war der Stadt Necheb benachbart und ihr eng verbunden schon seit alten Zeiten.

Ihre Zuneigung zum König war so groß, daß man sie auch »Mutter des Königs« nannte. An ihrer Brust trank er Weisheit und Kraft, und sie erschien ihm wie Smithis, die große Wildkuh in Elkab, voller Güte und Milde. Beides gab sie dem König wie auch reichlich Silber und Gold und Edelsteine, denn sie bewachte den Eingang der Straße zu den Bergwerken am Rande der Wüste, wo ihre Heimat war. In Geiergestalt begleitete sie den König auf seinen Wegen, so auch im Tempel und im Palast, während sie sonst in menschlicher Gestalt in Erscheinung trat und nur wie eine Haube den Geierkörper trug.

Später, als man vergessen hatte, daß Nechbet einstmals die regierende Königin eines alten Reiches gewesen war, glaubte man, sie sei eine Tochter des allmächtigen Gottes Re, und verehrte in ihr das Horus-Auge Mond oder auch das Horus-Auge Sonne und dankte ihr glückliche Geburten und freundliches Geleit auf dem Wege zu Osiris. So wie sie einst auf ihrem Boote zu den königlichen Festen in die Residenz kam, geleitete sie nun mit dem Nachtboote jeden Menschen auf dem Weg in die Duat.

Pyr. 910, Pyr. 900; Bonnet, Reallexikon 507f.

1. Die Göttin Nechbet ist als Schutzherrin des Pharao völlig mit der Königsmythologie verschmolzen worden. Eigenständige Mythen werden von ihr nicht tradiert. Sie rückte, als das ägyptische Großreich entstand, in den Vordergrund, weil ihr ursprünglicher Kultort Necheb, benachbart der Grenzfestung Nechen (Hierakonpolis nannten die Griechen sie), zum politischen Mittelpunkt Oberägyptens geworden war. Seitdem ist ihr Tiersymbol, die Geierhaube, Bestandteil der oberägyptischen Krone, der weißen Krone Ägyptens. Sie soll ursprünglich ein weißes Geierweibchen gewesen sein, wird aber seit der 4. Dynastie immer als junge Frau dargestellt, die den Tierbalg nur wie eine Haube trägt. Ihr ebenbürtig und in der Funktion gleich erscheint die nördliche Schlangengöttin von Buto, Wadjit oder Uto. Ihr Symbol, die Uräus-Schlange, das zweite Kronsymbol der Pharaonen, repräsentiert Unterägypten. Beide Göttinnen sind in der Re-Frömmigkeit hymnische Metaphern für Sonne und Mond, die Horus-Augen, geworden. (Siehe auch IV. b, 6.) Als Frau des Nilgottes Hapi war sie auch Muttergottheit und Göttin der Fruchtbarkeit. In der Zeit der 12. Dynastie wurde sie mit der Geiergöttin Mut von Theben verschmolzen.

2. Mythologisch deuten göttliche Mütter und mütterliche Gottheiten an, daß sie im Schatten ihrer Kinder stehen und von ihnen ihre Bedeutung erhalten. Mythologisch und religionsgeschichtlich bedeutet ein Mutter-Kind-Verhältnis stets die Abhängigkeit der Mutter vom Kinde. In der griechischen Mythologie sind die Mütter Rhea und Geia schwächer als die Töchter Hera und Demeter. In der ägyptischen Mythologie markieren Nechbet und Uto den Übergang matriarchalischer in patriarchalische Denkformen. In der ägyptischen Spätzeit, eigentlich seit dem Mittleren Reiche, ging

ihre geschichtliche und politische Bedeutung noch mehr verloren. Sie erlitten das Schicksal vieler Gottherrinnen. Ihre Funktion wurde privatisiert. Aus königlichen Geburtshelfern an der Wiege mächtiger Reiche wurden Hebammen, die auch kreißenden Bäuerinnen zu Gebote standen.

b) Uto von Buto

In Buto, der Hauptstadt des 6. unterägyptischen Gaues, herrschte seit alters die Schlangengöttin Wadjit, die die Griechen Uto nannten. Sie glaubten auch, daß Uto niemand anders als ihre griechische Göttin Leto sei. Unter ihrem Schutz standen die mächtigen Könige von Buto, als sie sich anschickten, die Grenzen ihres Königtums weit zu machen. Unter ihrem Panier und Zeichen, der Schlange und der Papyrusstaude, stand das Königshaus von Buto. Als die beiden Länder Ober- und Unterägypten unter König Menes vereinigt wurden, lieh sie der neuen Krone ihr Zeichen, die Schlange, einem der ersten unter den Königen auch ihren Namen.

Macht und Weisheit und Recht verlieh sie dem König und begleitete ihn auf allen seinen Wegen. Zahlreich waren ihre Häuser und Residenzen. Stets war sie, vereint mit ihrer göttlichen Schwester Nechbet, bemüht, den König zu schützen und zu leiten. Sie tauschten auch wohl ihre Erscheinungsform und standen einander bei in ihren Geschäften. Später, als man schon vergessen hatte, wo sie einstmals beheimatet war, pries man sie als Sonnenauge des Re, denn sie war eifrig bedacht, die Felder grünen zu lassen und überall Frische und Fruchtbarkeit zu gewähren. In ihren Gefilden verbarg sich Horus vor den Nachstellungen des Seth. Sie schützte und stärkte alle auf dem Wege in die Duat mit dem göttlichen Feuer, das von ihrer Stirn ausstrahlte.

Herodot II. 56; Plutarch, De Iside et Osiride 38; Pyr. 1875.

1. Die Göttin Uto ist ebenso wie Nechbet (siehe auch VIII. a) so in der Königsmythologie aufgegangen, daß von ihr eigenständige mythologische Texte nicht bekannt geworden sind. Sie vertritt in der Königsmythologie Unterägypten. Ihre Farbe ist grün. Die Papyrusstaude, die Wappenpflanze Unterägyptens, ist auch ihr Symbol. Aber ihre Insignie ist die Uräus-Schlange, vermutlich eine stilisierte Kobra. Wadjit ist ihr ägyptischer Name. Diesen Namen trägt auch der 5. König aus der Königsliste der 1. Dynastie, der sogenannten Thiniten-Zeit. Diese Liste geht wie die mesopotamische Königsliste von Kiš und die biblische Liste der Adamsöhne auf eine Kulturgeschichtsätiologie zurück. Nach dem Pyramidentext 1875 soll nämlich die Papyrusstaude aus Uto hervorgegangen sein. Mythologisch bedeutet dieses Bild, daß die Papierherstellung der Göttin verdankt wird. Sie gilt demnach als Urheberin des Schreibmaterials. Aber sonst ist sie vorwiegend als Göttin für Unterägypten die Mutter des Königs. Ihr Zeichen, die Uräus-Schlange, ziert die ägyptische Doppelkrone.

2. Wenn die Griechen sie mit der Titanentochter Leto, der Mutter von Apollo und Artemis, gleichsetzen, so ist das auf die Rolle der Schlange zurückzuführen. Leto wurde im griechischen Mythos von Python verfolgt, bis sie ihn überwand. Die Göttin Uto mit der Schlangenkrone erschien deshalb den Griechen als ihre Leto. Die Göttin wird immer in schöner Jungfrauengestalt mit der Schlangenkrone dargestellt. Sie kann aber auch die Gestalt mit ihrer Schwester Nechbet tauschen. Der Titel der beiden Göttinnen zeigt, daß sie ihre einstmalige Macht an ihren Sohn, den König, abgetreten haben.

c) Neith von Sais

Neith war Herrin im nördlichen und südlichen Heiligtum in Sais. Sie war Vater und Mutter der Länder und des Königs und barg in sich ungeschaffen den Samen der Götter und Menschen. Sie ließ diese alle aus sich heraustreten und wurde so zum Vater aller Väter und zur Mutter aller Mütter. So stand sie am Anfang der Welt, und so sah sie, wie Chnum in Esne sich mühte, auch Menschen zu machen. Sie gesellte sich aber zu ihm und trat als seine Frau Menhit in Erscheinung. Sie öffnete dem Menschen den Weg in die Welt und gab ihm Kunde im Waffenhandwerk und in der Beherrschung des Wassers wie der Webkunst. Pfeil und Bogen gab sie dem Menschen zur Jagd und trug als erste die Krone des unteren Landes, deren Stätte in ihren Häusern blieb. Als die Große der Göttinnen schlichtete sie den Streit zwischen Horus und Seth. Mehr als alle anderen wurde ihr Name im Alten Reiche angerufen, vereinigt mit Suchos, dem krokodilgestaltigen Nilgott, dem sie Mutter und schwesterliches Gemahl ward. Denn schon lange war sie als Herrin des Wassers auch als Tochter des Nil wirksam, die dem verstorbenen König die Gestalt ihres Gatten Suchos gab, wenn sie ihn auf dem Wege in die Duat geleitete. In dieser Gestalt öffnete sie dem Toten die Türen und vertrieb seine Gegner und bewachte ihn im Verein mit ihren göttlichen Schwestern Isis, Nephtys und Selket, wie sie schon Osiris auf seiner Totenbahre geschützt hatte.

Horapollo I, 12; Pyr. 507–10; Pyr. 606; Wb, Belegstellen Bd. II, 126, 10.

1. Die Göttin Neith ist vermutlich die alte Stadtgöttin von Sais gewesen. Ihre kriegerische Funktion hat sie früh verloren. Bedeutsam wurde sie, nachdem Sais im Neuen Reich unter der 26. Dynastie erneut zur Hauptstadt Ägyptens erhoben wurde. Nun ist sie es, die dem König die Krone überreicht. Dargestellt wird sie immer als junge Frau mit

der Schlangenkrone Unterägyptens und Pfeil und Bogen. Die Bedeutungslosigkeit der Stadt Sais im Alten und Mittleren Reich hat dazu geführt, daß sie im Re-Kult eine untergeordnete Rolle spielt. So ist sie auch mit der Nilpferdgöttin und mit der kuhköpfigen Hathor verschmolzen und hat nur gegenüber der oberägyptischen Kriegsgöttin Sachmet von Memphis sich behaupten können. Ausführliche Mythen sind von ihr nicht bekannt geworden.

2. Ihre zahlreichen anderen mythischen Epitheta, die sie erhalten hat, scheinen hymnische Implikationen zu sein. Wenn sie Urgöttin, Jagdgöttin, Kriegsgöttin, Todesgöttin und Fruchtbarkeitsgöttin sein soll, so läßt die Fülle ihrer Funktionen nur darauf schließen, daß sie zeitweilig eine so beliebte Göttin gewesen ist, daß man ihr die Fähigkeit anderer Göttinnen zuerkannte. Für ihre Beliebtheit spricht auch, daß man seit dem Neuen Reiche Mumienbinden und Leichentücher als Gabe der Neith umschrieb. Nur so wurde sie gelegentlich als Schutzherrin der Weberei verehrt.

d) *Sachmet von Memphis*

Sachmet war die schwesterliche Gemahlin des Gottes Ptah und sorgte dafür, daß die Schöpfung ihres Gatten sicher gedieh. Sie trat an die Wiegen der Könige und begleitete sie auf ihren Kriegszügen, weshalb man sie »Mutter des Königs« nennen durfte. Mannhaft verteidigte sie ihre königlichen Söhne so, wie sie einstmals die Seele des Osiris geschützt hatte vor dem Zugriff des Seth. Seitdem verehrten viele sie als Helferin auf dem unsicheren Wege in die Duat und auf den Wegen zu Wasser und zu Lande. Denn sie kämpfte siegreich gegen Apophis und alle anderen Feinde des Re. Wie sein Auge wachte sie über die Gegner des Re. Einstmals, als die Menschen sich gegen Re empörten und Re mit Billigung der alten Götter beschlossen hatte, die Menschen auszurotten, sandte er sein »Auge« aus, von dem die einen sagen, es sei die Göttin Sachmet, die anderen aber sagen, es sei Hathor gewesen. Hathor-Sachmet also ging aus und schlachtete die Menschen in der Wüste, so vieler sie habhaft werden konnte. Durch eine List hinderte Re aber die Göttin, am anderen Tage auch noch die übrige Menschheit zu töten.

Pyr. 282; Berliner Papyrus P. 3057; Pyr. 262; Mythos von der Himmelskuh, Brunner-Traut, Altägyptische Märchen, Nr. 9, S. 69–72.

1. Die Göttin Sachmet von Memphis ist eine Kriegsgöttin. Dargestellt wird sie als junge Frau mit einem Löwenkopf. Ihre Hauptkultstätte Memphis und die Ehe mit Ptah, der der Gott Nefertem entspringt, besitzt sie erst seit dem Neuen Reich. Es spricht viel dafür, ihre ursprüngliche Heimstätte in Letopolis im 2. unterägyptischen Gau zu suchen. Der Gott Ptah war schon mit der Göttin Hathor (siehe VIII. e) verbunden. Die Ähnlichkeit der Funktionen von Sachmet und Hathor hat der Sachmet den Ehrenplatz in Memphis eingebracht. Das Mittlere Reich hat sie wie das Alte Reich mit dem Re-Kult verbunden. Ihre Unterordnung unter Re wird durch die Metapher vom »Gottesauge« ausgedrückt. Dabei hat sie ihren kriegerischen Charakter niemals abgelegt. Sie bekämpft die Feinde der Götter und Menschen, insbesondere die Feinde des Königs, als dessen Mutter sie auch gilt. Nach einem Pyramidentext säugt sie den König. Das erklärt, warum »Sachmet die anderen Löwengöttinnen weit überragt« (Bonnet).

2. Für den altägyptischen Dichter ist sie so furchtbar, daß Völker und Könige vor ihr weichen. Feuersglut geht von ihrem Munde aus, und ihre Pfeile reichen so weit, wie keines Menschen Bogen reicht. In ihrem Schoß ist der König unbesiegbar. Ihre Funktion als Schutzgöttin des Königs läßt sie gelegentlich zur Uräus-Schlange, zur Kronengöttin werden. Hymnischer Stil häuft im Alten Ägypten gerne die unterschiedlichen Gottesepitheta auf eine Person. Deshalb erklärt frommer Eifer sie zur Bastet, zur löwenköpfigen

Göttin aus Bubastis, denn sie ist kriegerisch und kämpferisch wie jene. Ihre Rolle als Schutzmacht für Götter und Könige hat auch dazu beigetragen, daß sie eine der beliebtesten Göttinnen in der Magie geworden ist. Im übrigen ist sie wie Hathor ein Gegenbild der Göttin Neith (siehe VIII. c).

e) Hathor von Dendera

Hathor war dem Gott Re von seiner Frau Nut geboren. Gleich Nut war sie fruchtbar und gütig wie eine Kuh. Re, ihr Vater, verliebte sich in sie und zeugte mit ihr den Gott der Musik, Ihi.

Als einstmals die Menschen sich gegen den alternden Re empört und den Gott so gereizt hatten, daß er ihren Untergang beschloß, rief Re die Götter Schu, Tefnut, Geb und Nut und ihre Gefolge zu sich. Ebenso rief er sein »Auge« herbei, die Göttin Hathor. Ihnen klagte er sein Leid. Darauf rieten die alten Götter dem Re, er solle nur sein Auge in Gestalt der Hathor aussenden, denn diese würde die Menschen vertilgen und Ruhe in der Welt einkehren lassen.

Da ging Hathor hin und schlachtete die Menschen in der Wüste, in die sie sich geflüchtet hatten. Als es Abend ward, kehrte sie zurück. Re aber hieß sie hochbeglückt willkommen. Als aber die Nacht hereinbrach und die Göttin zur Ruhe gebracht worden war, befahl Re, daß man ein berauschendes Bier von roter Farbe brauen sollte. Siebentausend Krüge wurden gefüllt und auf die Felder gegossen, wo die Göttin anderntags ihr Wüten fortzusetzen gedacht hatte.

Als Hathor nun am nächsten Morgen dorthin kam und sich in dem Bier spiegelte, überkam sie ein gewaltiger Durst. So trank sie denn von dem roten Bier, das sie für Menschenblut hielt, und ward davon trunken und müde. Darüber aber vergaß sie den grausamen Befehl der Götter. Als sie aber am Abend sich dem Throne Res näherte, hieß dieser sie noch herzlicher willkommen als am verstrichenen Tage.

Hathor war auch dem Gotte Osiris ehelich verbunden. Stolz trug sie ihre Krone, ein Rindergehörn, denn sie ward von allen Bewohnern des Niltales verehrt, weil sie als Schutzherrin der Rinder für Leben und Nahrung sorgte. Jährlich fuhr sie einmal für vierzehn Tage am 1. Epiphi zu Horus nach Edfu, um dort mit ihm gemeinsam für die Fruchtbarkeit des Landes zu wirken, denn sie war es, die das Kind Horus nach seiner Geburt zum Himmel emporhob, wo sein Vater Re in dem Sonnenschiff durch die Horizonte zog. Deshalb nannte man sie auch Mutter des Horus. Sie barg wohl auch selbst die Sonne in sich, um ihr Ruhe zu gönnen, weshalb viele sie auch Methyer nannten, das Haus, aus dem die göttliche Sonne hervortrat. So war sie Himmelsgöttin, Himmelskuh und zugleich treue Freundin der Verstorbenen auf dem Wege in das Jenseits. Einige aber glaubten, ihre Liebe zu Horus sei die Liebe einer Frau zu ihrem Mann, und nannten sie deshalb Gattin und »Haus des Horus« zu Edfu.

Roeder, Urkunden, S. 142, Pyr. 466, 508, 1131, 186, 103.

1. Hathor, die frauengestaltige Göttin mit kuhhörnerförmiger Krone oder Rinderkopf, war vermutlich eine alte Ortskönigin von Dendera. Schon das Alte Reich hat sie in die Nähe des Gottes Re gerückt. Nur von dorther ist zu erklären, warum die mit Antilopenhörnern gekrönte Satis von Elephantine (Pyr. 1116) mit ihr identifiziert worden ist. Die Neubelebung der Isis mit einem Rinderkopf nach ihrer Enthauptung durch Seth (siehe IV. b, 2.) hängt allerdings mit der vorausgegangenen Identifizierung von Isis und Hathor zusammen, nachdem der Horus-Glaube mit dem Isis-Mythos verbunden war. Ihre Namen deuten viele als »Haus« oder »Schoß« des Horus. Dargestellt wird die Göttin entweder mit dem Kuhgehörn, auf dem die Sonnenscheibe thront, oder mit Kuhohren, zwischen denen die Sonnen-

scheibe steht. Sie besaß viele Kultorte in beiden Ländern. Die janusköpfige Form ihrer Kultstelen war ebenso verbreitet (Hathor quadrifrons).

2. Ihre Rolle als Himmelsgöttin und Mutter des Horus wie auch als Mutter des Königs war die Voraussetzung dafür, daß viele andere Göttinnen, z. B. die Nilpferdgöttin Thoeris, als ihre Erscheinungen angesehen wurden (Baum-, Schlangen-, Liebes-, Tanz- und Musikgöttinnen). Dazu wurden ihr auch Funktionen anderer Götter übertragen. So war sie in Theben eine Totengöttin, nachdem sie im Mittleren Reiche dort als Gefährtin des Hauptgottes Ptah erschien. Sonnenauge bzw. »Auge« des Re bezeichnet im Mythos von der Himmelskuh wie auch sonst nur die funktionale Abhängigkeit der Hathor von Re. Das Auge wirkt stellvertretend für den Gott. Der altägyptische Mensch legt deshalb wie der im Glauben Israels Aufgewachsene soviel Wert darauf, daß »der Herr sein Angesicht (d. h. seine Augen) über ihm leuchten lassen« soll.

3. Die Göttin Tefnut wird auch als Erscheinungsform der Göttin Hathor angesehen. Phänomenologisch ist ihr Charakter, Göttin der Liebe und Fruchtbarkeit wie Göttin des Todes zu sein, keine Besonderheit. Religiöse Metaphorik lebt von der Einheit des numinosen Faszinans und des numinosen Tremendum. Die sieben Hathoren der Spätzeit, die Schicksalsgöttinnen sind, stammen aus der Funktion der Göttin als Muttergöttin. In ihrem Tempel zu Dendera befinden sich an der Tür zum Saal B etwa zweihundert Namen der Göttin.

Zum Mythos von der Himmelskuh ist noch anzumerken, daß hier ausnahmsweise erzählt wird, wie die Göttin Hathor durch die List des Re, der von Mitleid mit den Menschen ergriffen wird, um den Triumph gebracht wird, auch den letzten Rest der Menschen umzubringen.

f) Isis

Isis war die erste Tochter von Schu und Tefnut. Sie wurde von ihrem Bruder Osiris zur Gattin erkoren. Sie regierte in Weisheit das Land und lehrte die Länder, wie man Korn mahlen, Flachs brechen, spinnen und weben und den Haushalt führen sollte.

Nachdem ihr Bruder Seth den Osiris getötet hatte, warf er sie in ein Gefängnis. Isis aber hatte vorher schon die Leiche des Osiris, die Seth zerstückelt hatte, gesucht und war durch den toten Gott geschwängert worden, als sie sich klagend auf seinem Leichnam niedergelassen hatte. Nachdem sie von dem Gott empfangen hatte, balsamierte sie ihn für den Eingang in das ewige Leben. Thot, der Hüter des Rechtes in Himmel und Erde, ermutigte Isis, aus dem Gefängnis zu fliehen und sich mit ihrem Sohne zu verbergen, bis er stark genug geworden war, um den Thron seines Vaters zu besteigen. So floh Isis zur Abendzeit aus dem Gefängnis, begleitet von sieben Skorpionen, die Isis beschworen hatte, sie und ihr Kind zu schützen. Als sie ins Delta gekommen waren, suchte sie ein Obdach. Da zeigte sich, daß niemand ihr die Tür öffnen wollte, weil alle die Skorpione fürchteten. Einer der Skorpione aber stach das Kind einer Frau in die Ferse, deren Dienerin die Tür geöffnet hatte. Da brach Unheil über das Haus herein, denn das Kind wurde sterbenskrank. Isis aber ließ sich durch die Klage der Mutter erweichen und heilte das Kind. Die Dame aber beschenkte Isis und auch die Dienerin reichlich, weil diese als einzige der Isis geöffnet hatte. Sie versöhnte sich mit ihr, nachdem sie ihr vorerst heftig gezürnt hatte, weil sie die Tür geöffnet hatte.

Dann aber verbarg Isis sich in Chemnis vor den Nachstellungen des Seth. Da sie nun aber selbst für ihren Lebensunterhalt sorgen mußte, ging sie häufig fort, um zu betteln oder zu arbeiten. An einem solchen Tage ward Horus, den sie allein gelassen hatte, von einer Schlange des Seth gebissen und erkrankte schwer. Die herbeigeeilten Fischer und Bauern konnten nicht helfen. Als Isis klagte und versuchte, durch einen Zauber das Kind zu heilen, vernahm es Gott Re in seiner »Barke der Millionen Jahre« und beschloß zu helfen. Er sandte den Gott Thot. Thot beschwor das Gift, aus dem Leib des Horus zu weichen. So ward Horus geheilt. Thot aber befahl der Isis, daß sie ihn fortan mit Re und Osiris zusammen auf der Erde verehren und seinen Kult pflegen sollte, damit er von allen Menschen geliebt würde.

Isis aber weilte oft in den oberen Häusern bei Re und in den unteren Häusern bei ihrem geschwisterlichen Gatten Osiris. Sie gelangte zu großem Ansehen und gewann auch Macht über den Gott Re, nachdem es ihr durch eine List gelungen war, dem Gott seinen geheimen Namen zu entlocken und zu erreichen, daß er seine Macht dem Horus übertragen hatte. Stolz trug sie den »Thron« als Kronensymbol auf ihrem Haupte, fortan als Götter- und Königsmutter gleichermaßen geehrt. Denn sie hörte nicht auf, ihr Kind Horus zu begleiten und zu schützen, wo immer ihm Gefahr drohte. So stand sie auch ihm zur Seite, als Horus mit Seth um den Thron seines Vaters kämpfte. Sie ward aber hin- und hergerissen, weil Seth wie Horus sie um Hilfe riefen. Als sie dabei einmal Seths Drängen nachgab, ergrimmte Horus sehr und schlug seiner Mutter das Haupt ab. Da hatten die anderen Götter Mitleid mit ihr und gaben ihr auf Rat des Thot den Kopf eines Rindes, damit sie leben bliebe. Seitdem trägt sie auch diesen Rinderkopf als Kronensymbol.

Andere erzählen noch, daß ihre Schwester Nephtys, die mit Seth verehelicht war, auch von Osiris geschwängert war, nachdem sie ihn trunken gemacht hatte. Als Osiris getötet war, suchte sie mit Isis den Leichnam und gestand ihr dabei, daß ihr Kind Anubis ein Sohn des Osiris wäre. Da nahm Isis auch ihn zu sich.

Roeder, Urkunden, S. 87–92, S. 138–141. Pyr. 635 (siehe auch IV. b).

1. Die Texte stammen vorwiegend aus dem Neuen Reich. Die Pyramidentexte beschreiben die Göttin als Mutter des Horus und Gattin des Osiris. Ihr Symbol, der Thron, deutet auch ihren Namen. Sie ist demnach vor allem durch die Königsmythologie bedeutsam geworden. Durch den Osiris-Mythos (siehe VII. b) ist sie auch mit Nephtys, Selket und Neith als Todesgöttin wichtig geworden. Durch ihre Verbindung mit dem Re von Heliopolis ist ihr der Mythos von der Geburt von Sonne und Mond zugewachsen, der vermutlich an dem Orte Chemnis hing. Ihre singuläre Stellung im Neuen Reich hat ihr auch die Belehnung mit der Hathor-Rolle eingebracht (siehe VIII. c).

2. Ihre weiteste Verbreitung hat die Göttin in den magischen Texten gefunden. Die Magie hat sich ihrer bemächtigt, weil ihre Mutterrolle sie dafür prädestinierte. Der alte mythologische Topos, der die große Göttin und Königin-Mutter immer als Symbol für Land und Volk verwendet, findet hier seine entsprechende Anwendung. Ihre Klugheit gehört dazu wie ihre Fruchtbarkeit. Sie kann selbst noch durch die Berührung mit ihrem toten Gemahl schwanger werden. Die ägyptische Spätzeit und vor allem die hellenistische Mysterienfrömmigkeit leben von diesen durch zahllose Isis-Hymnen oder Aretologien beflügelten Vorstellungen. Ihr berühmtestes Heiligtum aus der Spätzeit ist auf der Insel Philä im Nil. Schutzherrin der Seefahrer in der hellenistischen Frömmigkeit wurde sie, weil schon die astralmythologische Spekulation des Neuen Reiches und der Spätzeit den Sirius als ihr Sternbild, als ihr Haus, ausgegeben hatte.

3. Die eigentliche Ursache für die Anziehungskraft der Isis-Mythen liegt in der Rolle als treusorgende Mutter und Ehefrau. Die rührende Darstellung der Suche nach der zerstückelten Leiche ihres Mannes und die Fürsorge für ihr kleines Kind entsprechen mehr einem normalen Volksempfinden als Königsmythen. Die Isis-Klagen, die wesentlich unveränderte Bestandteile gnostischer Mythen geworden sind, fanden im Neuen Reich direkte Resonanz. Das

Schicksal, Mann und Kind zu verlieren, ließ sich leicht nachempfinden: »Ich mußte selbst zum Manne werden, obwohl ich eine Frau war.« In ihrer elterlichen Doppelrolle, Vater und Mutter für Horus zu sein, ließ Plutarch sie mit Erde und Mond zusammenwachsen (in De Iside et Osiride 34, gibt er an, die Griechen hätten Thetis mit ihr verglichen): »So setzen sie die Kraft des Osiris in den Mond und lehren, daß Isis als Prinzip des Werdens bei ihm wohnte. Deshalb nennen sie Selene die Mutter der Welt und legen ihr eine mannweibliche Natur bei« (Kap. 43). Die hellenistische Frömmigkeit sah in ihr auch das Urbild von Demeter, Kybele, Aphrodite und Tyche. Apuleius nennt sie »Mutter der Dinge, Herrin der Elemente, Uranfang der Zeiten«.

g) Isis, nach Apuleius

Als Lucius sich am Meeresstrande ausstreckte und an die höchsten Götter ein Gebet um Ruhe richtete, erschien ihm die Göttin Isis, ihr üppiges Haar schmückte ein Blumenkranz, im Glanz der Mondscheibe, gehüllt in ein Gewand aus leichtem Byssos. In der Hand trug sie eine Rassel aus Bronze und ein Lebenswassergefäß. So sagte sie zu Lucius: »Ich bin hier auf dein Flehen, die Mutter aller Dinge, die Herrin aller Elemente, das erstgeborene Kind der Zeiten, die höchste der Gottheiten, die Königin der Meere, die Erste der Himmelsbewohner; die ich in mir die Gestalt aller Götter und Göttinnen vereine, Athene, Aphrodite, Artemis, Persephone, Demeter, Juno, Bellina, Hekate.«

Isis hatte die Klagen des Lucius gehört und verhieß ihm, er solle anderntags von der Haut und Gestalt des Esels, dieses häßlichen Tieres, befreit werden. Er solle sich in den Festzug drängen und von dem Rosenkranz, den der Isis-Priester in der Hand trug, Rosen fressen. Und Isis sagte, daß sie ihm beistehen und dem Priester das Wunder schon vorab anknünden werde. »Nur sei eingedenk und halte fest in deinem Sinn, daß mir dein weiterer Lebenslauf gehört, bis du dermaleinst mich in der Unterwelt als deine Herrin wiederfindest. Du mußt mir nur gehorsam, treu und in absoluter Keuschheit dienen.«

Am Morgen machte der Esel Lucius sich auf und reihte sich in den bunten Zug ein. Er näherte sich dem Priester, und der reichte ihm den Kranz. Da fraß Lucius die Blüten und ward wieder zum Menschen. Der Priester ließ ihn bekleiden, und Lucius begleitete die Prozession.

Lucius aber blieb im Tempel. Er wurde dort besucht von seiner Göttin, die ihn einlud, sich in ihren Mysterien unterweisen zu lassen.

Als er aber den Hohenpriester drängte, ihm die Weihen zu geben, zögerte der und wies ihn an, erst einmal die Speisegebote der Götter zu befolgen und nicht ungeduldig zu werden. Die Göttin würde schon selber den Zeitpunkt seiner Einweihung festsetzen.

Der Tag kam dann auch bald heran, und Lucius wurde durch den Oberpriester Mithra eingeweiht. Als Lucius dann nach Rom zurückgekehrt war, wurde er dort auch zum Osiris erhoben und letztendlich auch in die Weihen des dritten Grades eingeführt, wodurch er zum auferstandenen Osiris, zum Serapis, ward, wie der Gott Osiris-Apis seit Ptolemaios I. gerufen wurde.

1. Apuleius, um 135 in Numidien geboren, in Karthago aufgewachsen und in Rom als Rechtsanwalt tätig, hinterließ außer der Apologie, der persönlichen Verteidigungsrede gegen die Anverwandten seiner Frau, die Metamorphosen, deren berühmtestes Stück die Geschichte von Amor und Psyche ist. In Karthago, wo er etwa seit 160 lebte, war er Provinzialpriester des Kaiserkultes. Die Fabeln hat Apuleius bei Lukian entlehnt. Das Wissen seiner Zeit, dazu gehört auch das Wissen um die Mysterienkulte, hat er verwendet.

2. Isis erscheint hier schon als Allgöttin. Ihre ägyptische Herkunft deutet Apuleius nur durch die ägyptischen Zeichen und Malereien und Kleidertrachten an. Die Weihen selber werden als Arcana behandelt. Bedeutsam ist nur, daß der

Adept in einer dreifachen Weihe, Isis-Osiris-Horus-Weihe, erst zum Mystagogen wird. Isis erscheint als Retterin und Helferin. Nachdem Lucius nämlich sein ganzes Vermögen bei den Weihen geopfert hat, gewinnt er neuen Reichtum erst wieder durch seine erfolgreiche Anwaltspraxis.

3. Das Buch XI der Metamorphosen des Apuleius gehört zum Bannkreis ägyptischer Mythologie, weil die wesentlichen Topoi altägyptischer Mythologie gewahrt werden. Isis ist die listenreiche, zauberkräftige Allgöttin, die sich des Elenden erbarmt.

h) Astarte

Einstmals war ein Hirte mit seinen Herden an einem Teiche, um sie dort zu tränken. Da erschien ihm in der Mitte des Gewässers eine wunderbare Frau. Der Hirt erschrak sehr und war wie gelähmt. Als er sich aber besonnen hatte, rief er seine Genossen zusammen und beauftragte sie, die Herden zusammenzutreiben und an einen anderen Ort zu bringen. Da kamen sie zusammen und lasen einen Wasserzauber, um für sich und die Herden einen sicheren Weg durch die Wasserfurt zu finden. Am nächsten Morgen in der Frühe versammelten Hirten und Herden sich um den Hirten, dem die Göttin erschienen war, und begaben sich hinter ihm an die Stelle des Sees, die sie erwählt hatten, um dort mit einem Boot das Jung- und Kleinvieh überzusetzen und das Großvieh durch die Furt zu treiben.

Aber ein großer Schrecken kam über den Hirten, als er an das Ufer trat. Denn die Göttin erschien wieder vor ihm, nackt und mit aufgelöstem Haar, lockend und verführerisch.

Andere wissen noch zu erzählen, daß die Göttin einstmals wegen ihrer Schönheit von den anderen Göttern verpflichtet wurde, den Meeresgott mit den Göttern zu versöhnen. Der Meeresgott war nämlich erzürnt, weil der Gott Ptah nicht ihm, sondern dem Himmel die Erde zur Gemahlin gegeben hatte. Die Göttin tat zwar, wie ihr befohlen war, konnte dann aber doch das Meer nicht endgültig besänftigen.

H. Gardiner, P. 3024; Bibliotheca Aegyptica I, Brüssel 1932, S. 76–81, zuletzt übersetzt bei Brunner-Traut, Altägyptische Märchen, S. 72–76.

1. Der Berliner Papyrus 3024 aus der 12. Dynastie nennt keine Namen. Er ist nur schlecht erhalten und erlaubt nur hypothetische Deutungen. Das Motiv der Verführung durch eine Göttin ist die einzige Klammer, die die beiden Mythen hier verbinden kann. Die Legende von dem unersättlichen Meer (siehe schon V. b) stammt aus einem ebenso schlecht erhaltenen Text der 19. Dynastie. Dort trägt die Göttin den Namen der kleinasiatischen Göttin Astarte, einer Liebes- und Kriegsgöttin, die von Ptah und den anderen Göttern nach Ägypten geholt wird, um den Meeresgott zu versöhnen. Wie Hathor und Sachmet, mit denen sie verglichen wird, kämpft sie für König und Vaterland. Aber mit Hathor ist sie auch die Göttin der Liebe wie die griechische Aphrodite, weshalb die griechischen Schriftsteller sie auch so nennen. Die Spätzeit hat sie dann auch als Inkarnation der Isis angesehen und sie zur Tochter des Re, zum »Sonnenauge«, gemacht.

2. Auch wenn die Göttin im Berliner Papyrus nicht Astarte gewesen und der Text so schlecht erhalten ist, daß Anfang und Ende nicht genau festzulegen sind, läßt sich doch festhalten, daß dieses Lorelei-Motiv eine mythologische Funktion besitzt, die vor allem einer Göttin der Liebeskunst zusteht. Mythologische Verführungsgeschichten reflektieren gewöhnlich kulturgeschichtliche Ätiologien. Die semitische Istar zieht den Hirten Dumuzi dem Bauern Enkiumdu vor. Die griechische Aphrodite zog den Kriegsgott Ares in ihre Netze, der nach Pausanias IX,12 auch Schutzgott an einer heiligen Quelle gewesen ist, dem Rinder geopfert wurden. Es bleibt deshalb möglich, in beiden Fragmenten mythische Darstellungen von historischen

Vorgängen zu sehen, insbesondere einen Dynastienwechsel. Die kleinasiatische Göttin Anat, deren Bedeutung wie die der Astarte heute vor allem durch die Mythen Ugarits bekannt geworden ist, dürfte nicht die Heldin der Fragmente sein. Ihr Kult in Ägypten läßt sich erst im Neuen Reich nachweisen.

j) *Pistis Sophia oder Barbelo*

Ich bin die Erste und die Letzte,
Ich bin die Geehrte und die Verachtete,
Ich bin die Hure und die ehrbare Frau,
Ich bin die Frau und das junge Mädchen,
Ich bin die Mutter und die Tochter,
Ich bin die Glieder meiner Mutter.
Ich bin das Wissen und die Unwissenheit,
Ich bin die Scham und die Nacktheit,
Ich bin die Schamlose und die sich Schämende,
Ich bin Stärke und ich bin Angst,
Ich bin Krieg und Frieden.

Ich bin die Weisheit der Griechen
und die Erkenntnis der Barbaren,
Ich bin das Recht für Griechen und Barbaren,
Ich bin eine, die viele Bilder in Ägypten
und die kein Bild bei den Barbaren hat,
Ich bin die überall gehaßt
und die überall geliebt wurde.

Die Pistis war es aber, die sich erhob und den Schöpfergott in seine Schranken verwies, als dieser sich angesichts der Weltschöpfung brüstete, daß es außer ihm keinen Gott gäbe: Du irrst dich, denn ein unsterblicher lichter Mensch ist vor dir da, der sich in euren Gebilden kundtun wird. Er wird dich zertreten und dich mit deinem Anhang in den Abgrund vertreiben.

Die Pistis Sophia aber, die die Sethianer Barbelo nannten, kam als Protennoia in der Gestalt eines Weibes herab und verkündete: Ich werde ihnen das kommende Ende des Äons verkünden und sie über den Anfang des neuen Äons belehren.

In den Äonen, in denen sie sich als Bild ihrer Männlichkeit offenbart hatte, ließ sie sich nieder in denen, die des neuen Äons würdig waren.

NHC VI 2, 14, 25–28 und 16,3–10; NHC II 5, 103, 18–24; NHC XIII 1, 42, 17–27.

1. Die Aussagen der gnostischen Offenbarungsreden aus der koptischen Bibliothek von Nag Hammadi über die Pistis Sophia oder Barbelo stehen in enger Verbindung zur Alleingöttin Isis. Die gnostischen Schriftsteller dieser in koptischer Sprache erhaltenen Texte haben auf aus der altägyptischen Literaturgeschichte geläufige Topoi zurückgegriffen, wie sie in den Bekenntnisformeln der Totenbücher, in den Isis-Arteologien und den Biographien belegt sind. Die Pistis Sophia, die im sethianischen System der Gnosis vor allem Barbelo genannt wird, ist eine der personifizierten abstrakten Erlösungswesen, die den Menschen aus dem Bannfluch dieser Welt befreien.

2. Die Ineinssetzung und Identifikation vieler Götter war für den Ägypter ein geläufiger Vorgang. Hymnischer Stil und reale Machtverhältnisse erzwangen allgöttliche Vorstellungen. Isis war Hathor und Bastet und Maat zugleich. Als »Auge« des Re war sie auch Stellvertreter des Re und Retterin der Menschen in Ägypten. Ihre Bisexualität, wie die Gnostiker lehren, war schon für die Ägypter das Symbol der Vollkommenheit.

Die Coincidentia oppositorum, die Übereinstimmung der Gegensätze, ist eines der beliebtesten hymnischen Ausdrucksmittel für die Vollkommenheit. Im Unterschied zu altägyptischer Religiosität hat aber die gnostische Bewegung aus solchen hymnischen Stilmitteln Dogmen für eine Allgöttin abgeleitet.

3. Es spricht viel dafür, in dem Gegensatzpaar Pistis Sophia – Demiurg eine Reminiszenz an das gegnerische Duo Isis – Seth zu sehen und den von der Pistis verheißenen Lichtmenschen als Horus-Adaption zu deuten. Die christlischen Mythologeme Gottesmutter Maria – Sohn Jesus, die auch zur Erklärung beigebracht worden sind, erscheinen deutlich als beiläufige Zwischenglieder. Das Zwei-Äonen-Denken der Gnosis war in Ägypten lebenden Gnostikern als Analogie zur Königsmythologie (siehe VI. a) vielleicht weniger fremd als anderen Völkern in der alten Ökumene. Isis war als Mutter des Horus ja auch stets die Königsmutter. In Krisenzeiten wie in der Spätzeit drängten ohnehin die Muttergottheiten die männlichen Götter zurück, zieht die naive Volksfrömmigkeit eine Gottesmutter immer dem Gottherrn vor.

Kapitel IX
HEILIGE TIERE

a) Der Widder von Mendes

Groß war der Ruhm und die Macht des widdergestaltigen Herrn von Mendes, denn er war einer der weisesten Götter. Seinen Rat holten die Götter ein, wenn sie nicht mehr wußten, was sie tun sollten. So verfielen die Götter darauf, den Herrn von Mendes anzurufen, als Horus und Seth in ihrem Streit um die Thronfolge des Osiris vor den versammelten Göttern wiederum nicht sahen, wie sie zu ihrem Rechte kommen konnten. Deshalb sandten sie eine Gesandtschaft an ihn, damit er ihnen sagte, was Recht und was Unrecht sei. Sein kluger Rat wurde durch den wiederauferstandenen Gott Osiris durchgesetzt.

Der Gottherr von Mendes aber erschien den Einwohnern von Mendes als Widder, weshalb sie ihn auch so abbildeten, wähnend, er sei die Ba-Gestalt des Gottes Re oder auch des Gottes Amun von Theben, manchmal auch des Gottes Chnum, von dem sie erzählten, er habe auf seiner Töpferdrehscheibe die Gestalten der Menschen, ihr Ka, geformt. Die Frauen von Mendes beteten auch zu ihm, damit er ihnen Kinder gäbe. Er war freundlich zu den Menschen und erwies sich als so gütig, daß sie ihm die Ehre eines Königs unter Göttern und Menschen, ja als Erscheinung selbst des Nil erwiesen.

Andere wissen noch zu erzählen, daß Schu und Geb einstmals sahen, wie sich die Götter Re und Osiris in Mendes trafen und sich brüderlich umarmten. Schu und Geb erschien es, als ob sie die Gestalt des widderköpfigen Gottes von Mendes trugen.

Tempelinschrift von Mendes, aus der Zeit Ptolemäus' II. Nach Kees, Lesebuch, Nr. 21.

1. Der sehr junge Text aus der Spätzeit zeigt deutlich, wie der einstmalige Stadtgott längst aus der aktiven Funktion eines Stadtkönigs verdrängt ist und nunmehr sein Dasein als Ratgeber, als uralter Weiser fristet. Er ist nur noch als Erscheinung anderer, jüngerer Götter tatkräftig und wirksam. Die Identifikationen mit Re, Amun, Chnum zeigen, wie für den Dichter der Lokalgott nur noch in der Bindung an einen Reichsgott leben kann. Für die Griechen war er die Erscheinung des Gottes Pan, weil der Stadtgott von Mendes gelegentlich auch als Ziegenbock dargestellt worden war. Zu antiägyptischer, aber denkbarer magischer Legende gehören Nachrichten, daß im Kult von Mendes kinderlose Frauen geschlechtlichen Umgang mit dem heiligen Tiere des Gottes gepflegt haben.

2. In der Spätzeit wird die Neubelebung des Kultes in Mendes erklärlich, weil die 24. Dynastie aus Mendes stammt. Aus einer Inschrift der Zeit des Königs Ramses II. und anderen Urkunden geht hervor, daß selbst der Gott Ptah die Gestalt des Widders angenommen hat, um der Königin Ahines beizuwohnen. Der Titel »Vater des Königs« für den Gott von Mendes, einstmals der sprichwörtlichen Kraft und Potenz des Tieres entlehnt, ist zur hymnischen Metapher geworden. Für den Widder als Bild eines Gottes gilt nur in der Frühzeit, daß er »seine Funktion als Schöpfer von Lebewesen der geschlechtlichen Potenz des Widders verdankt, den der Ägypter ähnlich dem Stier als Inbegriff der Fruchbarkeit denkt« (Morenz). Nur für die Spätzeit trifft Ottos Meinung zu, daß es »für den Ägypter keinen Unterschied zwischen Gott und heiligem Tier gegeben habe«.

b) Das Krokodil von Schedit

Sobek-Suchos war der Gottherr von Schedit im Fajum. Die Griechen nannten die Stadt Krokodilopolis, weil der Gott dort einstmals in der Gestalt eines Krokodiles in Erscheinung getreten war, weshalb auch die späteren Ägypter in diesem Tiere ihren Gott anwesend dachten. Seine Heimat war das sumpfige Gebiet der Schilf- und Schlammgürtel an den Ufern der Seen und Flüsse; sie schützten ihn vor allen zudringlichen Fremden. Die Bewohner des Fajum liebten ihn, denn für sie war er der Sohn der Göttin von Sais, »der schwanger macht«.

Als sie aber von dem Unheil hörten, das dem Gotte Osiris widerfahren war, glaubten sie, daß Suchos als Horus es gewesen war, der die zerstückelten Leichenteile des Gottes aus dem Wasser geborgen hatte, nachdem Seth seinen Bruder Osiris erschlagen und ihn zerstückelt in den Fluß geworfen hatte.

Sobek war dem Gotte Re sehr zugetan und folgte ihm aufs Wort. Als darum im Sumpfe auf Lotosblüten die vier Horus-Söhne erschienen waren und niemand sie bergen konnte, machte sich Sobek auf und barg sie in seinem Netze, wie Re ihm gesagt hatte, bis er sie an das rettende Ufer gebracht hatte. Ebenso fischte er die Hände des Horus aus dem Nil, die Isis ihrem Sohne abgeschnitten hatte, um in dem Gottesurteil über Seth und Horus ihren Sohn unbefleckt erscheinen zu lassen.

Sobek-Suchos schützte allezeit den König und die Länder zu Wasser vor ihren Feinden und strafte die Frevler, indem er sie auffressen ließ.

Viele aber sahen in ihm nur die Gestalt des Seth, in die dieser sich geflüchtet hatte, nachdem er bei den anderen Göttern wegen seines Frevels und seiner Willkür in Ungnade gefallen war und versucht hatte, nicht nur Osiris, sondern auch dessen Sohn Horus um das rechtmäßige Königtum zu bringen.

Totenbuch, Kap. 13, Diodor I, 89; Pyr. 507–510.

1. Staatsgottheit wurde Sobek in der Periode der 12. Dynastie, als die Ägypter ihre Hauptstadt an den Eingang zum Fajum legten. Dabei geriet er in den Sog der Sonnengottverehrung und galt als Erscheinung des göttlichen Königs Geb, des Horus und vereinzelt auch des Osiris. Der Staatskult mit seiner Königsmythologie macht solche Identifikationen notwendig; im Hymnus werden lokale Götter mit überregionalen Reichsgöttern verschmolzen. Herodots Berichte über das Fajum machten zudem deutlich, daß die Krokodilsverehrung nicht auf fetischistischen oder totemistischen Vorstellungen beruht, sondern in dem Tier nur das Bild göttlicher Kräfte sieht.

2. Ägyptische Mythologie der Frühzeit deutet Traditionen von heiligen Tieren immer als Manifestationen theurgischer Kräfte; in der Spätzeit sind Gottheit und Tier identisch, genießt das Tier göttliche Verehrung. Altes und Mittleres Reich lassen das Spiel der Götter noch allein um den König kreisen, nur er ist kräftig und mächtig, die Länder zu lenken. Deshalb müssen ihm wie die Natur und die Menschen auch die Tiere zu Gebote stehen.

c) Apis von Memphis

Als Memphis groß und zur Hauptstadt der beiden Länder erhoben worden war, wurde auch Apis, der Stier von Memphis, mächtig. Sein Ruf drang über die Grenzen der Stadt und verbreitete sich mit dem Ruhm der Könige.

Sein Stall befand sich unmittelbar neben dem Tempel des Gottes Ptah. In seiner Nähe befand sich auch das Gelaß für seine Mutter. Zu diesen Orten pilgerten die Leute, um aus seinem Verhalten, wenn er in das Freigehege trat, abzulesen, welches Schicksal ihnen beschieden wäre.

Aber in jedem Jahr, wenn sich die Zeit der Aussaat nahte, zog Apis, der göttliche Stier, in einer großen Prozession, begleitet von König und Priestern, aus den Mauern der Stadt und des Tempels und ging durch die Felder, wo ihn die Bauern erwarteten, die sich von diesem Laufe des Apis sehr reiche Ernteerträge erhofften.

Vor ihm entblößten auch Frauen ihren Schoß, weil sie hofften, daß er sie mit Kindern segnen würde, wie er das offene Ackerland segnete, wenn er vorüberzog. Apis erwies sich immer als gütiger und erfolgreicher Gott. Er sorgte dafür, daß die Tafel der Götter stets reich beschickt werden konnte und daß auch die Tische der Menschen nicht leer blieben. Als Speisemeister der Götter und Menschen war er bald bei Göttern und Menschen beliebter als der große Gottherr Ptah. Viele glaubten auch, er sei der Ba des Gottes Ptah, während andere meinten, in ihm sei der Ba des Osiris erschienen, weshalb sie dem Apis auch Lieder und Hymnen dichteten, in denen sie von seinen großen Taten bei der Fahrt nach Aminte sangen.

Denn einstmals, als Seth den Osiris erschlagen hatte, war der Ba des ermordeten Osiris in den Apis geflohen. Dieser barg ihn in sich und trug ihn wohlbehütet nach Aminte. Als Lohn und Dank dafür gab Osiris dem Apis das Versprechen, daß er nach seinem Tode wie Osiris sein würde, indem er auf dem Wege durch die Unterwelt wie der König »zum Stiere von Aminte« werden sollte.

Pyr. 625, Herodot II, 153; Diodor I, 85; Pyr. 1313; Plutarch, De Iside et Osiride Kap. 20.

1. Der Apis-Kult von Memphis stammt aus der Frühzeit des Alten Reiches und scheint wie in Vorderasien auf den Fruchtbarkeitskult von Ackerbauern zurückzugehen. Wie Annalen und bildliche Darstellungen der Frühzeit ausweisen, sollen Stier und König die Fruchtbarkeit des Landes erhöhen, wenn sie in feierlichem Zuge durch die Felder gehen. Dieser Brauch wurde vor allem in Jahren geübt, wo der Nil nur wenig Wasser brachte. Die aus Praktiken des Alten Reiches stammenden Traditionen des Festes »Erscheinung des Königs« haben im Apis die Erscheinung des

Nilgottes Hapi gesehen, der gelegentlich auch in Stiergestalt auftritt. Die Königstitulaturen greifen diese Namen auf: der den Stier des Apis führt.

Der Brauch, die Leichen der Apis-Stiere wie die Leichen der Könige beizusetzen, vor allem in Saqqara, nachdem man sechzig Tage um sie getrauert hatte, ist aber älter als die Bindung an den Osiris-Mythos. Dieser Brauch war vielmehr eine der Voraussetzungen für die Ineinssetzung von Osiris und Apis. Eine andere war in der Königsmythologie vorgegeben: denn Apis, der als Sprecher oder Stimme des Gottes Ptah galt, glich darin dem Pharao. Der Apis-Mythos hat die Wechsel der Dynastien überdauert, weil er als Ba des Osiris – die Spätzeit schuf den Gott Sarapis aus Osiris-Apis – auch dann noch für die animalischen Vitalfunktionen Leben und Sterben bedeutsam blieb, nachdem die Staatskulte um Re, Ptah oder Amun bedeutungslos geworden waren. Das bis in die Spätzeit geübte Verfahren, wie ein Stierkalb als Apis zu erkennen war, sehr umständlich und aufwendig, blieb auch von allen späteren Eroberern unangetastet. Der Perser Darius soll sogar eine hohe Belohnung ausgesetzt haben, um möglichst schnell ein solches Kalb zu finden, nachdem zu Beginn seiner Amtszeit in Ägypten der alte Apis-Stier gestorben war.

2. Apis von Memphis ist wie der Stier Mnevis von Heliopolis, der als Fruchtbarkeitsgott in den Dienst des Sonnengottes Re gerückt war, immer Herold oder Bote eines anderen Gottes gewesen. Für den mythischen Erzähler sind Boten und Knechte aber immer wichtigere Figuren als Könige und Götter, weil auch dem Bauern am Nil die Abgesandten des Königs, die Beamten, wichtiger waren als der König, denn mit ihnen hatten sie zu tun. Deshalb überdauerten ihre Kulte auch die Verfallsepochen der großen Staatskulte. Könige und Priester erwiesen sich als austauschbar, die Fruchtbarkeit der Äcker und Frauen aber blieb lebensnotwendige Aufgabe auch in Umsturzzeiten. Die hohen erhabenen Staatsgötter bedienten sich zudem immer eines Stellvertreters, der die niederen Vitalfunktio-

nen der Länder und Menschen regelte. Altägyptische Religion und Staatsdoktrin unterscheiden sich darin nicht.

3. Die Tierkulte der Ägypter wie ihre Tiermärchen und Tierfabeln, zu denen auch die Tradition des Stieres Buchis von Theben gehört, der als Erscheinung des Stadtgottes Month von Hermonthis-Theben galt, haben ihre weiteste Verbreitung in der Spätzeit gefunden. Die von den Griechen bei den Ägyptern vermutete Apotheose von Tieren trifft sicher zu. Aber die griechische Polemik verhindert, daß in diesen Dichtungen auch jene Versuche zu entdecken sind, menschliche Fragen, wenn auch in sehr verfremdeter Form, zu lösen und darzustellen.

d) Anubis

Anubis, der schakalgestaltige Gott, war der Herr der Stadt Kynopolis im 17. oberägyptischen Gau. Sein Vater war der Gott Osiris, der ihn mit der kinderlosen Frau seines Bruders Seth, der Göttin Nephtys, gezeugt hatte, nachdem diese von Seth nicht empfangen konnte. Andere aber meinten, Anubis sei ein Sohn des Re, der auf die Erde geschickt worden war, um den Leichnam des Osiris zu reinigen und zu verklären, für die Auferstehung in Aminte, damit er ähnlich würde dem verklärten Leibe des Re.

Als Anubis geboren war, gesellte er sich zu Thot. Beide erfüllten an Osiris die Sohnespflichten, weil Horus noch nicht geboren war, als Osiris von Seth ermordet wurde. Anubis und Thot richteten die Balsamierung des Osiris schön her, und Thot heilte die zerbrochenen Glieder des Osiris, indem er über ihnen seine Zaubersprüche murmelte. Anubis aber wachte nachts bei dem toten Osiris und behütete so den Leichnam vor den Nachstellungen und Angriffen der Feinde des toten Gottes. Er legte nämlich seine Hände auf den Leib des Verstorbenen, bis der Tag anbrach und die Erde hell geworden war. Als der Tag gekommen war, an dem Osiris seine letzte Reise antreten sollte, begleiteten Anubis und Thot den Osiris nach

Aminte. Dort aber berief der zum König von Aminte auferstandene Gott Osiris die beiden getreuen Helfer zu Richtern des Totengerichtes und beauftragte sie, die Herzen der Toten zu prüfen und aufzuschreiben, was für die Ewigkeit wichtig war.

Andere aber glaubten, daß Seth und Anubis Brüder gewesen waren, die friedlich zusammen bei gemeinsamem Spiel und Lernen aufwuchsen. Eines Tages aber stahl Seth dem Anubis dessen Jagdgerät und Spielzeug und entfloh damit. Anubis aber setzte ihm nach und ergriff ihn gerade, als Seth sich in einen Stier verwandelt hatte. Vordem hatte er schon mehrfach die Gestalt gewechselt, um der Verfolgung durch Anubis zu entgehen. Anubis fesselte den Gott in seiner Stiergestalt und brachte ihn in seinen Tempel, wo er ihn gefangen hielt, bis er alle geraubten Gegenstände zurückerhalten hatte.

Andere erzählten, daß Anubis einstmals mit seinem jüngeren Bruder Bata im Zorn auseinandergegangen war, weil die Frau des Anubis den jungfräulichen Bata gegen seinen Willen hatte zum Beischlaf verführen wollen. Bata aber zog an einen anderen Ort, nachdem er seinem Bruder ein Zeichen gegeben hatte, an dem er einstmals seine Unschuld erweisen würde. Anubis aber glaubte dem bei Re geleisteten Eide seines Bruders, ging hin und tötete seine Frau. Bata aber hatte bei seinem Schwure sein Glied abgeschnitten und es in den Fluß geworfen, der zwischen ihm und Anubis war, woselbst ein Wels es auffraß. In seiner neuen Heimat gesellte sich nach dem Ratschluß der Götter zu Bata ein Mädchen, mit dem er aber, nachdem er sich ja selbst entmannt hatte, wie mit einer Schwester zusammenlebte. Diese aber ward ihm eines Tages untreu und verriet ihn, so daß er sterben mußte. Sein Tod gab Anubis das Zeichen, das ihm sein Bruder gewiesen hatte. Er brach auf von seinem Hause, suchte den Leichnam seines Bruders und belebte ihn wieder. Beide aber trachteten nun danach, dem ungetreuen Weibe des Bata das Leben zu nehmen. Mit List und göttlicher Macht trieben sie sie in den Untergang, und

Bata ward König des Landes an ihrer Statt. Nach dem Tode Batas aber trat Anubis die Herrschaft an, die kein Ende fand, weil er nicht aufhörte, ein Freund und Helfer aller Bedrückten und Verfolgten auf Erden und ein gerechter Richter in Aminte zu sein.

Plutarch, De Iside et Osiride 14; Pap. Boulaq 3, VII, 5; Pyr. 157, Pyr. 1713; Märchen von den zwei Brüdern nach Pap. d'Orbiney, übersetzt bei Brunner-Traut, Altägyptische Märchen, Nr. 5, mitsamt Kommentar S. 259–60.

1. Anubis, dessen Symbol, der liegende Hund, das Zeichen des 17. oberägyptischen Gaues ist, war vermutlich als Herr dieses Ortes zunächst menschengestaltig und hundsköpfig. Hund und Schakal sind gleichermaßen mögliche Urbilder dieses Symbols. Die Darstellung bei der »in Ägypten allgemein zu beobachtenden Ungenauigkeit der Gattungsbezeichnung« (Bonnet) erlaubt keine eindeutige Fixierung.

Mythologisch markiert sonst der Hund in der kulturgeschichtlichen Entwicklung die Domestizierung von Wildtieren durch nomadisierende Hirtenvölker. Durch seine Bindung an den Totengott Osiris ist er vorwiegend zum Totengott geworden, zum Totenrichter und -führer. Seine Funktion als territorialer Götterfürst hat er schon im Alten Reich verloren. Da Schakale und streunende Hunde zumeist am Rande der Städte und der Nekropolen hausten, erklärt sich auch die sinnfällige Aufgabenstellung des Gottes aus der von den Ägyptern zu beobachtenden Funktion dieser Tiere. Aber nur ein Exemplar dieser Gattung konnte, wie Strabon, Geographica 17, beobachtet hat, jeweils die Erscheinung des Gottes sein. So gab es nur ein heiliges Suchos-Krokodil in Fajum, nur einen Widder in Karnak, nur einen Stier in Memphis und nur eine Katze in Bubastis, denen die Ehre zuerkannt wurde, Erscheinung eines Gottes zu sein.

2. In dem ptolemäischen Mythos aus Kynopolis wird zudem ein Stück Kulturätiologie erkennbar, weil der Erzähler

kultische Bräuche, vor allem das Gefängnis des Stieres am Tempel, erklären will. Ursprünglich Mythisches wird märchenhaft erinnert, daß nämlich der Hund wesentlich bei der Domestizierung der Wildrinder beteiligt war.

Das Märchen von den Brüdern Bata und Anubis erzählt zudem von dem wundertätigen Vorgänger des Königs Anubis, des göttlichen Herrn und Königs Bata, der sich in einen Baum, einen Stier oder einen Menschen verwandeln kann. Bata ist der Name des stiergestaltigen Gottes der Stadt Sako im 17. oberägyptischen Gau, die der Stadt des Gottes Anubis von Kynopolis benachbart ist. Das Märchen lebt von dem Mythos, der den Übergang der Herrschaft von Sako auf Kynopolis beschrieben hat. Das Walten des Königs bewirkt Fruchtbarkeit und Segen, die lokalen Göttermythen werden durch den Königsmythos geformt. Plutarch erzählt in De Iside et Osiride, Kap. 6i, und Clemens Alexandrinus in Strom. V, 7, daß Anubis, der spätere schwarze Totengott, ein strahlender Held und Kämpfer für den lebenden Pharao gewesen sein soll.

e) Bastet von Bubastis

Bastet war die löwenkatzenköpfige Herrin von Bubastis, die Tochter der starken Herrin Tefnut von Heliopolis und Gespielin der löwenköpfigen Herrin von Leontopolis. An ihrem Busen wuchs Horus auf, durch ihre Fürsorge erstarkten die Könige der beiden Länder. Als Mutter der Könige schmückte sie sich mit der Uräus-Schlange.

Groß war ihre Fruchtbarkeit, und ihr Segen erfüllte die Länder und gab den Bewohnern allezeit Grund zu Tanz, Musik und fröhlichen Gelagen. Sie lehrte die Menschen die Liebe und nahm sich der Klagen von Liebenden an. In ihrem Zorne war sie unmäßig wie Hathor oder wie die blutrünstige Sachmet. Einstmals entfloh sie ihrem Vater in das südliche Land, nach Nubien, woselbst sie als Wildkatze ihr Unwesen trieb.

Man nannte sie wohl auch Tefnut und sah in ihr eine Erscheinung ihrer Mutter, weil sie wie diese ein sehr inniges Verhältnis zu ihrem Vater Re besaß. Deshalb nannte man sie auch wohl manchmal »weibliche Sonne« und »Auge des Re«. Als sie aber bei ihrem Aufenthalt in Nubien versäumte, an den Versammlungen der großen Götter teilzunehmen, ward der Kummer dort groß. Denn auch bei den Menschen verdorrten Liebe und Leben. Und erst, als Thot auf Geheiß des Re die Göttin aus der selbstgewählten Fremde in Nubien durch List und viele kluge Erzählungen und Märchen wieder in die Heimat gelockt hatte, ward das Glück der Götter und der Menschen wieder vollkommen. Freude wie Liebe kehrten in die Länder zurück, und die Ordnung der großen Feste für die Götter und Könige, die völlig verwirrt war, wurde wiederhergestellt.

Andere aber sahen in ihr eine Erscheinung der Göttin Isis und hielten sie für die Seele, den Ba, der Isis.

Pyr. 892; Herodot II, 60; J. Spiegelberg, Der ägyptische Mythos vom Sonnenauge; Sophia Jesu Christi, BG 99,10–14.

1. Der Göttin Bastet von Bubastis wird die Katze oder die Löwin als heiliges Tier zugeschrieben. Die sprichwörtliche Fruchtbarkeit der Katze und ihre Zärtlichkeit haben dazu geführt, die Göttin in diesem Tiere erscheinen zu lassen. Diese Funktionen haben ihr aggressives Wesen, weshalb Herodot die Göttin mit Artemis vergleichen wollte, überschattet. Die Spätzeit hat ohnehin nur noch in ihr die Liebesgöttin gesehen. Die ägyptische Gnosis hat die Heilsmittlerin Pistis Sophia im 3. Jahrhundert als eine Erscheinung der Liebesgöttin Aphrodite benannt. Die zahllosen Identifikationen der Bastet, zumal mit der Göttin Tefnut, zeugen von ihrer Beliebtheit, weshalb sie in der memphitischen Tradition auch in den Reigen der Totengötter aufgestiegen ist.

2. Es kann nicht endgültig festgelegt werden, welches Tier der Göttin ursprünglich zugeordnet war. Offensichtlich waren schon für das Alte Reich die Symbolwerte von

Katze und Löwin austauschbar. So läßt sich die Alternative, löwenähnliche Kriegerin oder katzenähnliche Liebesgöttin, religionsgeschichtlich nicht auflösen. Mythologisch gehören Jagd und Krieg und Liebe ohnehin in ihrer Bipolarität zusammen. Der bekannteste dieser Mythen ist der griechische Mythos von Hephaistos, der in seinem Netz Ares und Aphrodite verstrickt. Ausführliche Mythen erzählte man von Bastet sonst nur wenig, während sie in Hymnen und magischen Texten hingegen als Zauberin und Nothelferin angerufen wird.

3. Die Katzenfriedhöfe kommen erst seit dem Mittleren Reiche vor. Sie zeigen, daß die Göttin in der Frühzeit und im Alten Reiche zunächst als löwenköpfige Kriegerin und Jägerin im exklusiven Königsmythos gedacht war und erst später unter dem Bilde der Katze als Liebes- und Fruchtbarkeitsgöttin vulgarisiert wurde.

f) Der Falke von Hierakonpolis

In Nechen, der Hauptstadt des 3. oberägyptischen Gaues, die die Griechen Hierakonpolis nannten, herrschte seit alters der Gott von Nechen als König, dessen Name Horus war. In der Gestalt eines hockenden Falken, der als Krone ein hohes Federpaar trug, wurde sein Bild verehrt. Mit dem Vater Horus regierten seine Söhne Kebechsenef und Duamutef das Reich der beiden Länder, von dem die Alten glaubten, es sei das erste Königtum in den beiden Ländern am Nil gewesen. Alle seine Feinde unterwarf er mit Hilfe der anderen Götter. Wie der Flug des Falken war der Aufstieg des Gottes Horus.

Als aber Re mächtig wurde in den Ländern und seine Herrschaft ausbreitete, machte er Horus zu seinem treuen Diener.

Die Alten sahen, daß der Gott Re so unbesiegbar war wie der Gott Horus und daß auch der Gott Osiris, der Vater des Horus, stark und mächtig war. Als einstmals Re und Osiris sich in der Stadt des Horus trafen, erschienen sie dem zuschauenden Gottvater Geb, als wären sie falkengestaltig wie Horus geworden.

Der Segen der Götter aber ruhte auf Horus und allen ihm nachfolgenden Königen in den beiden Ländern, weshalb die Alten glaubten, daß die Könige auch in Gestalt eines Falken die Reise nach Aminte machten. Horus war jeder König nach dem Willen seines Vaters Osiris.

Einige aber erzählten, daß Horus auch im Benu-Vogel erschienen sei. Dieser war bei der Schöpfung der Welt aus der Sonne hervorgetreten. Der aber war aus dem Feuer geschaffen, das in der Dämmerung des Tages auf dem Perseabaum in Heliopolis aufleuchtete, und wie dieses unsterblich und unvergänglich.

Tb Kap. 113; Pyr. 1652; Tb Kap. 17; Tb Kap. 83.

1. Der Falke ist in den Pyramidentexten das Determinativ für die Bezeichnung eines Gottes gewesen. Gott und König waren für das Alte Reich noch Synonyme. Horus war das Urbild des Königs. Die Horus-Namen in den altägyptischen Königstitulaturen gehören zu den ältesten Bestandteilen. Dabei muß damit gerechnet werden, daß zu den natürlichen Vorbildern für das Symbol sowohl Adler wie Bussard, Sperber und Habicht oder Falken gewählt werden können, weil alle diese Gattungen im alten Ägypten verbreitet waren. Die zahllosen Orte mit Falkengöttern in beiden Ländern des Nil erklären sich durch den allmächtigen Staatskult; das Königtum war allgegenwärtig wie die Raubvögel am Himmel. Das Mythologem, daß der verstorbene König in der Gestalt eines Falken die Reise nach Aminte antritt, belegt keine animistische oder totemistische Vorstellung, sondern zeugt nur für den überragenden Einfluß der Staats- oder Königsideologie.

2. Der Gott Horus (siehe II. b) wie seine Söhne (siehe V. a) haben deshalb schon frühzeitig ihre dichterische Subjektivität verloren, die die Götter der griechischen Mythologie besitzen, weil sie zu Metaphern der staatserhaltenden

Mythologie geworden sind. Abgesehen von dem Fortleben in der griechischen Phönix-Sage, wie sie Herodot, II; 73, erzählt, die auf dem ägyptischen Mythos von dem Benu-Vogel basiert, hat deshalb auch der Falke als heiliges Tier an Bedeutung verloren. Der spätzeitliche Name Achom für Falke, mit maskulinem Artikel zu Pachom, mit femininem Artikel zu Tachom stilisiert, bezeichnet dann auch nur noch das Gottesbild. Die Entwicklung hat damit ihr Ende gefunden. Aus dem Gattungsbegriff für königliche gotthafte Wesen ist ein Sammelbegriff für deren Bilder geworden. Diese Entwicklung spiegelt eine religionsgeschichtliche Entwicklung wider. Ohnmächtig und bedeutungslos gewordene Götter und Könige werden zu Namen oder Begriffen, einstmalige personale Macht wird zu Gesetzen und Offenbarungen. Das gilt auch für das Verständnis des Ba-Vogels in der Spätzeit, der fast immer Falkengestalt trägt und dann die Seele, den Ba, früher nur des Gottes Re, dann jedes Menschen schlechthin, darstellt.

Die Personalität eines Gottes wird durch seine Spiritualität ersetzt. Auch der gnostische Versuch (zum Beispiel in der koptisch-gnostischen Lehrschrift De origine mundi, NHC II 5,122), den Phönix-Mythos aufzunehmen, unterliegt demselben Gesetz. Er verdünnt allerdings die sinnlich wahrnehmbare künstlerische Darstellung der Dichtung zur philosophischen Spekulation. Horus ist mythologisch nur als Kämpfer um die Krone von Bedeutung geblieben. Die Mythen erzählen von seinem König-*Sein* nichts mehr, weil dieses auf die Inhaber des Horusnamens, die Pharaonen, übergegangen ist.

Kapitel X
VON DER VERZWEIFLUNG

a) Die Hungerstele

König Djoser regierte schon achtzehn Jahre, als zum siebenten Male die Nilüberschwemmung ausblieb. König und Land gerieten in tiefe Sorge, denn das Korn blieb klein auf den Halmen, sofern überhaupt die Saat aufgegangen war, die die Bauern sich von ihrem Brotkorn abgespart hatten. Viele aber hatten nicht einmal mehr das Korn zur Saat und waren verzweifelt. Der Hunger regierte in Hütten und Zelten von Bauern und Herren, und Diebstahl war eine geübtere Fertigkeit als das Flechten der Schilfmatten. Die Kinder schrieen vor Hunger, und Alte und Jünglinge fielen entkräftet auf den Straßen nieder. Sorge und Not herrschten auch in Tempel und Palast.

Da wandte sich Pharao an den großen Weisen, den Alten, Imhotep, um von ihm Rat zu erhalten. Imhotep aber wandte sich seinen Büchern zu und forschte in ihnen gründlich, bevor er sich zu Pharao begab, um ihn über die Ursachen des fehlenden Wassers zu belehren und dem Könige zu berichten, was er an Wissen über den Nil zusammengetragen hatte. In Elephantine, erzählte er, in dem Orte im oberen Reiche, beträte der Nil das Land, teile sich in zwei Arme und umarme so die Stadt, das Haus des Gottes Chnum. Gott Chnum aber verfüge über das Wasser. An ihm läge es, ob der göttliche Fluß reichlich Wasser mit sich führe oder versande. Im Hause des Chnum aber lebten noch andere Götter, nämlich neben dem Nilgott Hapi auch noch die Herrin Satis und die Herrin Anuket, die Gemahlinnen des Gottes Chnum, »die Spenderinnen des kühlen Wassers aus Elephantine«. Ferner würden bei Chnum auch noch die Götter Schu, Geb, Nut, Osiris und Horus, ja vor allem auch noch die Göttinnen Isis und Nephtys leben. Alle diese Götter trügen mit Chnum gemeinsam Sorge für das Wasser des Flusses. Gemeinsam würden sie, so sagte Imhotep, frühmorgens Re grüßen, wenn er in seinem Sonnenschiff die Länder querte, und am Abend die Sonnentore schließen. Unmittelbar bei Elephantine aber lägen in den Bergen reiche Schätze an Gold, Silber, Edelsteinen und Erzen. Nachdem König Djoser diese Rede gehört hatte, ging er in sich. Er dachte über die Rede Imhoteps nach und ließ ein großes Opfer für die Götter in Elephantine anrichten, wobei nicht mit Brot, Bier, Gänsen und Rindern gespart wurde, obwohl die Not im Lande sehr groß war.

Daraufhin erschien in der folgenden Nacht der Gott Chnum dem Pharao im Traume und befahl ihm, die verödeten Gotteshäuser wieder errichten zu lassen und den Dienst an den Göttern wieder zu versorgen. Pharao war sehr erschrocken, als ihm der Herr und Schöpfer des Nil so unvermittelt erschien und ihn auch unmißverständlich auf die reichen Schätze der Berge zu beiden Seiten des Nil hinwies. Bevor sich aber der Gott von dem Könige abkehrte, verhieß er ihm bald viele gute fette Jahre mit reichlichem, regelmäßigem Nilhochwasser. Danach aber würde das Reich sich von der Not und dem Elend erholen und zu einem blühenden Lande werden.

Nachdem der König am nächsten Morgen erwacht war, befahl er, dem Hause des Gottes Chnum in Elephantine die Berge gegen Morgen und gegen Abend mit allen ihren Schätzen zu schenken und ebenso die Ernten des Tales zu seinen Füßen. Dazu sollten dem Gotte noch der Zehnte von allen Jagdbeuten der Fischer und Jäger für alle Zeiten gegeben werden und ebenso der Zehnte von allen Herden, die in jenem Gebiete weideten. Ebenso sollte dem

Hause des Chnum von allen Gütern, die den Nil bei Elephantine passierten, der Zehnte als Zoll gehören. Außerdem sollten auch alle Handwerker und Künstler den Zehnten an das göttliche Haus abliefern. Damit dieses Gebot aber für alle Zeiten bekannt bliebe, befahl der Pharao, die ganze wunderbare Begebenheit auf einem Denkmal aufzuschreiben.

H. Brugsch, Die biblischen sieben Jahre der Hungersnot, Leipzig 1918; Roeder, Urkunden, S. 178–184.

1. Der Text ist sehr schlecht erhalten, obwohl er erst aus ptolemäischer Zeit stammt. Der altertümliche Text ist eine Schöpfung der Priesterkaste von Heliopolis, die mit dieser »konstantinischen Schenkung« ihre Privilegien zu sichern hoffte. Der schlechterhaltene Text läßt aber noch erkennen, daß die Autoren der alten Sprache, die sie anwendeten, nicht mehr richtig mächtig waren.

2. König Djoser ist einer der berühmtesten Pharaonen aus der 3. Dynastie, und Imhotep war der erste Wissenschaftler der ägyptischen Geschichte, dem die Tradition zuschreibt, er habe alle Wissenschaften beherrscht und deshalb auch die Stufenpyramide bei Saqqara errichten können. Die Spätzeit hat ihn vergöttert. Die Griechen haben in ihm eine Erscheinung des Asklepios gesehen. Nachrichten von einer Kultstätte neben dem Grabe in Memphis bestätigen seinen Ruf und seine Bedeutung. Deshalb wurden sie zu Zeugen für diese ungeheure Schenkung gemacht. Für die Götter nämlich, das deutet der Text an, ist das Beste gerade gut genug, muß selbst in Notzeiten besser gesorgt werden als für die Menschen. Erst müssen Tempel errichtet und die Priester versorgt werden, bevor für die Menschen gesorgt werden darf.

3. Die Besonderheit des Textes liegt nicht in seiner oft beschworenen Nähe zu der biblischen Nachricht aus dem Josephs-Roman im 1. Buch Mose, Kap. 41, sondern in der Schilderung der Nöte und Zustände in den Ländern, wenn

die Nilüberschwemmung ausbleibt. Diese Not ist eine Katastrophe, die sich jederzeit wiederholen kann, weshalb das Gebot des Königs ewige Gültigkeit haben muß.

b) Die Worte des Ipuwer

Als einstmals das Nilwasser ausblieb und die Vorräte in Tempel und Palast erschöpft waren, als die Soldaten und Beamten des Pharao nicht mehr mächtig genug waren, um Ordnung und Sicherheit aufrechtzuerhalten, als die Türhüter die Häuser plünderten, anstatt sie zu bewachen, und die Konfitürenbereiter sich erhoben, da geriet das Leben in den beiden Ländern in völlige Verwirrung. Die einstmals sich in Sänften tragen lassen konnten, mußten nun wie Bettler durch die Straßen schleichen, um nicht zu verhungern. Diener wurden Herren, und einer, der früher ein Laufbursche war, ließ nun andere für sich laufen. Frauen, die früher nicht wußten, was Harfenspiel ist, besaßen nun Harfen. Es war sehr ungewiß, ob die Menschen lebend nach Hause zurückkehren konnten, die morgens ihre Häuser verließen. Menschen wurden zu Mördern, weil sie damit rechnen konnten, nicht bestraft zu werden. Die Sklavinnen behängten sich mit Schmuck, aber die Herrinnen gingen in Lumpen. Die Frommen im Lande aber empörten sich gegen Re, der dieses alles zuließ und scheinbar unbeirrt in seinem Sonnenschiff durch die Horizonte fuhr. Ihr Zorn verführte sie, an seiner Schöpferkraft zu zweifeln und seine Macht zu leugnen. Wie konnte es möglich sein, wenn Re der Herr der beiden Länder war, daß Räuber und Mörder im Lande regierten, Unrecht, Betrug und Gewalt an die Stelle von Recht und Ordnung getreten waren? Schlief etwa der Gott, hatte er keine Augen mehr für seine Länder, wenn er in seinem Schiffe über die Länder fuhr? Konnten die großen Götter es nicht verhindern, daß immerfort böse Menschen geboren wurden und Herzlosigkeit und Unterdrückung zunahmen? Waren die »gnädigen Herren« so schwach, daß sie die Feinde nicht mehr daran hindern konnten, über die Grenzen in die Länder einzudringen und zu rauben und zu plündern, zu verwüsten und zu zerstören, was die Hände der Gerechten mit Mühe errichtet und gepflanzt hatten? Es kamen auch keine Waren mehr in die Städte, und die Handwerker legten die Arbeit an den Kanälen und Tempeln nieder, weil die Aufseher und Beamten nicht mehr wußten, wie sie den Lohn zahlen konnten. Schon längst waren die Archive geplündert und zerstört, so daß niemand mehr wußte, was für Steuern er zu zahlen hatte. Man warf die Toten in den Nil und machte keine Särge mehr, weil niemand mehr das Zedernholz aus dem fernen Lande holte. Selbst die Tiere strichen klagend über das Land. Alle Gesetze der Natur und der Länder wurden mißachtet. Eltern setzten ihre Kinder aus oder brachten sie um, und schon wurden Stimmen laut, man sollte das Königtum abschaffen.

Ohnmächtig sahen die Leute, wie man des Landes Kunstwerke stahl und über die Grenzen schleppte; die Künstler hörten auf zu arbeiten. Man vergaß die Lieder von der Herrlichkeit der Länder und lebte nur noch für den Augenblick. Die Jungen mißachteten den Rat der Alten und den König und sahen lieber über die Grenzen und öffneten sie den Feinden.

Papyrus Leiden 344. Übersetzt bei A. Erman, Die ägyptische Literatur, Leipzig 1923, S. 130–148.

1. Der Dialog des Ipuwer stammt aus der I. Zwischenzeit, nachdem das Alte Reich nach dem Tode von Pharao Pepi II. in Anarchie und blutigen Exzessen zugrunde gegangen war. Die Klagen über die vergangene gute alte Zeit und die Schilderungen der gegenwärtigen Katastrophe verbindet der Dichter allerdings auch mit Losungen, die zur Verdrängung der Feinde der Residenz und zur Wiederherstellung der alten Ordnung auffordern. Der Dichter zweifelt nicht daran, daß sie einstmals wiederkehren wird.

Der Tenor der Dichtung verrät den Standort des Dichters. Er gehört zur Hofdichtung. Die umstürzlerischen Kräfte seiner Zeit lehnt er ab. Der ruinöse Zustand der siebzehn Blätter dieser Dichtung läßt aber noch erkennen, wie kunstvoll die Dichtung komponiert ist. Der Dichter beherrscht die alte ägyptische Sprache und ihre dichterischen Gesetze.

2. Die Schrecknisse dieser Zeit, von denen Herodot in dem Kapitel 100 des II. Buches noch zur Legende gewordene Erinnerungen bewahrt, sind oft als Revolution bezeichnet worden. Diese Katastrophe, die der Dichter dem Versagen der Götter zuschreibt, ist aber keine Revolution gewesen, weil die sozialen und ökonomischen Strukturen der Gesellschaft nicht verändert wurden. So wissen wir zuverlässig aus einzelnen Biographien von Gaufürsten, daß in einzelnen Provinzen des Landes die alten Zustände durchaus weiterbestanden und daß das Schicksal, das Ipuwer beschreibt, nur das Schicksal der Residenz, der Landeshauptstadt, gewesen ist. Die schwache 6. Dynastie ging in zahlreichen Machtkämpfen von Thronrivalen unter. So zählt z. B. Manetho etwa siebzig Könige für die 7. Dynastie, die nur jeweils etwa siebzig Tage regiert hätten. Dieser Nachricht ist zu entnehmen, wie chaotisch die Zustände im Reichsinneren gewesen sind.

3. Für ägyptische Mythologie ist wichtig, daß der schwache Pharao Symbol eines schwachen Gottes ist. Re schläft oder muß blind sein, wenn so etwas möglich ist. In dem dritten Abschnitt der Dichtung wird dann noch die Vision eines starken Königs entworfen, der auch Re in seinem Sonnenschiff wieder zu Ehren bringen wird.

c) Der Streit des Lebensmüden mit seiner Seele

Es begab sich aber, als das Alte Reich zerfallen war, daß ein Weiser zu sterben beschloß. Er fand sich in den Zeitläuften nicht mehr zurecht, nachdem er erleben mußte, daß man ihn öffentlich verspottet hatte. Er spielte mit dem Gedanken, sich zu verbrennen. Dabei widersprach ihm seine

Seele. Diese wollte sich nämlich nicht mit ihm verbrennen lassen und sagte, daß sie ihn verlassen würde, weil sie befürchtete, fortan nur Mangel leiden zu müssen. Es war nämlich niemand da, der einem Menschen, der sich verbrennt, ein Grab bauen und dann auch noch für die Opfer sorgen würde.

Da gedachte der Mann, zu den Richtern zu gehen, um seine Seele zu verklagen, daß sie ihn verlassen wollte. Denn nach seinem Wissen war es ein Unrecht, daß die Seele einen Menschen im Tode verläßt. Und er beschwor seine Seele mit eindringlichen Worten, im Gerichte und im Westlande bei ihm zu bleiben, weil er sich sicher glaubte, daß die gütigen Götter ihm helfen würden.

Seine Seele aber lehnte diesen Vorschlag ab, denn der Mann, der seines Lebens nicht mehr froh zu werden glaubte, war kein wohlhabender Mann mehr, und sie traute dem Versprechen des Mannes nicht, sie unbeschädigt und wohlbehalten mit in das Westland zu bringen. Und nicht nur ihr Mißtrauen trug sie ihm vor, sondern sie wies ihn auch darauf hin, daß Sterben und Begrabenwerden auch Grund genug zu Klagen, Weinen und Jammern geben würde, weil es von dort, der guten und reinen Stätte, keine Rückkehr mehr gäbe. Der Mann aber war klüger als seine Seele. Er stimmte Lieder an und belehrte mit ihnen seine Seele; sein Name sei schon verflucht und vergessen, und in solchen Zeiten, wo Freunde und Brüder sich nicht mehr liebten und die Treue hielten, wo jeder jeden zu bestehlen suchte, wo es keine Güte, sondern nur noch Frechheit gab, lohne es sich nicht mehr zu leben. Weil aber auch niemand mehr Milde und Gerechtigkeit übte und nicht abzusehen war, wann die Sünde aufhörte, und weil niemand mehr nach der Wahrheit strebte und der Frevel erlaubt schien, erschien ihm der Tod wie ein Freund, wie die Genesung nach schwerer Krankheit, wie ein Wohlgeruch von Lotosblüten und Myrrhen, ja wie ein Siegeszug nach einem glücklich beendeten Kampf, wie die Freiheit dem, der aus dem Kerker entlassen wird. Deshalb beschwor der Lebensmüde seine Seele, bei ihm zu bleiben und mit ihm zum Gotte zu werden, denn wer erst im Westen angelangt wäre, »wird einer sein, der im Sonnenschiff steht und die Segensgaben für die Tempel bestimmen kann, ja wird einer sein, der ein Gelehrter ist, dem man keine Beschränkungen auferlegt und der mit dem Gotte Re wie mit seinesgleichen verkehrt«.

Aber seine Seele wollte nicht auf ihn hören und beschwor ihn, das Klagen und Jammern zu lassen und einen neuen Ort zu suchen, wo es möglich sei, mit ihm zu leben. Wenn der Lebensmüde aber sich nicht fügte, würde sie ihn verlassen.

Berliner Papyrus P. 3024; A. Erman, Die ägypt. Literatur, S. 122-130. A. Scharff, Bericht über das Streitgespräch des Lebensmüden mit seiner Seele, München 1937.

1. Der Text, der aus der Frühzeit des Mittleren Reiches stammt, ist schlecht erhalten. Anfang und Ende fehlen. Die Ursache für das Streitgespräch ist nur zu ahnen, der Ausgang nur zu vermuten. Die Situation scheint aber ähnlich zu sein wie bei dem Verfasser der Worte des Ipuwer. Der Dichter zweifelt an seiner Zeit und ihren Einrichtungen und sieht keine Möglichkeit mehr, sich sinnvoll zu betätigen. Vermutet werden darf, daß dem Dichter eine besondere, sehr schwierige Situation als allgemeine erscheint und daß seine Verzweiflung nicht nur eine subjektive Haltung, sondern ein objektives Daseinsverständnis darstellt, das den Tod dem Leben vorzieht.

2. Die Dichtung ist als Dialog konzipiert. Dem Manne, der lebensüberdrüssig ist, steht seine Seele, wie man das ägyptische Wort Ba übersetzt hat, gegenüber. Das Wort bezeichnet die Kraft des Menschen, wodurch er sich von einem anderen unterscheidet, seine Seele. Diese ist nach ägyptischer Vorstellung aktiv und kann entscheidend in das Leben eines Menschen eingreifen. Der Ba vertritt in dieser Dichtung eine sehr aufgeklärte, rationalistische Position.

Tod und Sterben haben für ihn keine verklärende Kraft, Totenkult und Unsterblichkeitsglaube keine überzeugende Wirkung. In dem erhaltenen Text erliegt der Ba den Überredungskünsten des Mannes nicht. Zu vermuten ist, daß die Dichtung mit einer Niederlage des Mannes endet und der Ba den Sieg davonträgt, nicht nur der biblische Hiob wird mit dem Schicksal versöhnt.

3. Für ägyptische Mythologie ist diese Dichtung wichtig, insofern sie deutlich macht, daß auch der Tod eines Menschen in Ägypten nicht nur durch die Traditionen der Priesterhäuser gedeutet worden ist, sondern auch Gegenstand künstlerischer Auseinandersetzung außerhalb der gesellschaftlichen Normen war. Der Ba, der im allgemeinen als Vogel dargestellt wird und selber göttlichen Ursprungs ist, ist dabei mehr als nur dichterische Metapher, mehr als nur einfache Fabelfigur. Die Dichtung signalisiert nicht einfach das Ende der hypothetischen Einheit von Religion und Gesellschaft im Alten Reiche, markiert auch nicht nur den Anfang jener trichotomischen ägyptischen Anthropologie, die in den gnostischen Spekulationen des Hellenismus ihre Vollendung erfährt, sondern stellt jene Frage, die Menschen zu allen Zeiten bewegt hat, wann nämlich das Leben eines Menschen seinen Sinn vollendet hat. Die Antwort auf diese Frage durch diese mythische Dichtung ist durch den verlorengegangenen Schluß des Textes strittig. Die anderen Beispiele ägyptischer Dichtung in diesem Kapitel scheinen alle einen positiven Ausgang besessen zu haben. Wenn auch das Gespräch des Lebensmüden mit seiner Seele damit geendet haben sollte, daß der Mann zu Osiris wird in Begleitung seines Ba, und wenn damit die Fabel sich der allgemeinen Erwartung unterwirft, so wird doch die Erinnerung bewahrt werden müssen, daß zumindest ein Dichter zu Beginn der 12. Dynastie die Frage stellte nach dem möglichen Ende von sinnvollem Leben und das Bild geschaffen hat, das seitdem nicht nur gnostische Theosophen und idealistische Philosophen benutzten, daß nämlich der Leib des Menschen ein Gefängnis und der Tod eines Men-

schen die Befreiung aus knechtender Kerkerschaft bedeutet.

4. Es ist ein altägyptischer Topos, daß der Tote gen Himmel fährt. Im Pyramidentext 467 und 335 steigt der Tote in Begleitung seines Ka zum Himmel auf: Als Reiher ist er aufgestiegen, als Falke hat er den Himmel geküßt, im Götterschmuck thront er unter seinen Brüdern, den Göttern. Diese Vorstellung galt wie Spruch 267 zunächst nur vom König, der auf einer Rampe zum Himmel fährt, um im Sonnenschiffe des Re seine Lebensfahrt fortzusetzen. Jünger ist die Lehre, daß dieses Reich im Westlande liegt.

d) Die Klagen des beredten Bauern

Es war einmal ein Bauer, der glücklich und zufrieden mit seiner Frau und seiner Familie auf dem Lande lebte. Nach einer guten Ernte beschloß er, eine Eselkarawane auszurüsten, um überschüssige Früchte des Feldes und seines Gewerkes in der Hauptstadt möglichst gewinnträchtig zu verkaufen. Unterwegs aber fiel er einem räuberischen Landpächter in die Hände, der ihn seines Hab und Gutes beraubte. Dieser Landpächter nutzte den Umstand aus, daß der Weg des Bauern durch seine Ländereien führte. Er legte nun ein Leintuch so auf den Weg, daß dessen eines Ende in ein Kornfeld, das andere aber in den Wassergraben am Rande des Weges hing. Als der Bauer sich anschickte, das Tuch wegzunehmen, verwehrte der Pächter es ihm. Notgedrungen mußte der Bauer nun so hart am Feldrande vorbeiziehen, daß seine Esel ein paar Ähren des Kornes ergreifen konnten. Diesethalben erhob der Pächter ein großes Geschrei und nahm dem Bauern Esel und Last als Wiedergutmachung des Schadens ab. Zehn Tage lag der Bauer dem Pächter mit der Klage in den Ohren, ihm seine Esel und die Last wiederzugeben. Als er von dem hartherzigen Pächter nichts erreichen konnte, zog er in die Hauptstadt vor den Vorsteher der Landpächter und klagte vor ihm. Der Vorsteher aber ließ die Klage des Bauern von seinen

Richtern behandeln, die sie abwiesen. Die Richter aber hatten nur die Rede des Dieners gehört, den der Vorsteher der Landpächter zu ihnen gesandt hatte. Ihm gaben sie auch den abschlägigen Bescheid. Der Bauer aber hörte nichts von diesem Urteil und ging nun zu wiederholten Malen vor den Vorsteher, um ihn an seine Klage zu erinnern. Er hub aber zunächst damit an, daß er ihn wegen seiner Gerechtigkeit lobte und wegen seiner Weitsicht und Fürsorge für das Gedeihen des Landes. Der Vorsteher aber war von der wundervoll vorgetragenen Rede des Bauern so entzückt, daß er dem König davon erzählte. Der König aber wies den Vorsteher an, den Bauern hinzuhalten und alle seine Reden aufschreiben zu lassen. So ward der Bauer durch die Laune des Königs gezwungen, in acht großen Reden um sein Recht zu kämpfen. Er beschwor die Beamten bei ihrem Gerechtigkeitssinn und bei ihrer Furcht vor dem Gericht nach ihrem Tode in der Unterwelt, von ihrem frevlerischen Tun abzulassen, ungestraft die kleinen Leute zu berauben und deren kleine Vergehen mit hohen Strafen zu ahnden, während sie ihresgleichen und die reichen Leute noch begünstigten. Er bezichtigte sie des unredlichen Umgangs mit den Sachen des Königs, des Staates und der Wahrheit und ließ sich durch keine Drohreden oder Prügelstrafen des Vorstehers davon abhalten, das zu sagen, was er in seinem Herzen dachte.

So warf er endlich dem Vorsteher vor, daß er ungerecht und ohne Güte und Milde urteile und strafe, daß er die Schwachen und Hilflosen bedränge und unterdrücke, anstatt sie in Schutz zu nehmen und ihnen zu ihrem Recht zu verhelfen. Er hielt ihm vor, daß er sich an den Gütern der Armen bereichere und nicht anders handele wie alle Beamten des Pharao, die auch die besten Güter in ihre eigene Scheuer führen, die wie Fährmann und Herdenbesitzer die Bauern betrögen mit ungleichem Maß und so die Länder des Königs ruinierten. Der Bauer beschuldigte den Vorsteher, nicht auf die Ordnung und Sicherheit auf den Straßen und den Fährübergängen zu achten und darauf, daß es vor

Gericht nach Brauch und Recht zuginge, daß er nicht pflichtgemäß die Frevler, sondern Wild zu seinem Vergnügen jage. Die Anklagen des Bauern verschärften sich von Tag zu Tag. Je länger der Vorsteher mit Billigung des Königs den Bauern hinhielt, desto schwerer wurden die Vorwürfe des Klagenden. Er sah in dem Vorsteher der Landpächter den größten Übeltäter des Landes, der nur seinen eigenen Nutzen verfolgte und nicht das Wohl des Landes und seiner Bewohner. Er bezichtigte ihn, nicht nur seine Bauern und Knechte fronen, sondern auch noch die Soldaten des Königs auf seinen Feldern und Straßen werken zu lassen.

Der Vorsteher aber hörte alles an, was der Bauer vorzubringen wußte, und ließ die Berichte dem Pharao bringen. Als dem Bauern aber endlich der Geduldsfaden riß und er sich von dem Vorsteher abwandte, um sein Recht nun bei dem königlichen Richter der Unterwelt, bei seinem Gotte Anubis, zu holen, weil man es ihm auf Erden vorenthielt, da erst ließ der Vorsteher ihn zu dem Könige bringen. Der aber befahl, daß man ihm sein Eigentum zurückgeben solle und dazu noch alles, was jener räuberische Landpächter besessen hatte.

Berliner Papyrus P. 3023, P. 3025, P. 10499; Hieratische Papyri aus den Königlichen Museen zu Berlin, Bd. IV, IV., Literarische Texte des Mittleren Reiches I, Die Klagen des Bauern, hrsg, von F. Vogelsang und A. Gardiner, Leipzig 1908. F. Vogelsang, Kommentar zu den Klagen des Bauern, Untersuchungen zur Geschichte und Altertumskunde Ägyptens, hrsg. von K. Sethe, Leipzig 1913.

1. Die Klagen des Bauern sind eine Dichtung. Die kunstvolle Sprache verrät die literarische Begabung des Dichters. Die Dichtung ist höfische Kunst. Der Bauer als Sprecher zeigt an, daß im Mittleren Reiche selbst schon die Einsicht verbreitet war, daß Hofleute nicht die Wahrheit über die Verhältnisse im Lande sagen. Die äußeren Umstände spre-

chen für ihre geschichtliche Relevanz. Nur der Geduld des Königs und seiner Billigung ist diese Rede zu verdanken. Der Pharao ist selber interessiert an einer ungeschminkten Information über die Situation in seinen Reichen. Er schafft dann auch dem Rechtlosen das Recht. Die Dichtung ist insofern ein Hohes Lied des rechtschaffenen Pharao. Die Verhältnisse im Lande finden nicht seine Billigung. Die Dichtung gehört also zum mythologischen Topos vom guten alten König.

2. Die Klagen des Bauern beschreiben Verhältnisse in der geordneten Welt der 12. Dynastie. Die Rahmenerzählung verweist die Begebenheit zwar in die Regierungszeit des Königs Nub-kau-Re aus der 10. Dynastie, folgt aber damit nur einem allgemeinen Gebrauch, Zeitkritik, die Willkür und Unordnung der pharaonischen Beamtenhierarchie, deren Opfer der König und der Bauer sind, in eine geschichtliche Darstellung zu hüllen. Die Moralschelte dieser Dichtung, die entfernt an die Klagereden des biblischen Hiob erinnert, weist auch Ähnlichkeiten mit der biblischen Prophetie auf. Deshalb sind die Namen der handelnden Personen und der genannten Orte für den Charakter der Dichtung unwesentlich. Der »Bauer« ist eigentlich kein richtiger Bauer, sondern offensichtlich ein wohlhabender Grundbesitzer, der auch handwerkliche Gewerke auf seinem Besitze betreiben läßt. Denn zu seinen Waren gehören auch Gärtnereibedarf, Vögel und Pelzwerk. Er kommt aus dem Wadi Natrun, und sein Reiseziel ist die Hauptstadt Herakleopolis. Der Name des Bauern, Che-en-Anubis, erklärt, warum der Bauer sich in seiner letzten Verzweiflung an den Gott Anubis wenden will.

3. Mythologisch bedeutsam ist in dieser Dichtung, daß bei den Klagen des Bauern die Götter offensichtlich keine entscheidende Rolle mehr spielen. Nur als Zeugen für Rechtschaffenheit werden sie bemüht. Die Bedeutung des Anubis aber wird noch dadurch abgeschwächt, daß der Bauer nicht mehr seine Hilfe von ihm erhält, sondern vom Pharao. Diese aufklärerische Position des Dichters, die ihn

als Glied der höfischen Kunstdichtung ausweist, setzt allerdings jene pessimistische Grundstimmung voraus, die in den vorangegangenen Texten dieses Kapitels deutlich wurde. Der Dichter sieht Recht und Gerechtigkeit zwar noch bei Re und im Totenreich angesiedelt, macht aber ihre Wirklichkeit von der Güte des Königs abhängig. Die Dichtung ist ein »Beamtenspiegel« und wohl wert, gelegentlich erinnert zu werden. Eine revolutionäre Schrift ist sie nicht, weil sie die Grundlagen der beiden Länder und der Herrschaft des Gottes Re in seinem Sonnenschiffe nicht antastet. Diese Ordnung ist nur deshalb beklagenswert, weil sie von unfähigen und korrupten Staatsdienern durchgesetzt wird. Das Happy-End der Geschichte, das an die Rahmenhandlung des Hiob-Buches erinnert, gehört mit zum Topos der Dichtung vom guten König.

e) Die Weissagungen des Neferti

Einstmals, es war an einem wunderschönen Morgen nach dem Beamtenempfang, saß der König Snofru müßig auf seinem Throne. Um der Langeweile zu entfliehen, ließ er die Beamten zurückrufen und befahl ihnen, daß sie ihm einen Weisen brächten, der ihm mit guten Worten oder auserlesenen Gedichten den angefangenen Tag verschönern sollte. Die Wahl der Beamten aber fiel auf Neferti, einen Diener der Göttin Bastet, der dafür bekannt war, daß er sehr schön vortragen konnte. Alsbald wurde Neferti herbeigerufen. Er legte sich vor dem König auf den Bauch. Der König aber befahl ihm, aufzustehen und ihn zu unterhalten. Neferti fragte daraufhin den König, womit er ihn denn unterhalten solle, ob mit der Darbietung von Begebenheiten aus der Geschichte oder mit Nachrichten von der Zukunft. Der Pharao entschied sich für letzteres und befahl, Schreibzeug zu bringen. Er schrieb aber selber auf, was Neferti sagte.

Nachdem Neferti sich ein Herz gefaßt hatte, trug er dem König Klagen über die bevorstehenden Katastrophen des Landes vor. Es käme eine Zeit, da würde niemand mehr im

Lande sich um dessen Wohlfahrt kümmern, niemand
würde es mehr loben und niemand würde es beklagen, weil
alle Menschen, alle Bewohner des Landes, mutlos und ent-
täuscht wären, das Wasser im Nile verdunstet, die Äcker
verdorrt und die Schiffe gestrandet seien. Neferti schilderte
dem Pharao, wie Feinde in das Land eindrängen über die
Grenzen im Osten und niemand mehr ruhig in seiner
Hütte schlafen könnte. Aus den Steppen und Wüsten kä-
men die Hyänen und Schakale neben dem anderen wilden
Getier in das Kulturland, aus dem niemand sie mehr ver-
triebe: »Der Aufruhr tobt im Lande, einer tötet den anderen, und die Hungersnot macht Eltern und Kinder zu Feinden, die Reichen werden arm, und die Fremdlinge besitzen
die Güter und Reichtümer des Landes.« Haß wird die Menschen regieren und Widerspruch wird tödlich geahndet.
Die Statthalter werden mächtiger als der König sein, und
die Steuereinnehmer würden das wenige, was sie noch auf-
treiben können, mit in ihre eigenen Scheuern nehmen.
Sonne und Mond würden sich verändern, und die Ordnung
der Zeiten werde durcheinander geraten. Die einstmals
Schwachen würden regieren mit dem Schwerte, und das,
was einstmals oben war, werde dann unten sein.

Aber dann würde ein König, Amenemhet, von Süden
kommen und die Kronen der beiden Länder wieder auf seinem Haupte vereinen. Er würde das Recht und die Ordnung wiederherstellen und die Feinde aus dem Lande treiben. Die Frevler und Aufrührer im Lande aber würden von
dem Glanze der Uräus-Schlange auf seinem Haupt gebändigt und alle dem Könige mit Freuden dienen.

A. H. Gardiner, Journal of Egyptology I, übersetzt bei Erman, Ägypt. Literatur, S. 151–157.

1. Die Dichtung ist sicher unter der Regierungszeit Ame-
nemhets I. in der 12. Dynastie entstanden, der als Erneuerer
der alten Herrlichkeit Ägyptens gilt, nachdem die chaoti-
schen Verhältnisse der I. Zwischenzeit überwunden sind.

Die Dichtung gehört also zum Typ der höfischen Geschichtsprophetie, die zeitgenössische Verhältnisse als Erfüllung vorhergegangener Prophetie angibt und sie damit mythisch überhöht.

2. Der Dichter hat die geschichtlichen Verhältnisse selber nicht gekannt. Er hat sie aus Überlieferungen übernommen. Die Beschreibung der Katastrophe wird damit zum Modell für jede mögliche Katastrophe in den beiden Ländern: Das Nilwasser versiegt, und die staatliche Ordnung bricht zusammen. Diese Katastrophe kann sich aber jederzeit wiederholen. Zweck der Dichtung aber ist, den sich daraus entwickelnden Pessimismus mit der Ankündigung eines Heilandes zu überwinden. Neferti und Snofru sind Namen aus der sagenhaften 4. Dynastie des Alten Reiches, die den nachfolgenden Generationen als das »Goldene Zeitalter« erschien. Sie bürgen für den Wahrheitsgehalt der Dichtung; denn der König hat selber den Bericht aufgeschrieben.

3. Die der Tradition entlehnten Bilder, die für eine Literaturgattung feststehende Topoi geworden sind, dienen dann auch eigentlich nur dem Zwecke, den König Amenemhet zu preisen. Resignation soll nicht aufkommen dürfen, nachdem der König das Delta, das Nordreich also, durch Festungen gesichert hat, während das Südreich, aus dem er hervorging, schon durch seine Familie festgehalten wird. Die Verkündung dieses Zweckoptimismus scheint aber nicht ganz grundlos gewesen zu sein. Ganz offensichtlich haben die Wirren der ersten Zwischenzeit so nachhaltig gewirkt, daß sie auch das Lebensgefühl nachfolgender Generationen beeinflußt haben. Mythologisch bedeutsam ist, daß das Gedeihen des Landes nicht von der Arbeitswilligkeit der Landesbewohner, sondern allein von dem Könige abhängt. Der Mensch ist eigentlich nur ein Spielball in der Hand der Götter. Nur das Sonnenschiff des Gottes Re garantiert dem Lande Glück und Segen.

f) Die Offenbarung des Hermes Trismegistos

Der große Hermes Trismegistos ließ durch That den Asklepios über die Zukunft belehren, denn noch wußte Asklepios nicht, daß Ägypten das Bild des Himmels, ja die Wohnstätte des Himmels und aller himmlischen Kräfte, der Tempel der Welt, sein sollte.

Aber bevor das alles eintrifft, wird, so sagte der Offenbarer, eine Zeit kommen, in der die Ägypter die Götter umsonst anbeten werden und alle ihre Gottesdienste fruchtlos bleiben werden, weil die Götter Ägypten verlassen haben und zum Himmel hinaufgestiegen sind. Wie eine Waise wird Ägypten sein, nachdem es von allen seinen Göttern verlassen worden ist. Dann aber werden Fremde in das Land kommen und werden es beherrschen. Sie werden die Ägypter am altgewohnten Gottesdienst hindern und jene bestrafen, die sie dabei antreffen, wenn sie heimlich den alten Göttern dienen. Dann aber wird jenes Land, das einstmals das frommste Land auf der Welt war, ein gottloses Land sein. Es wird nicht mehr angefüllt sein mit Tempeln, sondern mit Gräbern, nicht mit Göttern, sondern mit Leichen.

Und alle Feinde werden im Lande angesehener sein als die Bewohner des Landes. Alle Ägypter aber, die bis zu diesen Tagen das Land nicht verlassen haben, werden sterben müssen. Und so wird das Land nicht nur von den Göttern, sondern auch von den Ägyptern entblößt sein. Der Nil wird Blut statt Wasser führen, und die Leichen werden höher liegen als die Deiche sonst. Niemand wird mehr die Toten betrauern, denn alle Ägypter ziehen es vor, lieber ins Ausland zu gehen, um ihren Wächtern zu entfliehen. Ägypten aber wird zum Muster der Gottlosigkeit werden. Die Welt und ihre Ordnung wird völlig verkehrt werden. Man wird den Frommen für einen Narren und den Gottlosen für einen weisen Mann halten. Man wird den Frevler ehren und den Guten als Verbrecher strafen, denn niemand wird sich mehr um die Seele kümmern. In jener Zeit

16. Ibis

17. Imhotep (Abbildung links)
18. Bes

19. Kopf einer Osirisfigur
20. Bastet

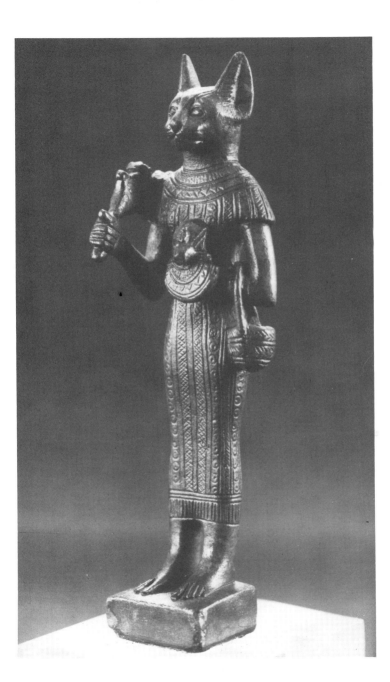

21. Ba-Vogel mit Menschenkopf

22. Neith

23. Anhänger in Gestalt eines fliegenden Ba-Vogels

wird die Erde wanken und der Mensch nicht mehr zur See fahren können, denn er wird auch die Sterne am Himmel nicht mehr sehen. Alle Gebete werden verstummen, und das wird das Alter der Welt sein: Gottlosigkeit, Schande und Mißachtung der guten Worte.

Aber wenn diese Dinge alle eingetroffen und diese Prophezeiungen erfüllt sind und wenn der Herr, der Vater, der göttliche Schöpfer, das alles gesehen hat, wird er seinen Zorn zurücknehmen. Manchmal nämlich zerstört er alles in einer großen Flut, manchmal mit Feuer und manchmal eben mit Pest, Krieg und anderen Katastrophen. Das aber ist dann die Geburt der Welt, der erneuerten, guten, frommen Welt, die ein Abbild sein wird der höchsten Gültigkeit.

Bibliothek von Nag Hammadi, Codex VI, 8, 70–74. Übersetzt bei Robinson, Library, 300–307.

1. Der Text gehört zur hermetischen Gnosis. Der Heros eponymos Asklepios wird von dem Mystagogen That, den Hermes Trismegistos sandte, in die Geheimnisse der Welt eingeführt. Das Corpus Hermeticum enthält neben vielen hellenistischen auch ägyptische Materialien. So ist zum Beispiel der ägyptische Gott Thot als That der Sohn des Hermes Trismegistos. Der Text entstand wahrscheinlich im 3. Jahrhundert und war bislang nur aus einer lateinischen Übersetzung bekannt, deren Zuverlässigkeit durch die ältere koptische Fassung bestätigt wird.

2. Die Schilderung Ägyptens zur Zeit des Falls der Welt, die zu dieser Apokalypse gehört, ähnelt den schon bekannten Topoi, die bereits aus den anderen Quellen dieses Kapitels bekannt sind. Die vorfindliche Welt geht zugrunde, bevor eine neue auftaucht. Dieses Schema liegt aber auch schon den Weltschöpfungsmythen zugrunde, die mit dem Tode eines Königs jeweils auch ein Weltalter zugrunde gehen lassen, um mit einem neuen König eine neue Welt beginnen zu lassen. Die vorfindliche Welt treibt jeweils

ihrem Ende unaufhaltsam zu, weshalb der Ägypter sehr skeptisch gegenüber dieser Zeit ist und der ewigen Dauer im Westlande, im Totenreich, mehr vertraut. Die vorfindliche Welt ist immer gottlos und falsch und muß deshalb geopfert werden. Die Topoi der Apokalypse über die Untergangsphasen der Welt entsprechen den Motiven der sethianischen Gnosis, etwa aus der Apokalypse Adams aus NHC V, 5. Vermutlich hängt das mit ihrer Herkunft aus samaritanischen Traditionen zusammen. Die Samaritaner repräsentieren die im 5. Jahrhundert v. u. Z. abgespalteten Juden, die nur die fünf Bücher Mose als Heilige Schrift anerkennen. Ihre eschatologischen Erwartungen haben die Eschatologie der Essener von Qumran und die häretische jüdische Apokalyptik beeinflußt und sind auch in die sethianische Gnosis eingedrungen.

3. Die Bilder vom Untergange Ägyptens sind allgemein verbreitete Metaphern gewesen. Typisch für Ägypten ist nur der Hinweis auf die vielen Götter und Tempel in Ägypten, gegen die Asklepios argumentieren soll. Diese Vielzahl der Götter widerspricht der gnostischen Theorie vom einen und höchsten Gott. Sie müssen verschwinden, wenn dieser höchste Gott erscheint. Eine ägyptische Reminiszenz ist auch der Satz, »daß niemand sich mehr um seine Seele kümmert«. Gespräche nicht nur eines Lebensmüden, sondern jedes Menschen mit seiner Seele finden nicht mehr statt. Die Menschen sind zu müde dazu, zu abgestumpft. Die Verzweiflung des Menschen an seiner Zeit und Welt ist berechtigt, sagt der Dichter, aber sie dauert nicht ewig.

Kapitel XI
DIE FAHRT IN DIE SELIGKEIT

a) Nach den Pyramidentexten

Wenn der König starb, ging er nicht tot, sondern lebend von dannen, denn er setzte sich auf den Thron des Osiris und ergriff die Macht, auch den Lebenden Befehle zu erteilen. Er gebot auch all denen, deren Namen unbekannt sind, denn er war zum Atum geworden, nachdem er die Häuser des Horus und des Seth durchzogen hatte.

Wenn er sich dem Hause des Re näherte, ward er dem Re angekündigt mit den Worten: Siehe, dein Sohn kommt zu dir. Dann wurden Boten durch die Himmel ausgesandt, um allen Göttern in ihren Horizonten anzukündigen, daß nun der König gekommen sei, dem sie fortan dienen sollten, weil er nun auch Herr über ihr Leben geworden sei. Deshalb wurden Seth und Nephtys, Osiris und Isis, Thot und Anubis und Horus gerufen, um sich nach den Wünschen des Königs zu erkundigen. Sie erschienen auf ihren Lichthorizonten und begegneten so dem Lichtgestaltigen, dem Sohne des Re, dem Ewigen.

Und im Vollbesitz all seiner Glieder und Kräfte erschien der verewigte König wie Osiris, dem ja die Göttin Isis einstmals auch all seine Glieder zurückgegeben hatte, nachdem er von Seth ermordet war. Und wie Osiris hatte der König nun die Erde verlassen und war zum Himmel aufgestiegen, fliegend und schwebend, bis er das Sonnenschiff seines göttlichen Vaters Re erreichte, wo er sich auf dem für ihn bereiteten Throne niederließ. Von dort regierte er die Länder, wenn er sie im Sonnenschiff des Re überquerte. Die Himmel aber erbebten und mit ihnen die Sterne ob dem Wunder, das mit der Himmelsreise des Königs geschehen war, durch die er die Macht des Himmels wie Atum und Re gewann, um nun mächtiger zu werden als seine göttlichen Väter. Sein Ka begleitete ihn, und die Schlangen seines Diadems zierten sein Haupt. Er ward zum mächtigen Stiere des Himmels erhoben und kehrte siegreich von der Feuerinsel zurück. Nachdem er sich aber auf seinem Throne niedergelassen hatte, sprach er Recht und verhängte die Urteile, und alle Götter stellten sich in seinen Dienst. Er gebot bei seinen Mahlzeiten über alle Götter und Göttinnen und ließ sich von ihnen aufwarten. Der König durchwanderte nun die Horizonte der beiden Länder und ward der Große der Mächtigen und eignete sich ihrer aller Fähigkeiten an. Seine Lebensdauer ward die Ewigkeit und seine Dauer die Unendlichkeit. Und wie Seth und Nephtys, Osiris und Isis erschien auch Horus täglich vor dem König. Er verneigte sich vor ihm, um ihn anzubeten. Und Horus erzählte, wie der Gott Thot die Anhänger des Seth und diesen selbst zurückgeschlagen habe, damit der König zu Osiris, zu seinem Vater, werden könnte. Geb hatte auch schon Isis und Nephtys dem Könige an die Seite gesetzt, und Horus hatte schon alle Götter bewogen, sich mit ihm zu vereinigen. Und Horus übergab sein Auge dem Könige und machte ihn so zum mächtigen Lichtwesen. Nut aber erkor den König zu ihrem Sohne und breitete den Schutz ihrer Güte über ihn. Und so begrüßten die versammelten Götter den König als Osiris, dem die Mutter Nut das Leben und dessen Vater Geb ihm die Vollmacht des göttlichen Wissens, einen kräftigen Mund, gegeben hatte. Und Isis empfing von ihm wie von Osiris und gebar ihm den Sirius, der ihn als Sohn in seinem Sonnenschiffe begleitete. Und alle Götter begleiteten den König wie Osiris und bekleideten ihn mit den göttlichen Königsinsignien und verkündeten vorauseilend seine Ankunft überall: Der Gott kommt. Isis und Nephtys begleiteten ihn und küßten ihm die Füße, bevor er das Haus des Re betrat, geführt von seiner Mutter Nut, die ihm die Tür zu dem Gemache des göttlichen Re öffnete. Re aber empfing ihn mit göttlichen Ehren, da er bekleidet war mit dem Horus-Auge und gehüllt in die Gestalt des Gottes Osiris, und verhieß dem Könige, daß sein Sohn als Horus sein Regiment auf der Welt fortsetzen und ewigen göttlichen Ruhm erwerben sollte.

Alle Götter aber vereinigten sich im Gebete, die göttliche Mutter Nut zu bewegen, den König als ihr Kind zu beschützen, denn Nut war die mächtigste Göttin: Du bist die Tochter, die in ihrer Mutter Schoß schon mächtig war, lasse nun den König wie einen Stern strahlen und unsterblich sein, denn du hast den Ort bislang mit deiner Schönheit erfüllt, und du hast die Erde und alle Dinge mit deinem starken Arme umfangen. Setze nun diesen König unter die unvergänglichen Sterne, die an dir sind.

Und Horus warf sich vor dem Könige nieder und pries ihn, der keinen menschlichen Vater und keine menschliche Mutter mehr sein eigen nannte, und pries seinen Thron, der der Erste der westlichen war. Und der König stand auf und reinigte sich und seinen Ka, so wie Horus es vorgeschlagen hatte, mit der Hilfe des Horus, damit in Erfüllung die Bitte ging, die die Götter an Nut gerichtet hatten.

So ward der Leib des Königs zu einem strahlenden Lichtleibe, bevor er in das Schiff einstieg, das ihm fortan allein gehören sollte und mit dem er hinüberfahren konnte zu dem Hause der unvergänglichen Sterne.

Kurth Sethe, Die altägyptischen Pyramidentexte, 4 Bde., Leipzig 1908–1922, Kommentar und Übersetzung, Bd. I–IV, unvollendet, Glückstadt, seit 1935, §§ 134–135; 152–160; 364–369; 393–413; 575–581; 626–633; 752–763; 777–782; 809–811; 824; 841–846; 1223–1224; übersetzt bei G. Roeder, Urkunden, S. 186–198.

1. Die Pyramidentexte sind in den Sargkammern und Gän-

gen der Pyramiden seit der 5. Dynastie aufgezeichnet und wurden benutzt bis in die Spätzeit des Neuen Reiches, bis ins 7. Jahrhundert v. u. Z. Es sind lose zusammenhängende Sprüche unterschiedlichen Alters und Stiles. So wechseln Passagen von narrativem Charakter – in der Er-Form – mit Passagen ab, in denen der Tote mit Du angeredet wird, neben Texten in der Ich-Form. Der vorstehende Text ist eine freie Wiedergabe und erzählt von einem Könige, was von allen Königen gilt. Die NN-Formel ist stets durch die betreffende Form von »der König« ersetzt. Die Schrift ist schwer zu lesen, und der Inhalt der Texte ist häufig nur zu raten. Unsere Textform ist eine Rekonstruktion, berücksichtigt deshalb die verschiedenen Redaktionsstadien des Textes und vor allem seine Beziehungen zum Bestattungsritual nicht. Sie folgt nur der möglicherweise nie so nachweisbaren mythischen Fabel von der Vergottung des gestorbenen Königs.

2. Unsere Rekonstruktion einer Fabel der Pyramidentexte folgt dem Osiris-Mythos (s. II. a, I. a–c). Der König durchlebt das Schicksal des Osiris. Nach seinem Tode wird er wiederbelebt.

Sein zunächst von Osiris zu unterscheidendes Dasein wird durch die astralmythologische Überhöhung ausgedrückt. Als Sohn des Re, als Lichtwesen, wird er einer der unvergänglichen »Circumpolarsterne« (Kees). Dabei war wesentlich, daß der König zunächst im Sonnenschiff des Re reist, bevor er mit seinem eigenen Boot an seinen endgültigen Wohnort kommt. Nut war das Symbol des Himmels, weshalb er seinen Platz »an ihr« findet. Deshalb (Pyr. 1428) ist sie auch seine Mutter, die ihn gebar, und deshalb öffnet sie die Türflügel des Himmels (Pyr. 1480) für ihn. Die Nut-Sprüche stehen immer in Deckennähe der Grabkammern oder später an den Deckeln der Särge.

3. Nicht aufgenommen in diesen Text sind die Zwiegespräche, die der König mit den verschiedenen Personen auf seiner Himmelsreise führt. Diese werden auch in dem Abschnitt über das Totenbuch, wo diese Literaturgattung

ihren Abschluß findet, nicht erwähnt, denn es sind vorwiegend Zaubersprüche, die dem König die Durchfahrt ermöglichen. Der vorliegende Text schildert nur den Mythos von der Apotheose des Königs. Die Königsideologie hat die Jenseitsvorstellung der Ägypter geprägt. Der Himmel als Zukunftsort der Könige, den die Pyramidentexte unterschiedlich lokalisieren, im Osten oder im Westen, ist zum Symbol der Auferstehungsmythen des Orients geworden. Mythen von der Himmelfahrt deuten immer auf Bestrebungen hin, das Leben außerordentlicher Menschen als unsterblich zu erweisen. Könige waren für die Ägypter solche außerordentlichen Menschen.

b) Die Sargtexte

Wenn der Mensch aber sich wieder mit seiner Familie vereinigt haben wird, dann werden die Boote gerüstet, mit reichlich Speise und Trank versehen, womit er sich auf die Reise begeben wird. Aber dieses Schiff wird dem Re gehören und gerudert werden von den Mannschaften der ruhelosen und nicht untergehenden Sterne.

Und es werden dem Verewigten die Mahlzeiten bereitet zu den Zeiten, da Re zu speisen geruht, und der Durst gelöscht, wenn Re sich anschickt zu trinken. So bereitet, kommt der Verewigte zu Re und bittet um Einlaß in dessen Reich: Ich komme zu dir, sei mir gnädig, erleuchte dein Antlitz über mir und erquicke mich.

Und Thot wird ihm den Weg zu der Stätte des Re weisen, entlang dem Hause des Horus am Himmelssee und bei der Halle des Geb, und er wird ihn schweben lassen auf den Flügeln der Vögel, den Windungen der Würmer oder dem Emporbäumen der Schlangen. Und der Verewigte ist ausgestattet mit den Zaubersprüchen, die ihn davor bewahren, in der Unterwelt beraubt zu werden und dort seinen Kopf zu verlieren. So wird er die Worte beherzigen, die die großen Totenvögel abschrecken, und nicht zaudern, ihre Köpfe und ihr Schreibgerät zu zerstören, so daß sie nicht schreiben und vor Hungerschwäche sich nicht empören können. Und dann wird er wie Osiris an den Himmeln entlangfahren und belehnt werden mit seinem Zepter, das alle Türen öffnet. Und sein Ka wird ihn begleiten, und als Horus wird er vor Re erscheinen, erwartet von Isis und Nephtys, beglückwünscht und jubelnd begrüßt von den Herren des Westlandes. Und so wird der Verewigte vor die Kapellen der beiden Länder treten, und alle Gottheiten werden hinter ihn treten und ihn als den Herrn der Himmel ehren, dem alle Herzen der Himmelsbewohner zufallen. Und wie ein Falke, ja wie Horus wird der Verewigte sein. Wie der Nil wird er sein für die Länder, gekrönt mit den beiden Kronen und geehrt, in dem Sonnenschiffe des Re zu reisen. Geb und Nut nehmen ihn an Kindes Statt an und bereiten ihre schützenden Fittiche über ihn, so daß alle Anhänger des Seth vor ihm zurückweichen. Bastet wird am Bug seines Schiffes stehen und ihm eine sichere Fahrt gewähren. Und Horus wird herbeieilen und diesen Menschen als seinen Vater erkennen und ihn begrüßen, wie er einst seinen Vater Osiris begrüßte. Und er wird ihn als Osiris verkünden, seinen Mund mit Ptah öffnen und ihm Herz und Glieder stärken, daß der Verewigte wie Osiris das Königsamt ausüben kann. Und Horus wird dafür sorgen, daß der Verewigte mit königlichem Gepränge reisen und wie ein König speisen kann. Sein Jagdglück wird ihn berühmt machen, und Not wird er nicht mehr kennen. Weißes Brot und rotes Bier wird er in Fülle genießen, und die finsteren Mächte werden keine Kraft finden, ihn mit unreinen Dingen, mit Kot und Harn, zu belästigen. Der Gott Schu wird ihn tragen, und der Tod wird ihn für immer verlassen, wenn er vor das Angesicht des Gottes Re getreten ist, vereint mit seinem Ka, den der Drache Rarak nicht gefährden und den der Apophis nicht besiegen kann. Und er wird unberührt die Feuerinsel durchqueren, geleitet von Schu und gestützt von Nut, wird er fortfahren. Isis wird seine Füße sichere Schritte gehen lassen, und die Götter, die die ägyptischen Länder mit Fruchtbarkeit segnen, werden ihn als seine Diener begleiten. Er wird alle Worte sagen, die ihn nicht nur das Feuer unbeschädigt durchschreiten lassen, sondern auch die, die ihm die Türen zu dem Hause des Re öffnen, aus dem er als Re-Atum wieder heraustritt. Anubis und Thot und dessen Schreiber begleiten ihn und erzählen seine großen Taten.

Das Horus-Auge bekleidet ihn und erhebt ihn zum strahlenden Re, nachdem Geb es ihm befohlen hat, ihm alle seine Kinder und seine Familie und seine Dienerschaft zuzugesellen, und nachdem Hathor ihn gesalbt hat. Dann wird kein Gott mehr mit ihm streiten, und es wird kein Gericht mehr über ihn geben. Er wird Brot und Bier von dem Opfertisch des Re essen mit den Großen, die innerhalb der Tore des Re leben. Horus aber wird alle seine Feinde niederwerfen und so dem Verewigten, seinem Ka und seinem Ba die Verklärung und Vergottung gewähren, zur unaussprechlichen Freude der nördlichen und südlichen Götter, der Mannschaften in den Sonnenschiffen und aller Bewohner der Horizonte.

Berliner Papyrus, P. 10 482. Pierre Lacau, Textes religieux égyptiens. Paris, 1904–15; übersetzt bei G. Roeder, Urkunden, S. 201–213.

1. Sargtexte werden die Texte genannt, die nach dem Zusammenbruch des Alten Reiches auf die Wände, Deckel und die Böden der Särge geschrieben wurden. Diese Texte gehen auf normative Vorlagen zurück, wie sie zum Beispiel in dem Berliner Papyrus P. 10 482 erhalten sind. Sie sind teilweise in der 3. Person Singular, teilweise auch in der Ich-Form erzählt und greifen auf das Bestattungsritual zurück, in dem die Vergottung des Verstorbenen vorweggenommen wird. Die Vorstellung, daß der Verstorbene zum Osiris wird, zum Gott, geht auf die Tradition des königlichen Bestattungsrituals aus dem Alten Reich zurück und lebt weiter bis in die Spätzeit mit ihren Totenbüchern.

2. Die Texte sind Mischtexte. Rituelle Bestimmungen

wechseln mit mythologisch-narrativen Bestandteilen. Überschriften markieren dabei die einzelnen Stationen, die der Verstorbene bei seinem Aufsteigen zum Orte, wo Re weilt, passieren muß. Die Himmelsreise wird mit dem Besteigen des Sonnenschiffes des Re vollendet, das den Verstorbenen dann unter dem Geleit der Gestirne in den »Westen geleitet«. Isis (s. VIII. f) und Nephtys (s. VIII. f) werden ihn vor Re (s. VII. d) geleiten. Er wird die Gestalt des Horus als Falke (s. VII. c) annehmen und zu Re-Atum (s. VII. d) und schließlich Osiris (s. VII. b) werden. Apophis kann ihm nicht mehr gefährlich werden. Die Götter der großen Neunheit (s. I. a) werden seine Diener sein. Die mythischen Elemente haben ihre Eigenständigkeit verloren und dienen nur noch zur Illustration des religiösen Rituals, das einen neuen Mythos voraussetzt. Dieser Mythos ist die Königsideologie des Alten Reiches, die die verschiedenen Gaugötter schon in den Dienst des einen Reichsgottes oder Königs gestellt hatte.

3. Die Sargtexte und die Totenbücher (siehe XI. c) zeigen, wie die Vorstellung von der Vergottung des Königs nach dem Ende des Alten Reiches schon zur Vorstellung von der Vergottung jedes Menschen geworden ist. Diese Lehre, die die ägyptische Anthropodize von der biblischen, der altorientalischen und der altgriechischen unterscheidet, wird erst durch die hellenistische Bewegung über die ganze mediterrane Ökumene verbreitet. Ihre symbolträchtigsten Erscheinungen findet sie in den hellenistischen Mysterienreligionen und den gnostischen Erlösungsvorstellungen. War einstmals der König das Abbild der Theogonie, so ist nun am Ende der ägyptischen Geschichte jeder Mensch, der sich mysterienkultischen oder gnostischen Initiationsliturgien unterzieht, ein möglicher Anwärter der Verklärung, wie sie auch im frühchristlichen Denken etwa des Apostels Paulus im 2. Korintherbrief 3,18 noch lebendig ist.

c) Die Totenbücher

Lang ist die Fahrt, die der Verewigte an dem Tage antritt, wo man ihn in seinen Sarg legt, der ihn hinüberträgt zum Gerichte des Osiris, in die Duat und die Seligkeit. Er soll dann sagen, er sei der Gott Thot, der neben der Barke des Re steht und für das Recht des Osiris kämpft: »Ich bin Thot, der Horus gegen seine Feinde verteidigt und der mit ihm um seinen Vater Osiris trauerte mit den Klageweibern am Ufer des Nil.«

Zu Thot aber wurde er, nachdem er zunächst zum Priester in Busiris, dann zum Propheten von Abydos, ja zum Hohenpriester von Memphis geworden war, der auch wie der Gott am Feste des Erdaufhackens die Erde aufhackte. Und so durfte er dann die Götter rufen, die das Haus des Osiris bewachten, und ihre Hilfe fordern. Er erhielt Speise und Trank, wie sie im Hause des Osiris verabreicht wurden, und gastliche Aufnahme in dessen Hause, freundliche Aufnahme und gesegneter Abschied wurden ihm zuteil.

In seiner Begleitung aber befanden sich viele Uschebtis, die ihm zu Diensten waren, wenn die Götter den vorüberfahrenden Toten zur Arbeit an den Kanälen, auf den Feldern oder zum Fährmannsdienst riefen. Denn auf dem Wege zu Gott Re, der siegreichen Sonne, waren viele Hindernisse zu überwinden. Wohl halfen die Hymnen an den Gott Re, zur Begrüßung am Morgen und zum Abschied am Abend, denn der morgendliche Re und der abendliche Atum war ja der König der Götter, der als Herr des Himmels und der Erde die Welt geschaffen hatte, der den Ländern Ebbe und Flut, die Nilüberschwemmungen, die Berge mit ihren Reichtümern geschenkt, der die Göttin Maat eingesetzt hatte, die die Gesetze für die Menschen gab. Re war auch der Herr im Westen, im Totenreich, und täglich dort sehnlichst von den Herren in der Unterwelt erwartet.

So bewaffnet mit den heilsamen Sprüchen und wunderträchtigen Worten ging der Verewigte in jeder Gestalt, die er wünschte, aus und ein durch alle Pforten der Welt, ungehindert von Göttern und Dämonen. Endlich erschien er dann als Gott Atum vor den Göttern, erinnerte sie an die großen Taten der Frühzeit und forderte nun für sich die Aufnahme in ihren Kreis: »Denn fürwahr, nichts tat ich, was die Götter verabscheuen, und deshalb kann ich als euch Ebenbürtiger in euren Saal eintreten.«

Nach seinem Eintreten aber beugte er sich vor Osiris und grüßte ihn, den Herrn der Totenrichter: »Treu war immer mein Herz den Wegen des Guten, und nie beherrschte das Böse meine Brust. Ich habe nie gelogen und nie andere Leute mit Doppelzüngigkeit getäuscht.«

Darauf erhielt er die Siegeskrone von Osiris, der ihn über alle Feinde hatte siegen lassen. Nun durfte er auch den Thron seines göttlichen Vaters Re besteigen, denn die Götter hatten ihn auf sein inständiges Flehen sein Herz behalten lassen; sein Ka und sein Ba begleiteten ihn. Die »guten Worte« bannten die Krokodils- und Schlangendämonen, die ihn zu verschlingen suchten. Selbst Apophis, der mächtigste Feind des Gottes Re, wurde geschlagen. Dann aber wurde der Verewigte zur göttlichen Kraft selber, »zum Heute, zum Gestern und zum Morgen, zur Kraft, die einstmals alle göttlichen Geschlechter erschuf und die sie im Himmel, in der Duat und in Aminte erhält«. So wurde er zu Re selber, der den Himmel des Ptah geschaffen und durch seiner Strahlen Licht das Leben erweckt und das Reifen der Früchte wie das Keimen der Saat bewirkte.

Alle Kräfte der Götter vereinte er nun in sich, die des Osiris und des Horus, des Re und des Anubis. Alle Pforten der unendlichen Weltgegenden standen ihm offen, und so wurde er zum König im Himmel, der die Götter, die Herren der Ewigkeit, segnete und sich ihnen offenbarte als derjenige, der rein und göttlich, stark und beseelt, mächtig und verklärt ist und den Göttern Myrrhen und Weihrauch bringt, damit er ihre Herzensunreinheit auslöschen und alles Böse aus ihrem Herzen vertreiben und sie von allen ihren Sünden befreien könnte. Als Lotosblüte und als goldener Falke des Horus erschien er vor den Himmelsbewohnern, und die Bewohner der Duat erschraken vor ihm, wie alle, die die Stätte bewohnen, wo die Welt einstürzt und das Reich der Finsternis ist. Und so, wie er alle Orte der jenseitigen Welt kannte und beherrschte, regierte er auch in allen Städten und Tempeln in den beiden Ländern. Er war der Herr von Mechen und von Eschmunen, von Heliopolis und Theben. Denn er hatte vor Osiris und den zweiundvierzig Totenrichtern seine große Beichte abgelegt und war als sündenfrei befunden worden, weil er weder gegen die Menschen noch gegen die Götter gesündigt hatte. Er hatte weder die Armen unterdrückt noch sie der Sklaverei ausgeliefert, niemand an den Bettelstab gebracht und niemanden hungern, dursten oder frieren lassen. Er hatte niemanden getötet, keinen Ehebruch getrieben und nicht mit unrechten Maßen gewirtschaftet. Er hatte weder gelogen noch zu laut auf den Straßen und Plätzen geredet, nicht gegen den König gefrevelt und nicht die Gräber geplündert. Da er nun aber Gnade vor den strengen Totenrichtern gefunden hatte und auch die Namen der himmlischen Torhüter alle zu nennen wußte und alle Götter vor Osiris seine Reden und Auskünfte als wahr bestätigt hatten, ward seine Verklärung vollkommen. Danach aber ward ihm ein Schiff zugewiesen »wie Re, und der Himmel ist für ihn offen, und die Erde ist für ihn offen, der Westen steht ihm offen wie der Osten, und die südliche Hälfte des Himmels steht ihm wie die nördliche offen, wenn er als Re, dessen Strahlen auch die Nacht erleuchten«, seinerseits nun auch die Seelen, die ihm folgen, in das ewige Leben führte.

Nach Totenbuch der Ägypter, Richard Lepsius, Leipzig 1842; Edouard Naville, Das ägyptische Totenbuch der 18.–20. Dynastie, Leipzig 1886. Übersetzungen bei Roeder, Urkunden, S. 226–296.

1. Totenbuch nennt man die Texte, die seit dem Neuen Reiche auf Papyrus dem Verstorbenen in den Sarg gelegt werden und auf denen, teilweise mit ähnlichem Wortlaut

und Inhalt wie in den Sargtexten des Mittleren Reiches (Tb. Kap. 69–71 und 108–115), der Tote sehen kann, welche Stationen er auf seiner Reise in die Unsterblichkeit zurücklegen muß. Die Zählung nach Kapiteln folgt der ersten Ausgabe des Turiner Totenbuches durch Lepsius, andere haben vorgeschlagen, den Text nach Paragraphen zu ordnen, weil unterschiedliche Fassungen der Totenbücher so wesentlich leichter zu überblicken wären. Der schlechte Zustand der zumeist in Kursiv-Hieroglyphen geschriebenen Texte erlaubt den Schluß, daß selbst die Schreiber dieser rituell notwendigen Texte den Inhalt dessen, was sie abschreiben mußten, nicht mehr verstanden haben. Die Anordnung der Texte – Gebete, Hymnen und rituelle Vorschriften – ist sehr unterschiedlich, Wiederholungen sind nicht ausgeschlossen, und Fehler bleiben mehr als genug, weshalb das Urteil von A. Erman verständlich wird, dieser Text strotze nur so von Unsinn und Abersinn. Aber wenn der Text im einzelnen auch nicht immer verständlich ist, die mythologische Bedeutung ist klar. Der Verstorbene wird auf seinem Wege in die Unsterblichkeit zum Gotte Osiris, ja zum Gotte Re, nachdem er vorher wie einstmals der König erst zum Priester und dann zu Inkarnationen von einzelnen Göttern geworden ist. Den weitaus größten Teil der Texte bilden rituelle Bestimmungen und magische Partien, die rezitiert werden sollten, etwa beim Anlegen der Schmuckamulette an die Mumie oder beim Beisetzen der Geräte für den Verstorbenen.

2. Die Texte selber sind in einem archaisierenden Altägyptisch verfaßt gewesen und durch die Schreiber des Neuen Reiches schon mit saitischen und mittelägyptischen Partien durchsetzt und verknüpft worden. Die Überschriften und die Bildpartien oder Vignetten in den verschiedenen Exemplaren der Totenbücher sollten dem Verstorbenen die Lektüre und das Verständnis der Texte erleichtern. Vielfach lassen sie überhaupt erst die Deutung der Texte zu, deren Bearbeitung und Edition noch nicht abgeschlossen ist.

3. Die vorstehende Textwiedergabe weicht sehr weitgehend von der Quelle ab, insofern sie aus dem vielfältigen In- und Miteinander von Gebeten, Hymnen und rituellen Bestimmungen, die alle in der Ich-Form verfaßt sind, einen darstellenden Bericht in der Er-Form gemacht hat, der dem Vorgang der Vergottung des Verstorbenen nachgezeichnet ist und dem Konvolut von Texten noch den Anschein einer Handlung unterstellt. Diese Unterstellung basiert auf dem Wissen, daß Pyramiden- und Sargtexte dieselbe Funktion hatten wie das Totenbuch. Die Stationen auf dem Wege wollen die einzelnen Vergottungsepochen voneinander abheben. Der Tote wird Priester und Prophet, König wie Horus, Gott wie Osiris und letztlich höchster Gott wie Re. Diese Vorstellung von dem Lebensweg des Verstorbenen, der zum himmlischen König wird, bekleidet mit dem Lichtkleide des Gottes Re, ist nicht ohne Wirkung auf die gnostischen Systeme der Spätantike, aber auch auf Dantes Divina Commedia und die Jenseitsvorstellungen der christlichen Kirchen geblieben.

d) Die Fahrt des Chaemwese in die Unterwelt

Dem Chaemwese war ein Sohn auf wunderbare Weise geboren worden, und er nannte ihn Si-Osire, Sohn des Osiris, wie es ihm im Traum angekündigt war. Als Chaemwese eines Tages sah, wie man einen Reichen bestattete und wenig später einen Armen einscharrte, wollte er seinen Sohn belehren, daß es besser sei, wie ein Reicher zu sterben und mit allen Ehren bestattet zu werden, als nur so einfach in die Wüste getragen zu werden. Si-Osire aber nahm seinen Vater an die Hand und führte ihn in die Wüste an einen Ort, der dem Vater unbekannt geblieben war. Dort aber erhob sich ein Haus mit sieben großen Hallen. Als sie drei durchschritten hatten, gelangten sie auch in die vierte Halle und fanden dort Menschen, die sinnlose Arbeiten verrichten mußten, während andere vergeblich sich mühten, ihren Hunger und Durst zu stillen. In der fünften Halle aber warteten viele Menschen. Einige standen in erhabenem Schweigen und in großer Verklärung, andere aber jammerten und klagten laut, einem war sogar der Angelzapfen des Tores in sein rechtes Auge eingelassen. In der sechsten Halle aber standen die Totenrichter und vernahmen die Anklagen, die von ihren Dienern verlesen wurden. In der siebenten Halle aber thronte der erhabene prächtige Osiris auf seinem Richterstuhl, umgeben von Anubis und Thot. Vor ihm aber stand die Waage, auf der die guten gegen die bösen Taten der Menschen abgewogen wurden. Die Totenrichter aber standen entlang der Wände. Alle aber, deren böse Taten schwerer wogen als ihre guten, wurden der Fresserin des Totenreiches übergeben, die die Menschen vertilgte, ohne daß sie je wieder leben durften. Alle aber, bei denen die guten Werke schwerer als die üblen wogen, traten auf die Seite der Totenrichter und durften sehen, wie ihre Seelen aufstiegen in die vollendete Verklärung. Alle aber, bei denen die schlechten Taten sich mit den guten die Waage hielten, wurden unter die Diener des Osiris versetzt, um sich in seinem Dienste zu läutern. So sah Chaemwese alles, was im Reiche des Osiris geschah. Si-Osire aber wies seinen Vater auf einen Verklärten hin, der in kostbares Königslinnen gehüllt war, und sagte: Dieser ist jener Arme, den du bedauert hast. Wegen seiner Rechtschaffenheit und Treue befahl Osiris, ihm das Grab jenes Reichen zu geben, den du beneidet hast und der nun wegen seiner vielen üblen Freveltaten in seinem rechten Auge den Zapfen des Torflügels tragen muß. Jene anderen aber, die sinnlose Arbeit verrichteten, sind die, deren Frauen allen Segen und Lohn ihrer Arbeit vertan und vergaukelt haben; und jene, die vergeblich nach Speise und Trank springen, sind die, die wegen ihrer üblen Taten nun wie auf der Erde unentwegt nach Essen und Trinken jagen, ohne jedoch jemals genug zu bekommen. Si-Osire lehrte nun seinen Vater, daß der, der auf Erden gut sei, auch in der Unterwelt gut behandelt würde, wer aber auf Erden ein Bösewicht wäre, müsse damit rechnen, in der Unterwelt geplagt zu werden.

Da ging Chaemwese in sich und wunderte sich sehr über seinen weisen Sohn und behielt alle diese Worte in seinem Herzen, die er aber niemandem sagen konnte.

F. L. Griffith, Stories of the High Priests of Memphis, Oxford 1900; übersetzt bei Roeder, Altägyptische Märchen, S. 158 ff., und bei Brunner-Traut, S. 192–198.

1. Der märchenhafte Text stammt aus der ersten Hälfte des 1. Jahrhunderts und erzählt in volkstümlicher Form, was einstmals priesterliches Wissen um das Dasein in der Unterwelt war und was Pyramidentexten, Sargtexten und Totenbuch als mythologisches Gerüst diente. Seton Chaemwese soll ein hoher priesterlicher Beamter aus Memphis sein und gilt in dem Märchen als Zeuge für die Wahrheit dieser Geschichte. Die Topoi sind dabei sehr einfach und entsprechen dem Rechtsgefühl des Märchens. Das biblische Gleichnis vom reichen Manne und armen Lazarus im biblischen Lukasevangelium 16 ist dabei nicht einfach der ägyptischen Vorlage entlehnt, sondern scheint, wie die rabbinische Parallele zeigt, orientalisches Märchenmotiv gewesen zu sein.

2. Die mehrfach festgestellten Beziehungen zu Dantes Divina Commedia, wobei nicht nur die Bilderwelt, sondern auch Vergil als der Psychogogos des Dante erwähnt wird, werden dadurch eingeengt, daß solche Reisen von Lebenden in die Unterwelt schon von der Logik des Märchenerzählers den Begleiter notwendig machen. Styx und Acheron können von Orpheus nicht ohne Begleitung überquert werden. Der babylonische Ziusudra-Utnapišti muß dem Helden Gilgameš wie der Fährmann beistehen. Ohne Vergils Geleit könnte Dante dem Inferno nicht entweichen. Die Seelenwanderungslehren der Gnostiker, die ähnliche Motive verwenden, stehen dabei in enger Konkurrenz mit den antiken Mysterienkulten.

3. Die Geburtsgeschichte des Si-Osire, die in einem anderen Texte noch ausführlicher erzählt wird, macht deut-

lich, daß dieses Kind göttlichen Ursprungs sein soll. Der Mutter wird durch einen Boten die Geburt angekündigt, und der Knabe kann, frühreif wie Jesus oder der legendäre Moses, schon die tiefsten Geheimnisse der Menschheit ergründen und erklären. Seine Entrückung vollendet nur den Topos der Besonderheit oder Einmaligkeit.

e) Manis Lichtreise der Seele

Drei Zeiten, lehrte Mani, bestimmen die Geschichte der Erde. In der dritten und letzten Zeit aber, die jetzt herrscht, werden die himmlischen Lichtteile aus der Welt in ihre Heimat zurückkehren. Der lebendige Geist läutert die Lichtpartikel aus Mensch und Natur und macht daraus die beiden Lichtschiffe, Sonne und Mond, andere aber erhebt er zu Gestirnen am Firmament. In der ersten Hälfte des Monats steigen die Lichtpartikel in einer Säule der Herrlichkeit zum Monde hinauf, bis dieser zum Vollmonde erfüllt ist. Danach werden die Lichtteile zur Sonne emporgetragen und von dort zum Lichtparadiese, sichtbar an dem sich zur Mondsichel verjüngenden Mond, dem sichtbaren Zeichen des leeren Schiffes. Die Seele aber steigt zusammen mit dem Bilde ihres Meisters und den drei Engeln, die bei ihm sind, auf, sobald sie den Körper des Menschen verlassen hat. Dann tritt sie vor den Richter der Wahrheit und empfängt den Siegespreis, das Lichtkleid und die Kronen, Kranz und Diadem, des Lichtes.

M 77, T II, D 79, Keph. VII, CXLI. Übersetzt bei Böhlig-Polotsky, Manichäische Texte der Staatlichen Museen zu Berlin, Bd. I, 1. u. 2. Hälfte, Stuttgart–Berlin, 1940 u. 1966.

1. Die gnostische Lehre von der Lichtwerdung der Electi, der gnostischen Erwählten, schließt die ägyptische Mythenbildung über die Jenseitserwartungen ab. Die christlichen kirchlichen Dogmen über Sterben, Höllenfahrt, Fegefeuer und Reinigung zum Eingang in das himmlische Paradies,

wie sie ja auch von Dante beschrieben worden sind, gehen sowohl auf die altägyptischen Traditionen, wie sie auch im Pfortenbuch tradiert sind, wie auf die gnostischen und spätantiken hellenistischen eschatologischen Vorstellungen zurück. Die auch aus Manis iranischem Erbe stammenden Bilder von den Lichtschiffen trafen bei den Ägyptern auf ähnliche Vorstellungen und trugen nicht unwesentlich zur Ausbreitung des Manichäismus in Ägypten bei. Das Totengericht wie die Belehnung mit den Insignien des himmlischen Götterkönigs erweckte bei den Ägyptern, die ihre Totenbücher kannten, vertraute Erinnerungen.

2. Mani lehrte, daß der Mensch in sich ein himmlisches Lichtpartikelchen trägt, das nach dem Willen des höchsten Gottes, des Vaters der Größe, in das himmlische Lichtparadies zurückgeholt werden soll. Diesem Zwecke dient die Sendung des dritten Gesandten und auch des fünften Vaters und die mechanistisch vorgestellte Himmelsreise der Seele. Die ersten beiden Zeiten der Weltgeschichte liegen in der Vergangenheit, es sind die Zeitalter der Schöpfung und der Vermischung von Licht und Finsternis.

Kapitel XII
ZUM NACHWIRKEN ÄGYPTISCHER MYTHOLOGIE

Die Geschichte der ägyptologischen Wissenschaft ist noch überschaubar.

Etwas mehr als anderthalb Jahrhunderte sind verstrichen, seitdem man die Hieroglyphen wieder lesen und die literarischen Denkmäler Ägyptens verstehen kann. Es gehört zu den erinnernswerten Leistungen europäischer Kolonialpolitik, daß in ihrem Gefolge der »Stein von Rosette ins Rollen kam« und den Zugang auch zu der Dichtkunst der alten Ägypter ermöglichte, indem durch diesen Stein es möglich ward, die ägyptische Schrift zu entschlüsseln. Die ägyptische Grammatik und Syntax war durch die Kenntnis des Koptischen lebendig, das als Sprache der christlichen Bewohner Ägyptens bekannt war, die der Islamisierung und der damit verbundenen Arabisierung erfolgreich über ein Jahrtausend Widerstand geleistet hatten.

Mit der Kenntnis des Schrifttums der alten Ägypter aber wurde deutlich, wie eng Europa mit der Kultur Ägyptens verbunden war, welche Fülle seiner mythologischen Bilder für das Jenseits, das Weiterleben nach dem Tode, die Schilderungen von Hölle und Fegefeuer, das Christentum den dichterischen Visionen des alten Ägypten verdankte. Dantes Höllenvisionen in seiner La Divina Commedia, wie die mittelalterlichen Bußpredigten, Beicht- und Sündenspiegel, erschienen nun als Glieder einer Kette, deren Anfang in den altägyptischen Totenbüchern, dem Pforten- und dem

Zweiwegebuch etwa, zu suchen ist. Das Totenreich lag für den alten Ägypter im Himmel, zugleich aber auch in der im Westen gedachten Unterwelt. Das Totenreich, von dessen Schilderungen in den magischen Büchern, vom Amduat etwa, in der vorliegenden Mythologie nichts aufgenommen worden ist, weil diese Texte keine mythologische, sondern eine rein religiös-magische Funktion haben, nachzuweisen auch etwa in dem sogenannten »Buch von der Erde«, mußte der Ägypter kennen, um nach seinem Tode unbeschadet zum Osiris werden zu können. In diesen magischen Texten erfährt der Leser sehr detailliert, wie sein Weg nach dem Tode verlaufen wird, wenn er durch die Unterwelt geht, und welche Stationen er passieren muß.

Seit den Pyramidentexten des Alten Reiches ließ man den Toten in Gestalt eines Vogels oder auf einer Wolke und durch Winde seine Himmelfahrt in die Erlösung unternehmen. Diese Himmelfahrt gilt als Erlösung und Auferstehung, weil der Tote nur die Daseinsform wechselt. Die gnostischen Erlösungsvorstellungen etwa stehen den altägyptischen Auferstehungshoffnungen viel näher als den griechischen oder iranischen Erlösungslehren. Älter als das christliche Bild von der Höllenfahrt Christi, der die Pforten der Hölle sprengt und die Todesungeheuer überwältigt und die Toten aus der Macht des Höllenfürsten erlöst, aus der Macht der Verderbnis in die himmlische Lichtwelt führt, ist das ägyptische Bild von dem Sonnengotte, der nach dem »Pfortenbuch« die von Schlangen bewachten Tore der zwölf Bezirke der Unterwelt durchschreitet und jubelnd von den Bewohnern der Unterwelt als Befreier empfangen wird. Unmittelbarer als das biblische neutestamentliche Bild vom verklärten Leibe des auferstandenen Menschen in Analogie zu dem verklärten Leibe des Erlösers ist die altägyptische Vorstellung, daß der auferstandene Mensch wieder mit seinem Ba vereinigt ist, während sein Ka in der Grabkammer in einer Statue haust, und nun im Lichte des Angesichtes des Sonnengottes steht und somit verklärt wird. Re »läßt sein Angesicht leuchten über ihm und ist ihm gnädig, erhebt sein Angesicht auf ihn und gibt ihm Heil«, die Bibel teilt auch im aaronitischen Segen schon die Bilderwelt altägyptischer Poesie.

Nicht weniger deutlich wird die enge Verbindung zwischen der altkirchlichen Bilderwelt und Ägypten, wenn man die Schilderungen der Vernichtung der Gottesfeinde ansieht. Es bedurfte nicht erst der gnostischen Bindeglieder, um die Schilderung des Höllendrachen Apophis, wie er im Pfortenbuche beschrieben wird, für christliche Apokalyptiker verständlich zu machen. Die Antike in ihrer hellenistischen Spätphase verschlang Altägyptens Bilderwelt nicht weniger leidenschaftlich als die junge Kirche. Beide verschmolzen unbekümmert mit altorientalischen und griechischen Motiven in einer poetischen Sicherheit, die auch heute noch Bewunderung erregt. Die Besonderheit der Einzelteile dieser Bilderwelt ist erst durch die Wiederentdeckung und wissenschaftliche Erschließung der ägyptischen Texte möglich geworden. Die Fülle der mittelalterlichen Darstellungen von Weltgericht und Welterlösung, von Hölle und Paradies, die Darstellungen des vom Tode erstandenen Christus, der wie Osiris zum Segen der Menschen den Tod überwunden hat, läßt nun durch die Ergebnisse der Ägyptologie sichtbar werden, welche Lebenskraft die alten mythischen Bilder besitzen, die Ägyptens Dichter einst ersannen. Die von ägyptischer Poesie erdachte Trichotomie des Kosmos – Erde, Himmel und Hölle – erweist sich auch noch im 20. Jahrhundert als unentbehrliche poetische Metapher. Dantes Göttliche Komödie, um es noch einmal zu sagen, die bis weit in das 19. Jahrhundert immer nur mit Hilfe der griechisch-römischen Mythologie gedeutet wurde, läßt nun erkennen, daß ihre Bilderwelt, wie es etwa die Bearbeitungen des Amduat ausweisen, schon ein Jahrtausend früher von Menschen benutzt wurde, um mit den Mitteln der Poesie, der Kunst, Welt- und Menschenerfahrung verständlicher zu machen.

Noch eine andere, nicht minder gewichtige Gedankenkette verbindet Europa mit Ägypten, deren ägyptische Anfangsglieder erst erkennbar wurden, als die alten ägyptischen Texte wieder lesbar waren, nämlich Ethik und Philosophie. Älter als die Weisheit Salomos ist die Lebenslehre des Amenemophe, und die christlichen Apophtegmata Patrum, die Sprüche der Väter, sind nur eine Fortsetzung der altägyptischen Weisheits- und Lebenslehren. Das Christentum Ägyptens erweist sich als die Mittlerin zwischen Altägypten und Europa in den Jahrhunderten dieser Zeitrechnung. Griechenland und Rom leben eben nicht nur von dem Brotgetreide, das Ägypten, die Kornkammer des Reiches, lieferte, sondern auch von seiner Weisheit. Das mehr als dreitausendjährige Erbe des Pharaonenreiches ging nicht spurlos in Hellenismus und Islam unter, es bedurfte nur erst einer ägyptologischen Wissenschaft, um sie wieder sichtbar zu machen. Noch sind nicht alle Texte aus Ägyptens Wüstensand geborgen oder erschlossen, und noch sind viele Texte in einem Zustande, daß ihre philologische Erschließung Schwierigkeiten bereitet. So birgt Ägyptens Geschichte auch heute noch viele Wunder und Geheimnisse, deren Enthüllung auch Europas Schicksal und Geschichte berührt. Die Geschichte der ägyptologischen Wissenschaften ist kurz im Vergleich mit der Geschichte Ägyptens. Die ernst zu nehmende Anfangsphase beginnt nach Vorarbeiten von Athanasius Kircher und Pietro della Valla mit der Entzifferung des Steines von Rosette durch Champollion im Jahre 1821 und durch die erste Arbeit von R. Lepsius, etwa fünf bis zehn Jahre später. Noch ist das Arsenal ägyptischer Literatur nicht erschöpft, denn Ägyptens dreieinhalbtausendjährige Geschichte dauerte ja immerhin noch fast zweitausend Jahre länger als bislang Europas auch nicht arme Geschichte.

Ägyptens Dichtern blieb nicht unbekannt, was Menschen bewegte, wenn sie Leben empfingen oder Leben hingaben. Ihnen waren die Gefühle der Enttäuschten so wenig fremd wie die der Verzweifelnden, der Liebenden oder der vom Hasse Geplagten. Liebe und Haß gehören aber wie Leben und Sterben zu den Eigenschaften des Menschen, die unverändert stark bleiben, auch wenn Völker und Klassen untergehen. Könige und Götter gehen beispielhaft voran. Die dichterischen Bilder von Neid, Haß, Liebe und Streit beflügelten menschliche Phantasie und befruchteten stets das ästhetische Bewußtsein wie die bildende Kunst. Gegenstand des Mythos war immer ein großer Gegenstand, etwa das Schicksal des Reiches, der Welt, der Menschheit, während das Märchen den kleineren Gegenstand zur Fabel wählt, die allgemeine Moral, die Gestalt des einzelnen, während der Legende die gesellschaftlich aktualisierte Moral und Ethik überlassen bleibt. In Ägyptens Literatur bestanden immer alle Gattungen nebeneinander. Ihr Zauber ist auch heute noch wirksam. Diese Mythologie will den Zugang zu ihm eröffnen und sie aus der Vergessenheit zurückholen, in die der ägyptische Dichter sie versinken sah:

> Geschlechter vergehen,
> andere bestehen an ihrer Statt.
> Das gilt seit den Tagen der Ahnen,
> der Götter, die nun in den Pyramiden ruhn.
> Die Edlen, Verklärten, auch sind begraben,
> vergangen ist, was sie geschaffen haben,
> und was ist ihr Los?

Altägyptens Poesie endete zwar in der Resignation und im Hedonismus. Utopien hat sie nicht erschaffen. Der Gedanke vom Kreislauf der Geschichte, der durch die Königsideologie eindrücklich wiedergegeben wird, verhinderte den Gedanken von der Endlichkeit einer zeitlichen Epoche und von der Endlichkeit der Welt und einer besseren Zukunft, einer neuen Zeit, eines neuen Daseins in dieser Welt. Vielleicht bewahrte sie ein Instinkt davor, solche kurzlebigen, aus akuter Not entstandenen Tendenzdichtungen zu schaffen, denn Utopien und eschatologische Apokalypsen, Visionen einer zukunftsträchtigen neuen Welt, sind, wir wissen es nicht nur aus der Kirchengeschichte, ohnehin nur geistiges Eigentum von Ekstatikern und selten massenwirksam geworden. Von Utopien und eschatologischen Apokalypsen kann eine Gesellschaft nicht leben. So blieb es der ägyptischen Spätzeit vorbehalten, jene hellenistischen Zukunftsträume zu adaptieren, die das gesellschaftliche Unbehagen der Sklavenhaltergesellschaft bestimmen. Das Ziel ägyptischer Sehnsucht ist, glücklich und wohlbehalten in Aminte anzukommen, nicht mit der gesamten Welt in einem neuen Äon, wie biblische Hoffnung erwartete, sondern »drüben zu sein«, ein lebendiger Gott zu werden,

> zu stehen in der Barke des Re
> und auszuteilen dort erlesene Gaben der Tempel.
> Wahrlich, wer drüben ist, wird ein Weiser sein,
> dem keine Schranken gesetzt sind,
> der zu Re spricht, wenn er redet.
> (Aus dem Gespräch des Lebensmüden mit seinem Ba).

Zeittafel

Urgeschichte

um 4500	Kultur von Merimde
um 4000	Badari-Kultur in Oberägypten
um 3500	Ältere Negade-Kultur
um 3200	Jüngere Negade-Kultur
um 3100	Beginn der Vereinigung von Ober- und Unterägypten
um 2950–2660	1. und 2. Dynastie (Narmer)

Frühdynastische Zeit

Altes Reich

2660–2590	3. Dynastie (Djoser)
2590–2470	4. Dynastie (Cheops, Chephren, Mykerinos)
2470–2320	5. Dynastie (Userkaf, Sahure)
2320–2160	6. Dynastie (Pepi I.–II., Merenre)

Erste Zwischenzeit

2160–2134	7. und 8. Dynastie
2134–2040	9. und 10. Dynastie

Mittleres Reich

um 2040	Mentuhotep II. aus der 11. Dynastie vereint erneut das Land
1991–1785	12. Dynastie (Sesostris I.–II., Amenemhet I.–IV.)
1785–1660	13. und 14. Dynastie

Zweite Zwischenzeit

1660–1559	15. und 16. Dynastie (Herrschaft der asiatischen Hyksos)
1559	Kamose aus der 17. Dynastie vertreibt die Hyksos

Neues Reich

1559–1320/19	18. Dynastie (Amenophis I.–III., Thutmosis I.–IV., Königin Hatschepsut) 1378–1362 Amarna-Zeit (Echnaton, Nofretete) nach 1362 Tutanchamun, Eje, Haremhab)
1320/19–1200	19. Dynastie (Ramses I.–II., Sethos I.–II.)
1200–1085	20. Dynastie (Ramses III.–XI.)

Dritte Zwischenzeit

1085–950	21. Dynastie in Unterägypten Gottesstaat des Amun in Oberägypten
950–730	22. und 23. Dynastie der Libyer
730–715	24. Dynastie

Spätzeit

715–656	25. Dynastie der Kuschiten

664–525	26. Dynastie von Sais (Psammetich I., Necho, Apries, Amasis)
525–404	27. Dynastie der Perser (Kambyses, Darius, Xerxes)
404–341	28.–30. Dynastie
341–332	31. Dynastie der Perser

Hellenistische Zeit

332	Alexander der Große erobert Ägypten
305/04–30	Herrschaft der Griechen (Makedonen: Ptolemäus I.–XIV., Kleopatra VII.)

Römische Zeit

30–395 n. Chr.	Ägypten als Provinz (Kornkammer des Römischen Reiches). Völlige Christianisierung (Kopten)
395–641 n. Chr.	Ägypten als Provinz von Ost-Rom
529 n. Chr.	Schließung des letzten heidnischen Tempels in Philae
641 n. Chr.	Araber erobern Ägypten

Erläuterungen
wichtiger Sachbegriffe

Achtheit – Zusammenfassung der Götter nach der Götterlehre von Hermopolis des urzeitlichen Chaos. Dazu gehören Nun und Naûnet, die Wasserkräfte, Amun und Amanûet, die Unsichtbarkeiten, Huh und Haûhet als Symbole der Ewigkeit des Raumes, Kuk und Kaûket als gestaltlose Finsternis. Die Frühzeit gab den männlichen Gottheiten Froschgestalten, den weiblichen Schlangengestalt. In der Spätzeit werden sie gelegentlich als Affen dargestellt, wie sie die Sonne begrüßen. Wichtige Kultstätte war Medinet Habu westlich von Theben.

Adyton – (griechisch: das Unbetretbare) bezeichnet das Allerheiligste in den Tempeln.

Ätiologie – (griechisch: Lehre von den Ursachen) bezeichnet jene Literaturgattung, in der Kultisches, Ethnologisches oder Historisches mythisch erklärt wird.

Aker – ägyptischer Gott, der die Erde verkörpert. Dargestellt wird er als schmaler Landstreifen mit zwei sich gegenüberstehenden Löwen- oder Menschenköpfen, die Auf- und Untergang der Sonne beobachten. Zwischen ihnen ist das Wirkungsfeld des Gottes.

Amarna – Ort der Residenz des häretischen Pharao Amenophis' IV. (1375–1358), der sich auch Echnaton nannte. Der Ort war nur zur Zeit dieses Königs bewohnt und bewahrte viele Dokumente aus dem Archiv dieses Königs und der Kunst jener Zeit in seinem Schutt.

Amulett – (lateinisch: Abwehrmittel) mit geheimnisvollen Kräften (siehe auch apotropäisch) beladene Abbildungen aus Flora und Fauna. Solche Götterfiguren, Skarabäen, Zähne, Kopfstützen, mit magischen Texten beschriebene Ostraka, Pergamente oder Papyrusstreifen finden sich vor allem in den Grabanlagen.

Androgynität – (griechisch: Mannweiblichkeit) bezeichnet doppelgeschlechtliche Götter, die zur Schöpfung der Welt, des Menschen oder anderer Götter aus sich selber fähig sind.

So wird Ptah, Atum oder auch der Nilgott Hapi als doppelgeschlechtliches Wesen, mit Penis und Brüsten, dargestellt.

Animismus, animistisch – (lateinisch, anima: die Seele) gebräuchliche religionswissenschaftliche Bezeichnung für jene Weltanschauung, die die Natur als von Geistern beseelt ansieht.

Anthropogonie – (griechisch: Menschwerdung) religiöse Vorstellung von der Entstehung des Menschen.

anthropomorph – (griechisch) menschengestaltig.

Apokalypse, apokalyptisch – (griechisch: Enthüllung, Offenbarung) Texte, die sich als aus der Transzendenz kommende Mitteilungen über die Zukunft der Menschheit und der Erde ausgeben.

Apotheose – (griechisch) bezeichnet den mythischen Vorgang der Vergottung eines Menschen.

apotropäisch – (von einem griechischen Verb: abwenden) Adjektiv zur Bezeichnung all dessen, was zauberischer oder magischer Abwehr feindlicher Kräfte dient.

Aretologie, aretologisch – (griechisch: Lehre von der Tugend) Lehre von den Tugenden und Eigenschaften einer göttlichen oder menschlichen Person.

Auge – beliebtes ägyptisches Symbol, nicht nur als Amulett (Uzat-Auge), für Götter. Sonne und Mond galten zum Beispiel als Augen des Horus, und Osiris, wie die Hieroglyphe ausweist, bedeutet eigentlich »Sitz des Auges«. Metaphorisch wird das Auge auch als Sinnbild für

Abend- und Morgenbarke benutzt, Abend- und Morgenröte.

autochthon – (griechisch, chthonios: der aus der Erde hervorgegangene Mensch) Bezeichnung für aus dem Lande selbst hervorgegangene Götter oder bodenständige Kulturen.

Ba – ursprünglicher ägyptischer Begriff für Kraft. Im Alten Reich ein Synonym für Götter. Danach bezeichnet es die unvergänglichen Kräfte des Menschen. So ist der Ba eines Königs seine Macht, der Ba eines Weisen etwa sein Geist. Der Ba wird in der Gestalt eines Vogels dargestellt.

Barke – Das Nilboot wurde schon in der Frühzeit des Alten Reiches als Kultbarke verwendet und trägt dann an der Stelle der Kajüte den Naos. Im Totenkult spielt die Barke des Osiris eine Rolle, weil der Sterbliche in sie einsteigen muß, will er »zu Osiris«, das heißt unsterblich werden. Ganz allgemein verbirgt sich hinter dem Schiff eines Gottes, deutlich sichtbar am Sonnenschiff des Gottes Re, das Wirken der betreffenden Gottheit, das somit auch zur Metapher für den Ba werden kann.

bilingue – (lateinisch: zweisprachig) Begriff für zweisprachige Texte, wie zum Beispiel der berühmte Stein von Rosette, der zwar in drei Schriften, aber nur in zwei Sprachen, Griechisch und Ägyptisch, verfaßt ist.

chthonisch – siehe unter autochthon

Chepre – ägyptische Bezeichnung für den Urgott, den von selbst Entstandenen, als dessen Symbol der Skarabäus gilt, der angeblich ohne Zeugung aus der Erde hervorkommt. Der anthrazitfarbene Mistkäfer, der seine Eier in einer Kot- bzw. Erdkugel vor sich herschiebt, ward zum Urbild des Schöpfergottes Atum und mit dem Sonnengott gleichgesetzt. So wie der Käfer die Mistkugel vor sich herschiebt, soll auch Atum die Sonne vor sich hergerollt haben. So wurde der Käfer zum Symbol für Wärme und Licht und zum beliebtesten Amulett und Talisman.

Demiurg – (griechisch: der Handwerker) Seit Platon bezeichnet der Begriff den Schöpfergott, der vor allem in der Gnosis zum Antipoden und Gegenspieler des Erlösergottes wird.

Dichotomie, dichotomisch – (griechisch: Zweiteilung) Begriff für die Differenzierung zunächst des Menschen in Leib und Seele, dann der Welt und des Kosmos.

Dualismus – (lateinisch: Zweiheit) Lehre von den zwei die Welt beherrschenden Prinzipien, die sich antagonistisch (feindlich) gegenüberstehen, etwa Mann und Weib, Licht und Finsternis, Immanenz und Transzendenz, Gott und Welt. In Ägypten gab es diesen Dualismus nicht. Die Gegensätze wurden vielmehr immer als Ergänzungen und unter einer übergreifenden Einheit verstanden.

Ekstase – (griechisch: Außer-sich-Sein) bezeichnet Entrückungszustände von Menschen, im Wachsein wie im Schlaf, Tag- und Nachtträume. In der ägyptischen Spätzeit, vor allem in den Mysterienkulten, versucht der Mensch, sich künstlich in diesen Zustand zu versenken.

Emanation – (lateinisch: Ausfluß) Begriff für die Vorstellung, daß alle Wesenheiten aus einem Ureinen, aus einem Urgott, hervorgegangen sind. Danach ist die Welt, besonders in den gnostischen Lehrsystemen, die Folge einer Entwicklung vom Hohen zum Niederen, die zu ihrer Vollendung den Weg zurück in die Urheimat antreten muß.

Der Gegensatz dazu ist die naturwissenschaftliche Entwicklungslehre, die nur den Prozeß einer Entwicklung vom Niederen zum Höheren anerkennt.

Eschatologie – (griechisch: Lehre von den letzten Dingen) Begriff für die Vorstellungen vom Ende der Welt und der Zeit und einer darauffolgenden Nach-Zeit für den Menschen.

Euphemismus – (griechisch: Gutes sagen) bezeichnet den Vorgang, daß üble oder unanständige Namen und Begriffe durch angenehme ersetzt werden, vor allem in der Sexualsphäre. Der Gegensatz ist der Pejorativ.

Gigantomachie – (griechisch: Kampf der Riesen) bezeichnet Kämpfe zwischen Göttern und ihren Feinden, etwa zwischen Seth und Horus oder Re und Apophis.

Gnosis – (griechisch: Erkenntnis) bezeichnet eine religiöse Heilslehre, die im 1. Jahrhundert in Kleinasien entstand und sich dann vor allem in Ägypten verbreitete. Die Gnostiker verzichteten auf Verbesserung ihrer als unleidlich empfundenen Lebensverhältnisse zugunsten einer auf dem Wege der Erkenntnis ihrer himmlischen Herkunft gewonnenen Erlösung. Die bedeutendsten gnostischen literarischen Quellen wurden in Ägypten in Medinet Mahdi und Nag Hammadi gefunden.

Heros – (griechisch: der Herr) bezeichnet einen mit gottähnlichen Kräften ausgestatteten Menschen, wie etwa mythische Stammväter oder Könige oder Weise, sofern sie nicht zu Göttern erhoben sind.

Hieroglyphen – (griechisch: heilige Ritzungen oder Kerben) antike Bezeichnung für Bilderschriften aller Art aus Mesopotamien und vor allem aus Ägypten. Seitdem spezieller Terminus technicus für die altägyptische Bilderschrift.

ithyphallisch – (griechisch: mit erigiertem Phallus) So dargestellte Gottheiten sind zumeist noch androgyn gedacht, mit höchster Schöpfungspotenz ausgestattet. So kann auch die Göttin Mut von Theben als »Mutter ihres Erzeugers«, als Allmutter, mit dem Phallus dargestellt werden, und Isis wird zum Manne, »um den Namen des Osiris auf Erden weiterleben zu lassen«.

Ka – ägyptischer Ausdruck für die Lebenskraft eines Menschen, die mit ihm zugleich geschaffen wird und ihn auch, bildlich, überlebt. Das Grab ist das Haus für den Ka, in dem dieser wohnt und zum Beispiel die Opfergaben empfängt. Ursprünglich war es nur die männliche Zeugungskraft. Zu unterscheiden ist der Ka von dem Ba des Menschen.

Kamutef – seit dem Neuen Reich belegte Apposition in der Bedeutung »Stier seiner Mutter«, beschreibt die Götter wie Min und Amun als ihre eigenen Erzeuger.

Kosmogonie – (griechisch: Entstehung der Welt) religiöse Konzeption vom Entstehen der Welt durch einen göttlichen Schöpfungsakt. Kosmologie bezeichnet die Lehre von der Welt ganz allgemein.

Libation – (griechisch: ausgießen) bezeichnet die kultische Opferung von Wein, Milch, Blut, Öl, Wasser und anderen Flüssigkeiten als Speise und Geschenk für Götter, Dämonen und verstorbene Menschen.

lunar – (lateinisch, von luna: Mond) auf den Mond bezogen, während solar bedeutet »auf die Sonne bezogen«.

Magie, magisch – (aus dem Persischen stammendes griechisches Lehnwort) bezeichnet den Vorgang, in dem Menschen impersonale Kräfte aus toten und lebenden Wesen und Gegenständen benutzen, um andere Gegenstände und Personen wirksam oder unwirksam zu machen. Der ursprünglich medische Stammesname wurde zum Synonym für Astrologie, Traumdeutung, Zauberei, Wahrsagekunst.

Mantik, mantisch – (griechisch: rasen, sich in Ekstase versetzen) bezeichnet Riten und Vorgänge bei der Erkundung des Willens von Göttern und Geistern.

Mythos, mythisch, Mythologem – (griechisch: die Fabel, Dichtung) Der ursprüngliche Begriff für Erzählung hat eine Einengung erfahren und wird seit dem 18. Jahrhundert nur noch für Göttererzählungen verwendet. Mythologem bezeichnet einen Teilaspekt oder Teilbereich eines Mythos.

Naos – (griechisch: Schrein) Begriff für Schreine oder Tabernakel, in denen Bilder oder Symbole von Göttern aufbewahrt werden.

Neunheit – theologische Konstruktion der Priesterschaft von On, um die Hauptgötter in einem System, in einem Stammbaum, zu ordnen: Atum ist der androgyne Schöpfer, der durch Selbstbegattung Schu und Tefnut zeugt

(Luft und Wasser). Diese zeugen Geb und Nut (Erde und Himmel). Diese zeugen Osiris, Isis, Seth und Nephtys.

Omen – (lateinisch: Zeichen) Begriff für mantische und magische Vorherdeutungen zukünftiger Ereignisse. Omentexte werden jene Texte genannt, in denen vom Laufe der Sonne, vom Vogelflug oder anderen Beobachtungen in der Natur Rückschlüsse auf menschliches, privates wie öffentliches Leben gezogen werden.

Orakel – (griechisch: Deutung) bezeichnet Stätten wie Bäume oder Höhlen und Geräte, an denen oder mit denen Menschen Auskünfte über zukünftige Ereignisse von Göttern und Geistern einzuholen glauben.

Paränese, paränetisch – (griechisch: ermahnen) bezeichnet moralisch-sittliche oder religiöse Ermahnungen.

Polytheismus – (griechisch: Vielgötterei) Begriff für eine Religion, in der viele Götter verehrt werden, während der Monotheismus nur einen Gott verehrt, weil er nur die Existenz eines Gottes anerkennt, wie zum Beispiel der Islam.

Der biblische Jahwe-Kult war monolathristisch, d. h. er verpflichtete Israel, von den vielen verfügbaren Göttern nur einen, den Gott Israels, anzubeten.

Prophet, prophetisch – (griechisch: vorhersagen) religionswissenschaftliche Bezeichnung für einen Menschen, der den Willen eines Gottes oder mehrerer Götter verkündet, in seltenen Fällen auch Voraussagen macht. Das Prophetentum (siehe auch Mantik) war in Kleinasien, Palästina und Ägypten unabhängig vom Priestertum verbreitet.

Prozession – (lateinisch: Wallfahrt) kultische Begehungen, die von den magischen Vorstellungen der Kraftübertragung leben, wie zum Beispiel der Apis-Lauf. Sie können aber auch nur den Charakter von Götterbesuchen haben, wie zum Beispiel in Ägypten üblich.

Pyramide – baugeschichtlich die Fortbildung der Mastaba genannten altägyptischen Grabanlagen der 4.–6. Dynastie und Häuser für den Ka der Könige. Die Totengaben und rituellen Begehungen wurden in den davor liegenden Totentempeln abgehalten.

Skarabäus – siehe unter Chepre

solar – siehe unter lunar

Sonnenschiff – Der Ägypter dachte sich den Himmel als Gewässer, in dem die Gestirne in Schiffen ihre Bahnen ziehen, vor allem natürlich Re, der Sonnengott. Die Sonne wird zum Bild des Handelns, ja zum Gott selber. Modelle von Sonnenschiffen sind seit dem Alten Reiche in Gräbern gefunden worden. Sie sind ein Symbol dafür, daß der Tote an Re teilhaftig wird.

Synkretismus – (griechisch: vermischen) religionsgeschichtlicher Vorgang, bei dem Elemente verschiedener Religionen oder Kulturen miteinander verschmolzen werden.

theriomorph – (griechisch: tiergestaltig) Begriff für tiergestaltige Gottheiten mit anthropomorphen Verhaltensweisen.

Theogonie – (griechisch: Götterentstehung) seit Hesiod gebräuchlicher Begriff für die Ab- oder Herkunft der Götter.

Theologumenon – (griechisch) Teil- oder Wesensbeschreibung eines Gottes, die immer nur kurze episodenhafte Wirkungs- oder Erscheinungsweisen erfaßt, während die ausführliche Darstellung eines oder mehrerer Götter Theologie genannt wird.

theophor – (griechisch) Das Adjektiv setzt seinen Träger in die Beziehung zu einem Gott, dessen Namen es meistens trägt, vor allem bei Namensbildungen.

Trias, Triaden – (griechisch/lateinisch: Dreiheit) bezeichnet die Zusammenfassung von drei Göttern oder Städten oder menschlichen Personen zu einer übergreifenden Einheit, wie zum Beispiel die Trias Isis-Osiris-Horus oder Gottvater-Jesus Christus-Heiliger Geist.

Trichotomie – (griechisch: Dreiteilung) Begriff für die Differenzierung eines Wesens, zum Beispiel des Menschen oder der Gesellschaft in Hyliker (Materialisten), Psychiker, also seelisch geleitete Menschen, und Gnostiker. Eine solche Dreiteilung im Menschen heißt dann Leib-Seele-Geist.

Topos – (griechisch: Ort) bezeichnet in der Religionswissenschaft nicht nur einen Ort schlechthin, sondern auch damit verbundene religionsgeschichtliche Vorgänge.

Suprematie – (lateinisch: Oberherrschaft) Begriff für die Oberherrschaft eines Gottes oder einer Priesterkaste über andere Götter oder Priester, die aber noch über eine relative Selbständigkeit verfügen.

Auswahl neuerer, weiterführender deutschsprachiger Literatur

Zur Geschichte

H. *Kees*, Das Alte Ägypten. Eine kleine Landeskunde, 3. Auflage, Berlin 1977

E. *Otto*, Ägypten. Der Weg des Pharaonenreiches, 3. Auflage, Stuttgart 1968

A. *Scharff*, in: Scharff-Moortgart, Ägypten und Vorderasien im Altertum, München 1950

K. H. *Schüssler*, Ägypten, Artemis-Cicerone, Zürich 1977

Zu Sprache und Literatur

H. *Kees, S. Schott, H. Brunner, E. Otto, S. Morenz,* in: Handbuch der Orientalistik, I. Band, Ägypten, 1. Abschnitt, Ägyptische Sprache und Schrift, Leiden 1959

H. *Brunner, H. Grapow, H. Kees, S. Morenz, E. Otto, S. Schott, S. Spiegel,* in: Handbuch der Orientalistik, I. Band, Ägypten 2. Abschnitt, Literatur, Leiden 1952

E. *Brunner-Traut*, Altägyptische Literatur, in: Neues Handbuch der Literaturwissenschaft, Tübingen 1978

H. *Brunner*, Grundzüge einer Geschichte der altägyptischen Literatur, Darmstadt 1966

E. *Brunner-Traut*, Altägyptische Märchen, Düsseldorf-Köln 1963

E. Brunner-Traut, Altägyptische Tiergeschichte und Fabel, Darmstadt 1968
Fr. W. v. Bissing, Altägyptische Lebensweisheit, Zürich-München 1955
J. Assmann, Ägyptische Hymnen und Gebete, Zürich 1975
E. Hornung, Ägyptische Unterweltsbücher, Zürich 1972
E. Hornung, Das Totenbuch der Ägypter, Zürich 1979
A. Erman, Die Literatur der Ägypter, Leipzig 1923
K. Sethe, Dramatische Texte zu altägyptischen Mysterienspielen, Leipzig 1928
S. Schott, Altägyptische Liebeslieder, mit Märchen und Liebesgeschichten, 2. Auflage, Zürich 1950
Liebe sagen, Lyrik aus dem ägypt. Altertum, herausgegeben von H. Kischkewitz, Leipzig 1982
H. Brunner, in: Beyerlin, Religionsgeschichtliches Textbuch zum Alten Testament, Göttingen 1975
H. Grapow, in: Lehmann-Haas, Textbuch zur Religionsgeschichte, Leipzig 1922
U. Luft, in: Leben im ägyptischen Altertum. Literatur, Briefe, Urkunden aus vier Jahrtausenden, Staatliche Museen zu Berlin, 1977
Altägyptische Reiseerzählungen, herausgegeben von Elke Blumenthal, Leipzig, 1982

Zur Religion

H. Junker, Die Götterlehre von Memphis, Abhandlungen der Berliner Akademie der Wissenschaften, Berlin 1930
S. Morenz, Ägyptische Religion, Stuttgart 1960
H. Bonnet, Reallexikon der ägyptischen Religionsgeschichte, Berlin 1952
M. Lurker, Götter und Symbole der alten Ägypter, Bern-München-Wien 1974
H. Kees, Totenglauben und Jenseitsvorstellungen der alten Ägypter, 2. Auflage, Berlin 1965

Zur Mythologie

S. *Schott*, Mythe und Mythenbildung, Leipzig 1945
G. *Roeder*, Mythen und Legenden um ägyptische Gottheiten und Pharaonen, Zürich 1960
V. *Ions*, Ägyptische Mythologie, Wiesbaden 1970
W. *Beltz*, Gott und die Götter. Biblische Mythologie, 3. Aufl. Berlin 1982
S. *Morenz*, Die Begegnung Europas mit Ägypten, Zürich 1969
Lexikon der Ägyptologie, Wiesbaden, seit 1972
Mifi narodow mira, 2 Bände, Moskau 1980

Register

Abel 22, 50, 70
Abu Simbel 100f., 113
Abydos 46, 127, 129, 203
Adam 57, 145
Adams-Apokalypse 38, 87, 102, 194
Adonis 46
Ägypten, Ägypter 5–28, 37, 40–42, 45, 50, 52–54, 62–64, 66, 68, 70, 74, 79, 85f., 89, 91, 93–95, 97–99, 102, 104f., 113–117, 119–121, 123, 126, 128, 130, 135, 140, 143, 146, 148, 159f., 163–165, 167f., 170, 174, 184, 192–194, 205, 211–215
Ägypter-Evangelium 55–57
Äthiopien 15
Ahines 163
Al-Eschumen siehe Eschumen
Alexander von Mazedonien 16, 117–121
Alexandria 16, 119–121
Altes Reich 11–13, 17, 19f., 22, 26, 34, 36f., 39, 45f., 61, 78, 90, 132, 135, 146–148, 150, 165f., 170, 172–174, 180f., 184, 191, 201f., 213
Amarna 14
Amaûnet 30, 38f., 51f.
Amduat 213f.
Amenemhet I. 13, 190f.
Amenemophe 215
Amenophis III. 14, 98

Amenophis IV. siehe Echnaton
Aminte   13, 34, 36, 44, 48, 54, 60, 67, 77, 84, 90, 98, 166, 168–170, 174, 204, 217
Amor   156
Amonemopet, Denkstein des   126
Amon-mose, Denkstein des   128
Amun   12, 16, 22f., 30, 38–40, 45, 51–53, 55, 109f., 114, 117f., 125f., 131, 136, 162f., 167
Amun-Re   52, 55, 125
Anat   72, 81, 159
Antinoe   62, 64
Anu   85
Anubis   21, 23, 153, 168–171, 187f., 195, 201, 204, 208
Anuket   62, 177
Aphrodite   155, 158, 172f.
Apis   12, 120, 156, 165–167
Apollo   35, 80, 145
Apophis   61, 72, 84–86, 135, 138, 147, 200, 202, 204, 214
Apries   115
Apuleius   155–157
Archonten   86–88
Ares   158, 173
Artaxerxes   117
Artemis   145, 155, 172
Arueris   45
Aruru   63
Ascheru   52
Asklepios   178, 192–194
Aso   69
Assyrer   79
Astart(e)   72, 81, 91–94, 157–159
Athene   155
Aton   14, 53–55, 137
Atum   22, 30, 33f., 36f., 43, 46, 50f., 68, 72–74, 96, 99f., 125f., 133, 135f., 139f., 195f., 203f.
Atum-Re   16, 20, 55, 201f.

Ba   20, 28, 51, 64, 72f., 166f., 172, 175, 183f., 201, 204, 213, 217
Ba von Mendes   162
Baal   85, 132
Babylon   49, 93
Bahri   111
Barbelo   56, 159–161
Bastet   96, 148, 160, 171f., 189
Bata   169–171
Bellina   155
Berliner Papyrus   148, 158, 183, 187, 201
Bibel   21, 32f., 35f., 50, 64, 66, 70, 87f., 96, 102, 107, 111, 121, 126, 138, 145, 178, 184, 188, 194, 202, 209, 213f., 217
bnbn-Stein   37, 43, 51
Böhlig-Polotsky   210
Boghazköi   115
Bonnet, H.   46, 90, 143, 148, 170
Braun, T.   116
Brugsch, H.   178
Brunner, H.   61
Brunner-Traut, E.   25f., 28, 85, 96, 107, 110, 123, 148, 158, 170, 209
Bubastis   20, 149, 170–172
Buchis   168
Bukephalos   119
Burynome   40
Busiris   46, 70, 90, 127–129, 203
Buto   20, 71, 143f.

Chabas, E.   45, 128
Chaemwese   207–209
Champollion, J.   215
Chantamenti   46
Che-en-Anubis   188
Chemnis   152, 154
Cheops   5, 12f., 104f., 107f.
Chepre (Cheper)   46, 51f., 73
Chnum   48f., 62–64, 105f., 109f., 146, 162f., 176–178

Chons 52
Christus siehe Jesus Christus
Clemens Alexandrinus 171
Curtius 120

Dante, A. 207, 209, 211f., 214
Darius 167
Davies, G. 54
Demeter 143, 155
Demiurg 161
Demotischer Papyrus 96
Dendera 82, 149–151
Der-al-bahari 13
Diodor 69, 165f.
Dionysios 122f.
Djedefhor 104f.
Djedi 104f., 108
Djoser 12, 176–178
Domedon 56
Doxomedon 56
Duamutef 132, 173
Duat 125, 127, 138, 142, 144, 146f., 203–205
Dumuzi 158
Dynastie, 1. 9f., 12, 63, 79, 145
–, 2. 13, 70, 79
–, 3. 70, 79, 178
–, 4. 79, 107, 136, 143, 191
–, 5. 79, 107f., 136, 198
–, 6. 181
–, 7. 181
–, 10. 188
–, 11. 52
–, 12. 143, 158, 165, 184, 188, 190
–, 15. 13
–, 18. 14, 55, 92, 98, 110, 128, 205
–, 19. 12, 92, 113, 158, 205
–, 20. 23, 80, 108, 205

—, 24. 163
—, 26. 15, 146
—, 30. 120

Echnaton 14f., 23, 54f.
Edfu 85, 132, 150
Efnut 43
Ehnas 127
El 85, 138
El Amarana 54
El-Arisch 139
Elephantine 64, 116, 150, 176–178
Elia 108
Elkab 142f.
Elohim 33
Enki 35, 97, 137
Enkimdu 158
Epiphanius 88
Erman, A. 45, 69, 107, 114, 123, 180, 183, 190, 206
Eschmun 127
Eschmunen 39, 205
Esna 60, 63f.
Esne 146
Euhemeros 7
Europa 120, 212, 214f.

Fajum (Faijům) 164f., 170
Faras 108
Feuerbach, L. 8

Gardiner, A. H. 34, 92, 113, 158, 187, 190
Geb 37f., 43–45, 47f., 50, 64, 68, 71f., 127–129, 138–140, 149, 162, 165, 174, 177, 196, 199, 201
Geia 143
Gilgameš 209
Gnosis 16, 41f., 57, 64, 66f., 87f., 99, 102f., 154, 160f., 172, 175, 184, 193f., 202, 207, 209–211, 213f.

Griechenland, Griechen   7, 11, 16, 18, 21f., 24, 32–35, 39f., 69, 79f., 85, 117, 136f., 140f., 143–145, 155, 159, 163f., 168, 173, 178, 202, 213–215
Griffith, F. L.   139, 209

Hapi   132, 143, 167, 176
Harachte   36, 51, 55, 72, 81, 132, 136, 138
Harendotes   132
Haroeris   51, 132
Harpokrates   48, 51, 132
Harsiese   48, 50, 132
Hathor   73, 75, 80f., 83, 93, 110, 147–151, 154, 158, 160, 171, 201
Hatschepsut   14, 109f.
Hattuschili III.   114
Haûhet   30, 39
Hekate   155
Heket   62, 105f., 109f.
Heliopolis   16, 20, 22, 34, 36f., 46, 50–52, 55, 95, 105, 127, 132f., 136, 154, 167, 171, 174, 178, 205
Helios   34f., 44f., 136
Hephaistos   173
Hera   143
Herakleopolis   13, 52, 188
Herakles   49
Herder, J. G.   9
Hermes   44f.
Hermes Trismegistos   99, 192f.
Hermonthis   52, 168
Hermupolis   13, 20f., 38f.
Herodes   107
Herodot   12, 116f., 145, 165f., 172, 175, 181
Hesiod   21
Hethiter   15, 97, 113f.
Hierakonpolis   71, 143, 173
Hiob   184, 188f.
Hippolyt   66
Horapollo   146

Horus   10, 20–22, 32, 37f., 44f., 47–51, 57, 60, 66, 70–83, 85f.,
   122, 124, 129–133, 135–137, 142–144, 146, 150–155, 157, 161f.,
   164f., 168, 171, 173–175, 177, 195–197, 199–204, 207
Horus Harachte   33
Horus Hekenu   33
Hu   30, 39, 45, 136
Hyksos   13, 110
Hypsolis   64

Ihi   149
Imhotep   176–178
Imset   132
Inanna   35, 97, 137
Ipuwer   13, 27, 179–181, 183
Isis   21f., 25, 35–37, 43–45, 47–51, 57, 68f., 72–83, 86, 105f.,
   129–137, 146, 150, 152–158, 160f., 164, 172, 177, 195–197, 200, 202
Islam   24, 102, 212, 215
Israel   6, 66, 151
Istar   158
Iûesas   37

Jahmes   109f.
Jahwe   35f.
Jaldabaoth   40–42
Jao   41
Jaret   139
Jeremia   121
Jerusalem   101
Jesus, Jesus Christus   57, 107, 111, 132, 161, 172, 210, 213f.
Joseph   178
Juda   101f., 194
Junkers, H.   31, 102, 123
Juno   155

Ka   62–64, 127, 162, 185, 196f., 200f., 204, 213
Kaba Adone   56
Kadesch   114

Kain 22, 50, 70
Kairo 11
Kambyses 15, 115f., 120
Karnak 51, 170
Karthago 156
Kassandane 116
Kaûket 30, 39
Kebechsenef 132f., 173
Kees, H. 52, 163, 198
Keku 106
Kematef 53
Kircher, A. 215
Kirsch, W. 120
Kiš 145
Kom Ombo 132
Koran 102, 121
Kreret 127
Krokodilopolis 164
Kronos 44f.
Kuk 30, 39
Kusch, Kuschiten 132
Kybele 155
Kynopolis 168, 170f.
Kyros, König von Persien 115f., 122
Kyros, Patriarch von Konstantinopel 122f.

Lacau, P. 131, 201
Leipoldt, J. 10, 18
Leontopolis 96, 171
Lepsius, R. 205f., 215
Leto 144f.
Letopolis 127, 148
Libyer 15
Lorelei 158
Loret, E. 90
Lucius 155–157
Lukian 156

Maat 34f., 136f., 160, 203
Magie 22f., 35, 108, 149, 154, 213
Mami 63
Manetho von Sebennytos 11f., 116, 181
Mani 210f.
Manichäer 22, 41, 210f.
Marduk 49, 85, 132
Maria 161
Maystre, Ch. 60, 85
Mazedonien 117
Mechen 205
Medinet Habu 15, 113
Medinet Madi 41
Memphis 12–17, 20, 30–32, 34, 79, 90, 96, 99f., 112, 120, 127, 147f., 165–167, 170, 178, 203, 209
Mendes 72f., 129, 162f.
Menes 12, 144
Menhit 146
Mentuhotep I. 13
Mercer, F. 49
Merenptah 15
Merikare 13, 60
Mesechnet 105f., 110
Mesopotamien 21, 26, 32f., 63, 85, 145
me-Tafeln 137
Methyer 150
Min 53
Mithra 22, 156
Mittleres Reich 11, 13, 17, 19, 23, 47, 53, 60, 64, 69, 78, 128f., 131f., 137, 139, 143, 147f., 151, 165, 173, 183, 187, 206
Mnevis 167
Month 52, 168
Morenz, S. 7, 10, 18, 163
Mose 33, 36, 50, 64, 66f., 210

Naaret 127
Nachbet siehe auch Nechbet 80

Nag Hammadi   38, 41, 66, 87, 102, 160, 193
Naunet   30, 39
Naville, E.   85, 110, 205
Nebre, Denkstein des   126
Nebut-Ombut   20
Nechbet siehe auch Nachbet   82, 142–145
Necheb   142f.
Nechen   20, 71, 142f., 173
Neferhotep, Lied des   29
Nefertem   48, 148
Neferti   189–191
Negade   9, 11, 20, 50
Neith   72, 76, 80f., 146,f., 149, 154
Nektanebos   117–120
Nephtys (Nephthys)   37, 43, 45, 47, 50, 69, 105f., 146, 153f., 168, 177, 195–197, 200, 202
Neues Reich   10f., 14f., 17, 19, 23, 31, 34, 36, 46, 49, 53, 60f., 64, 78, 80, 86, 90, 96, 126, 135, 137, 146–148, 154, 159, 198, 205f.
Niaû   30
Niaût   30
Nil   5, 11, 15f., 19, 25f., 33, 37, 43, 54, 60–63, 68–70, 76, 87, 99, 112–114, 116, 122, 125, 135, 143, 146, 150, 154, 162, 164, 166f., 173f., 176–180, 190–192, 200, 203
Nitetis   115
Noah   66, 86, 88
Nofretete   14, 54
Norea   86, 88
Nous   65
Nubien   51, 62, 69, 81, 94, 108, 120, 171f.
Nub-kau-Re   188
Numidien   156
Nun   30, 33, 36–39, 59, 83f., 86, 127, 133
Nut   37, 43f., 68, 84, 127, 133, 140, 149, 177, 196–198, 200

Ödipus   140
Olymp   137
Olympia   117–120

Ombos   71
On   34, 36f., 46, 51f., 70, 136, 140
Ophion   40
Orpheus   209
Osiris   18, 20–23, 32, 36–38, 43–51, 57f., 61, 64, 68–74, 76, 78–80, 86, 89f., 120, 126–133, 137, 142, 146f., 150, 152–157, 162, 164–170, 173f., 177, 184, 195–198, 200–208, 213f.,
Otto, E.   110f., 163
Oxyrhinchos   78

Palästina   46
Palermo, Stein von   11
Pan   163
Papyrus Harris   31, 39
Paulus   202
Pausanias   158
Pe   71
Pepi II.   180
Pergamon   85
Persephone   155
Persien, Perser   15f., 22, 24, 79, 85, 116f., 119–121, 167
Phaeton   140
Philä   95, 129, 154
Philipp von Mazedonien   117f., 120
Phönix   130, 175
Physis   65–67
Pistis   40–42
Pistis Sophia   159–161, 172
Platon   28
Plutarch   21f., 44f., 49, 69, 77, 145, 155, 166, 170f.
Pronoia   55f.
Prophetie   108, 188, 191
Psammetich   16
Psyche   156
Ptah   12, 16, 20, 30–34, 42, 51–53, 77, 91, 99–101, 112f., 115, 130f., 147f., 151, 157f., 163, 165–167, 200, 204
Ptolemäer   85

Ptolemaios I.   120, 156
Ptolemaios II.   163
Punt   51, 111
Python   145

Qumran, Sekte von   107, 194

Ramessiden   15, 102
Ramses II.   15, 19, 99–101, 108, 112f., 163
Ramses III.   15, 19, 113f.
Rarak   200
Rawoser   106
Re   5, 20–22, 27, 33–39, 44–46, 49–53, 55, 59f., 64, 66, 70, 72–78, 80–86, 94–98, 105, 107, 112, 125–127, 129–140, 142–144, 147–151, 153f., 158, 160, 162–164, 167–169, 171–173, 175, 177, 179, 181, 183, 185, 189, 191, 195–207, 213, 217
Remus   22, 50, 70
Rhea   44f., 143
Robinson, J.   193
Roeder, G.   37, 85, 113, 123, 128, 131, 135, 139, 150, 153, 178, 197, 201, 205, 209
Rom, Römer   16, 18, 28, 70, 79, 214f.
Romulus   22, 50, 70
Rosette, Stein von   212, 215
Ruddedet   105f.

Saba   101
Sabaoth   87
Sachbu   105f.
Sachmet   21, 93, 96, 147f., 158, 171
Sahure   106f.
Sais   15, 76, 80, 146f., 164
Sako   171
Salomo   101f., 215
Saqqara   167, 178
Sarapis   22, 117, 119f., 167
Satet   62

Satis 150, 177
Schabaka 17, 31, 100
Scharff, A. 12, 31, 34, 183
Schashotep 127
Schedit 164
Schelling, G. 9
Schleiermacher, D. F. 6
Schott, S. 25 f., 46, 50, 53, 79
Schu 30, 37 f., 43, 55, 64, 68, 84, 94–97, 138–140, 149, 152, 162, 177, 200
Schuri 127
Seem 64, 66
Seir 86
Selene 44, 155
Selket 146, 154
Sem 66
Serapis siehe Sarapis 156
Šešonk 15
Sesostris III. 13, 86
Seth 10, 20, 25, 37, 43–45, 47–51, 57, 68–86, 88 f., 92 f., 129–132, 144, 146 f., 150, 152 f., 161 f., 164, 166, 168 f., 195 f., 200
Seth, Adams Sohn 57
Sethe, K. 78, 187, 197
Sethos I. 15, 86
Si 136
Sio 45
Si-Osire 207–209
Sirius 154, 196
Siut 21
Smithis 142
Snofru 13, 104, 189, 191
Sobek siehe Suchos 164 f.
Sokaris 90
Spiegel, J. 77
Spiegelberg, J. 96, 172
Strabon 170
Suchos 146, 164, 170

Suchos-Re 55
Sumer 12, 24, 63f., 93, 97, 137
Syrien 46, 114, 119

Tanis 15
Tartaros 41
Tefnut 30, 37f., 43, 45, 68, 94–97, 140, 149, 151f., 171f.
Telepinu 97
That 192f.
Thaussing, H. 90
Theben 13–16, 23, 39, 51–53, 55, 82, 125f., 143, 151, 162, 168, 205
Theodosius 122f.
Thermutis 53, 91
Thetis 155
Thinis 12, 145
Thoeris 151
Thot 17, 21, 23, 45, 71–73, 75–77, 81–83, 94f., 97–99, 104f., 109f., 130f., 136, 152f., 168, 172, 193, 195f., 199, 201, 203, 208
Thutmoses I. 14, 110
Thutmoses II. 110
Thutmoses III. 14, 108–110
Tokarew, W. 23
Turiner Königspapyrus 12, 47
–, Totenbuch 206
–, Zauberpapyrus 135
Tutanchamun 15, 108
Tutanchaton 15
Tyche 155
Typhon 45, 80

Ugarit 85, 138, 159
Unu 39
Uruk 35
Userkaf 106f.
Uto 80, 82, 143-145

Valla, P. della 215

Vergil 50, III, 209
Vogelsang, F. 187

Wadjit 143-145
Wennofer 128

Zandee, J. 32
Zeus 35, 45, 78, 132
Ziusudra-Utnapišti 209
Zusas 45
Zwischenzeit, I. 11, 13, 62, 180, 190
–, II. 12f.
–, III. 12

Abbildungen

Titelbild, Vorderseite/Rückseite:

Pektoral (Brusttafel) des Obersalbenkoches Panehesj
Blaue Fayence mit Einlage bunter Steine, Grundfarbe rot,
Skarabäus aufgesetzt; H. 10,5 cm, B. 9 cm
Herkunft unbekannt
Spätzeit, um 664–332 v. u. Z.
Staatliche Museen zu Berlin/DDR, Ägyptisches Museum,
Inv. Nr. 1984
Foto: P. Garbe
Das Pektoral, an einer Kette auf der Brust der Mumie gelegen, vereinigt zwei Gedanken: den der täglichen Wiedergeburt und den des Herzskarabäus.
Auf der Vorderseite ist die Sonnenbarke zu sehen, in der der Skarabäus als jugendlicher Sonnengott Cheper zwischen den Göttinnen Isis und Nephthys erscheint.
Auf der Rückseite steht der Tote in Verehrung von Osiris.
Zwischen ihnen die Rückseite des Skarabäus mit einem gekürzten Spruch des Totenbuches, der magischen Schutz beim Totengericht bewirken soll: Das Herz des Toten soll dort nicht gegen ihn aussagen.

Abbildungsteil im Buch

1. *Modell eines Ruderschiffs*
   Holz mit Resten von Bemalung; L. 1,12 m, B. 18 cm
   Aus Mittelägypten
   Mittleres Reich, um 2000 v. u. Z.
   Postmuseum Berlin/DDR, als Leihgabe im Ägyptischen
   Museum Berlin/DDR
   Foto: Staatliche Museen zu Berlin/DDR

   Die dem Toten ins Grab mitgegebenen Schiffsmodelle
   sollten ihn befähigen, Schiffsreisen zu unternehmen.
   Ziel dieser Reisen des Toten waren die großen Götter-
   feste des Landes, an denen er teilzunehmen
   wünschte – so besonders die des Gottes Osiris in Abydos.

2. *Jenseitsführer für Amunemwija*
   Hieroglyphen und farbige Zeichnungen
   Papyrus; H. 23 cm, L. 1,78 m
   Aus Theben-West
   13. Jh. v. u. Z.
   Staatliche Museen zu Berlin/DDR, Papyrussammlung,
   Inv. Nr. P 3 137
   Foto: Staatliche Museen zu Berlin/DDR

   Bildstreifen wie dieser stellen einen Ersatz für die lan-
   gen Totenbuchrollen dar, indem die Vignetten für die
   Sprüche des Totenbuches stehen.

3. *Kettenanhänger in Vogelgestalt*
   Karneol; H. 1,8 cm, B. 3 cm
   Aus Abusir el-Meleq
   Frühzeit, um 3000–2600 v. u. Z.
   Staatliche Museen zu Berlin/DDR, Ägyptisches Museum,
   Inv. Nr. 19 107
   Foto: P. Garbe

4. *Ostrakon mit Barkenprozession* (Zeichnung nach dem Original)
Kalkstein mit Zeichnung; H. 11,2 cm
Aus Děr el-Medīna (Theben-West)
Neues Reich, 19. Dynastie, um 1250 v. u. Z.
Ägyptisches Museum, Inv. Nr. 21446, zur Zeit in Berlin-West
Foto: Staatliche Museen zu Berlin/DDR (Vorkriegsaufnahme)

Das Ostrakon zeigt die große Kultbarke des Gottes Amun aus Karnak, die von Priestern in Prozession getragen wird – so wie es bei hohen Götterfesten üblich ist. Bug und Heck der Barke sind mit dem Kopf des heiligen Amun-Tieres, des Widders, versehen.

5. *Totenbuch des Amunpriesters Paenwijaenadja*
Hieratisch und farbige Zeichnung
Papyrus; H. 24 cm, L. 93 cm
Herkunft unbekannt
Neues Reich, vermutlich 21. Dynastie, um 1000 v. u. Z.
Staatliche Museen zu Berlin/DDR, Papyrussammlung, Inv. Nr. P 10 466
Foto: Staatliche Museen zu Berlin/DDR

Die farbige Vignette zeigt den thronenden Osiris mit den Königsinsignien Geißel und Krummstab, dem der Eigentümer des Papyrus Opfergaben darbringt. Die hieroglyphische Beischrift enthält die Bitte, dem Amunpriester Paenwijaenadja ein schönes Begräbnis zu gewähren. Der nebenstehende Text gibt das 23. und 24. Kapitel des Totenbuches wieder.

6. *Uschebtj des Sennedjem*
Kalkstein, bemalt; H. 25 cm
Aus Theben-West
Neues Reich, 19.–20. Dynastie, um 1295–1070 v. u. Z.

Staatliche Museen zu Berlin/DDR, Ägyptisches Museum, Inv. Nr. 10 194
Foto: P. Garbe

7. *Seitenwand eines Uschebtikastens*
Holz mit Stuck und Bemalung; H. 34 cm, B. 15–19 cm
Aus Theben-West
Neues Reich, 19.–29. Dynastie, um 1295–1070 v. u. Z.
Staatliche Museen zu Berlin/DDR, Ägyptisches Museum, Inv. Nr. 780
Foto: P. Garbe

Vor einem Opfertisch stehen zwei »Horuskinder«: der menschenköpfige Amset und der schakalköpfige Duamutef.

8. *Siegelring mit Bildern der Götter Sobek, Neith und Rĕ-Harmachis*
Gold; Siegelplatte 1,4 × 1,4 cm
Aus der Oase Faijŭm
Spätzeit, 26. Dynastie, um 664–525 v. u. Z.
Staatliche Museen zu Berlin/DDR, Ägyptisches Museum, Inv. Nr. 8000
Foto: P. Garbe

9. *Pavian*
Serpentin; H. 16,6 cm
Herkunft unbekannt
Neues Reich, etwa ab 1300 v. u. Z.
Staatliche Museen zu Berlin/DDR, Ägyptisches Museum, Inv. Nr. 4438
Foto: Staatliche Museen zu Berlin/DDR

10. *Kanopen (Eingeweidekrüge) der Tamijat*
Kalkstein; H. 35, 36, 36, 39 cm
Aus Schech Abd el-Qurna (Theben-West)
Spätzeit, 26. Dynastie, um 600 v. u. Z.

Staatliche Museen zu Berlin/DDR, Ägyptisches Museum, Inv. Nr. 20146–20149
Foto: Staatliche Museen zu Berlin/DDR

11. *Fischotter*
Bronze; H. 19 cm
Herkunft unbekannt
Spätzeit, 26. Dynastie, um 600 v. u. Z.
Staatliche Museen zu Berlin/DDR, Ägyptisches Museum, Inv. Nr. 26015
Foto: P. Garbe

Die witternde Haltung der Fischotter haben die Ägypter als Gebetsgeste gedeutet und ihn zum heiligen Tier der Göttin Uto von Buto in ihrem Aspekt als Sonnenauge bestimmt.

12. *Ptah*
Bronze; H. 13,8 cm
Herkunft unbekannt
Spätzeit, um 664–332 v. u. Z.
Staatliche Museen zu Berlin/DDR, Ägyptisches Museum, Inv. Nr. 26145
Foto: Staatliche Museen zu Berlin/DDR

13. *Horusfalke auf einem Sarg*
Bronze; H. 13,4 cm, Sarg: H. 4,2 cm, B. 5,2 cm
Herkunft unbekannt
Spätzeit, um 664–332 v. u. Z.
Staatliche Museen zu Berlin/DDR, Ägyptisches Museum, Inv. Nr. 26017
Foto: P. Garbe

14. *Min*
Bronze; H. 22,5 cm
Herkunft unbekannt
Spätzeit, um 664–332 v. u. Z.

Staatliche Museen zu Berlin/DDR, Ägyptisches Museum, Inv. Nr. 26 006
Foto: Staatliche Museen zu Berlin/DDR

15. *Harpokrates*
Bronze; H. 16,7 cm
Herkunft unbekannt
Spätzeit, um 664–332 v. u. Z.
Staatliche Museen zu Berlin/DDR, Ägyptisches Museum, Inv. Nr. 26 008
Foto: P. Garbe

16. *Ibis*
Bronze; L. 10 cm, B. 3,1 cm
Herkunft unbekannt
Spätzeit, um 664–332 v. u. Z.
Staatliche Museen zu Berlin/DDR, Ägyptisches Museum, Inv. Nr. 26 035
Foto: Staatliche Museen zu Berlin/DDR

17. *Imhotep*
Bronze; H. 12,3 cm
Herkunft unbekannt
Spätzeit, um 664–332 v. u. Z.
Staatliche Museen zu Berlin/DDR, Ägyptisches Museum, Inv. Nr. 7 505
Foto: Staatliche Museen zu Berlin/DDR

18. *Bes*
Blaue Glaspaste; H. 16,7 cm, B. 8 cm
Aus Assur (Vorderasien)
Spätzeit, um 500 v. u. Z.
Staatliche Museen zu Berlin/DDR, Ägyptisches Museum, Inv. Nr. 22 200
Foto: Staatliche Museen zu Berlin/DDR

19. *Kopf einer Osirisfigur*
    Holz, vergoldet; H. 14,5 cm
    Herkunft unbekannt
    Innerer Kopf vermutlich um 1000 v. u. Z., äußerer Kopf um 200 v. u. Z.
    Staatliche Museen zu Berlin/DDR, Ägyptisches Museum, Inv. Nr. 1760
    Foto: P. Garbe

20. *Bastet*
    Bronze, mit Goldeinlagen; H. 14 cm
    Herkunft unbekannt
    Spätzeit, ca. 400 v. u. Z.
    Staatliche Museen zu Berlin/DDR, Ägyptisches Museum, Inv. Nr. 11354
    Foto: P. Garbe

21. *Ba-Vogel mit Menschenkopf*
    Holz, bemalt und vergoldet; H. 12,6 cm, Basis: 9,8 cm × 3,9 cm
    Herkunft unbekannt
    Griech.-röm. Zeit, ca. 100 v. u. Z.
    Staatliche Museen zu Berlin/DDR, Ägyptisches Museum, Inv. Nr. 4677
    Foto: P. Garbe

22. *Neith*
    Bronze mit Goldeinlagen; H. 15,5 cm
    Herkunft unbekannt
    Griech.-röm. Zeit, um 200 v. u. Z.
    Staatliche Museen zu Berlin/DDR, Ägyptisches Museum, Inv. Nr. 15446
    Foto: Staatliche Museen zu Berlin/DDR

23. *Anhänger in Gestalt eines fliegenden Ba-Vogels*
    Goldblech; H. 3,3 cm, B. 7,5 cm
    Aus Abusir el-Meleq

Griech.-röm. Zeit, 1. oder 2. Jh. u. Z.
Staatliche Museen zu Berlin/DDR, Ägyptisches Museum, Inv. Nr. 17034
Foto: P. Garbe

Verfasser und Verlag danken den Staatlichen Museen Berlin, Ägyptisches Museum, für die freundliche Zustimmung zur Publikation der Abbildungen und Frau Caris-Beatrice Arnst für deren Bereitstellung und Beschriftung. Es wurden Beispiele der ägyptischen Kleinkunst gewählt, um den Originalen in der Reproduktion so weit als möglich zu entsprechen.

Inhaltsverzeichnis

Einleitung: Zum Wesen des Mythos, zur Geschichte
Ägyptens und seiner Literatur   5

Kapitel I: Die Entstehung der Welt 30
a) Die Götterlehre von Memphis 30
b) Der Weltenschöpfer Re 33
c) Atum von On 36
d) Hermupolis 38
e) Vom Ursprung der Welt 40

Kapitel II: Die Ankunft der Götter 43
a) Die Acht- und Neunheiten 43
b) Die Söhne der Isis 47
c) Amun 51
d) Aton 53
e) Das Ägypter-Evangelium 55

Kapitel III: Die Erschaffung des Menschen 59
a) Die Tränen des Re 59
b) Chnum, der Töpfer 62
c) Paraphrase des Seem 64

Kapitel IV: Die Götterkämpfe 68
a) Seth und Osiris 68
b) Der Kampf zwischen Horus und Seth 71

c) Der Kampf zwischen Re und Seth 81
d) Der Kampf der Archonten 86

Kapitel V: Vom Aufkommen der Kultur 89
a) Osiris und das Erdhacken 89
b) Das gefräßige Meer 91
c) Die Triumphreise Tefnuts 94
d) Thot, der Lehrer der Weisheit 97
e) Ptah von Memphis 99
f) Salomo und die Königin von Saba 101

Kapitel VI: Die Ankunft des Königtums 104
a) Die wunderbare Geburtsgeschichte der drei Königskinder 104
b) Hatschepsut 109
c) Die Offenbarung Ptahs an Ramses 112
d) Die Geburt des Kambyses 115
e) Alexander von Mazedonien 117
f) Theodosios und Dionysios 122

Kapitel VII: Die großen Gottherren 125
a) Amun 125
b) Osiris 127
c) Horus 129
d) Re, der Gott der Sonne 133
e) Schu und Geb 138

Kapitel VIII: Die großen Göttinnen 142
a) Nechbet von Elkab 142
b) Uto von Buto 144
c) Neith von Sais 146
d) Sachmet von Memphis 147
e) Hathor von Dendera 149
f) Isis 152
g) Isis, nach Apuleius 155
h) Astarte 157
i) Pistis Sophia oder Barbelo 159

Kapitel IX: Heilige Tiere 162
a) Der Widder von Mendes 162
b) Das Krokodil von Schedit 164
c) Apis von Memphis 165
d) Anubis 168
e) Bastet von Bubastis 171
f) Der Falke von Hierakonpolis 173

Kapitel X: Von der Verzweiflung 176
a) Die Hungerstele 176
b) Die Worte des Ipuwer 179
c) Der Streit des Lebensmüden mit seiner Seele . . . 181
d) Die Klagen des beredten Bauern 185
e) Die Weissagungen des Neferti 189
f) Die Offenbarung des Hermes Trismegistos 192

Kapitel XI: Die Fahrt in die Seligkeit 195
a) Nach den Pyramidentexten 195
b) Die Sargtexte 195
c) Die Totenbücher 203
d) Die Fahrt des Chaemwese in die Unterwelt . . . 207
e) Manis Lichtreise der Seele 210

Kapitel XII: Zum Nachwirken ägyptischer Mythologie 212

Zeittafel 218

Erläuterungen wichtiger Sachbegriffe 221

Auswahl neuerer, weiterführender
deutschsprachiger Literatur 230

Register 233

Abbildungen 248

ISBN 3-371-00079-6

1. Auflage
Lizenznummer: 48-48/11/87
LSV 0225
Gesamtgestaltung: Helmut Mahnke
Printed in the German Democratic Republic
Lichtsatz: INTERDRUCK Graphischer Großbetrieb Leipzig –
III/18/97
Bestellnummer: 695 641 1
01320